Tatjana Kuschtewskaja

Transsibirische Eisenbahn

Geschichte und Geschichten

Aus dem Russischen
von Wladimir Schalimow

WOSTOK
Informationen aus dem Osten für den Westen
Berlin 2013

Tatjana Kuschtewskaja, geboren 1947 in der Turkmenischen SSR in der Wüstenoase Dargan-Ata; verbrachte ihre Jugend in der Ukraine; Studium der Musikpädagogik an der Musikhochschule von Artjomowsk (Diplom); arbeitete acht Jahre lang als Musikpädagogin in Jakutien; 1976 bis 1981 Studium an der Fakultät für Drehbuchautoren der Filmhochschule Moskau (Diplom), wo sie 1983 bis 1991 einen Meisterkurs für Drehbuchautoren leitete und als freie Journalistin tätig war; verfaßte zahlreiche Drehbücher und Reportagen; unternahm Reisen durch alle Regionen der ehemaligen UdSSR; lebt seit 1991 in Deutschland.

Veröffentlichungen in deutscher Sprache: „Ich lebte tausend Leben", Velbert, 1997; „Russische Szenen", Berlin, 1999; „Mein geheimes Rußland", Düsseldorf, 2000; „Transsibirische Eisenbahn", Berlin, 2002; „Die Poesie der russischen Küche", Düsseldorf, 2003; „Meine sibirische Flickendecke", Düsseldorf, 2005; „Hier liegt Freund Puschkin. Spaziergänge auf russischen Friedhöfen", Düsseldorf, 2006; „Sibirienreise - Die Lena", Berlin, 2007; „Küssen auf Russisch", Düsseldorf, 2007; „Der Baikal", Berlin, 2009; „Tolstoi auf'm Klo", Berlin, 2010; „Liebe - Macht - Passion. Berühmte russische Frauen", Düsseldorf, 2010; „Die Wolga", Berlin, 2011; „Russinnen ohne Russland", Düsseldorf, 2012; „Florus und Laurus. Meine russischen Tiergeschichten", Berlin, 2013.

Lektorat: Britta Wollenweber
Übersetzung: Wladimir Schalimow

Umschlag und Layout: Peter Franke, Wostok Verlag
Fotos: Privatarchiv der Autorin; Marlies Richter; Wostok Verlag
Foto der Autorin: Klaus Kammerichs
Satz: Wostok Verlag - Berlin
Druck und Einband: Druckhaus Köthen, Köthen
3. überarbeitete und aktualisierte Auflage
Printed in Germany 2013

Wostok Verlag, Am Comeniusplatz 5, 10243 Berlin
Im Internet: www.wostok.de

ISBN: 978-3-932916-58-8

Inhalt

Rußland hat nicht nur einmal seine Grenzen, seinen Staatsnamen wie auch sein politisches System verändert. Im modernen Rußland wechseln die Präsidenten, die Menschen bekennen sich zu einer Religionsgemeinschaft oder treten zu einem anderen Glauben über. Der Staat entwickelte sich vom Sozialismus zum Kapitalismus. Doch trotz der gewaltigen Veränderungen bleibt die Transsibirische Eisenbahn eine feste Komponente im Leben des riesigen Flächenstaates. Eine Reise mit der Transsib beeinflußt das Denken, den Geist, dient der Selbsterkenntnis. Die Fahrt mit der Transsib bedeutet, in etwas mehr als 143 Stunden im Zug Moskau-Wladiwostok zwei Kontinente zu queren. Zwischen der russischen Hauptstadt und Wladiwostok liegen mehr als 9 000 Kilometer; man überquert die symbolische Grenze zwischen Europa und Asien im Ural; man quert die sechzehn größten russischen Ströme, bewundert den Baikalsee. Man reist durch 89 Städte, von denen fünf – Moskau, Perm, Jekaterinburg, Omsk und Nowosibirsk – mehr als eine Million Einwohner zählen. Man hält in Nowosibirsk, im größten Bahnhof Rußlands, und lernt den originellsten Bahnhof aus herrlichem Marmor in der sibirischen Stadt Sljudjanka kennen. Man beendet die Reise am Stillen Ozean in Wladiwostok.

Auf den ersten Blick hat sich im Zug Nr. 2, der den Namen „Rossija" trägt, nichts verändert. Nach wie vor fährt er alle zwei Tage vom Bahnsteig des Jaroslawler Bahnhofs in Moskau ab. Nach wie vor gibt es in diesem Zug auf der Strecke Moskau-Wladiwostok siebzehn Waggons, und immer noch hat der Zug Platz für 600 Passagiere. Nach wie vor kann man im Restaurantwagen gute russische Küche essen; und der Tee kommt aus dem Samowar.

Aber natürlich hat sich vieles verändert. Seit der Auflösung der Sowjetunion hat Rußland die schrecklichen 1990er Jahre erlebt, ist durch die erste Dekade des 21. Jahrhunderts gehetzt ... Der Zusammenbruch der UdSSR ließ außerhalb der Grenzen der Russischen Föderation – in den ehemaligen Sowjetrepubliken – 36 Millionen Russen. Viele brannten auf die Übersiedlung nach Rußland. Sie kamen und kommen mit Kind und Kegel – reisen nach Zentralrußland, in den Ural, nach Sibirien und in den Fernen Osten. Sie kommen in der Hoffnung, Arbeit und Wohnung zu finden. Auf der Strecke Wladiwostok-Moskau fahren heute Tausende Chinesen nach Sibirien, um dort als Gastarbeiter zu arbeiten. In diesem Zusammenhang wird heute in Rußland der folgende und gar nicht lustige Scherz erzählt: Einst hat unser großer Gelehrter Michail Lomonossow vorausgesagt, daß Rußlands Macht mit Sibirien wachsen werde, heute scheint, daß mit Sibirien die Macht eines anderen Staates wächst.

Neben den Migranten haben wir auch weiterhin normale russische Reisende. Da wird jemand auf Dienstreise geschickt, da fährt ein anderer in den Urlaub, der dritte ist auf dem Weg zu seinen Eltern, und wieder einer reist

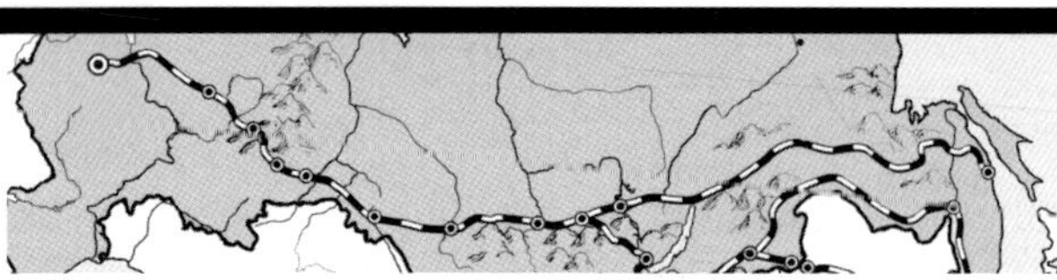

nach Sibirien, um Zirbelnüsse zu kaufen. Viel Volk findet sich also nach wie vor in den Zügen, aber die Romantiker, solche, die es lieben, einfach mit dem Rucksack mit der Eisenbahn zu reisen, sind beinahe nicht mehr anzutreffen. Die Reise mit der Transsib ist heute für viele schlicht zu teuer.

Hätte ich die erste Ausgabe dieses Buches erst heute geschrieben, wäre im Kapitel zur Geschichte der Transsib der Name Alexander Liwerowski (1867 bis 1951) aufgetaucht. Erst im Jahre 2011 wurden seine Biographie und Auszüge aus seinem einzigartigen Buch „50 Jahre im Dienst des Eisenbahnverkehrs" veröffentlicht. Seine Biographie ist ein einziger Abenteuerroman. Liwerowski war von Februar bis Oktober 1917 Minister für Eisenbahnverkehr der Provisorischen Regierung. Viele Mitglieder dieser kurzlebigen Regierung sind eines natürlichen Todes und im Exil gestorben, andere verloren ihr Leben in den Revolutionswirren und im Bürgerkrieg, wieder andere wurden als „Volksfeinde" in den Kellern der Ljubljanka erschossen. Alexander Liwerowski aber hat überlebt. Die Bolschewiki schonten ihn wohl, weil er ein nicht zu ersetzender Fachmann für den Eisenbahnbau war.
Angefangen hat er als Meister beim Bau der „Großen Sibirischen Straße", wie die Transsib damals hieß. Er hatte die Ehre, den ersten Gleisabschnitt zu verlegen. In den Jahren 1901 bis 1905 leitete er den kompliziertesten Bauabschnitt am Baikal – die Krugobaikalka sah sich vielen Unwägbarkeiten gegenüber. Ingenieurtechnische Meisterlösungen waren gefragt, wie etwa in der Frage des Tunnelbaus und der Anlage von Steinschlaggalerien. Legendär war Liwerowskis Entwässerung des „weinenden" Steins. Übrigens: Eine schöne Ergänzung zu diesem Buch über die Transsib ist mein Buch „Baikal. Geschichte und Geschichten rund um den Baikalsee", in dem ich ausführlich über die Krugobaikalka schreibe. 200 Kilometer fährt der Transsibirische Expreß am Baikal entlang. Viele Touristen reisen nur bis zum Baikal, um dort mit dieser einzigartigen Eisenbahn zu fahren. Liwerowski stand auch an der Spitze des Baus der Ost-Amur-Magistrale. Große Tunnel wurden im Permafrostboden durch den Fels getrieben, die mit 2 600 Metern längste Eisenbahnbrücke wurde unter seiner Leitung über den Fluß geschlagen – mit 130 Meter langen Brückenöffnungen. Bei der Beendigung des Baus der Magistrale schlug er den letzten „silbernen Nagel" in die Große Sibirische Eisenbahn. Er selbst notierte: „Dem Schicksal gefiel es, daß ich als Leiter der Strecke in Tscheljabinsk den ersten Hakennagel einschlug und 1915 in Chabarowsk bei der Vereinigung mit der Großen Sibirische Eisenbahn den letzten Hakennagel einschlagen durfte."

Wie wird man ein Eisenbahner? Warum schien Alexander Liwerowski der Lebensweg des Eisenbahningenieurs als der einzig richtige? Davon erzählt eine rührende Geschichte aus seinem Buch: „Als ich acht Jahre alt war, kam zu uns ins Haus eine Lehrerin, die uns (meine beiden Brüder und mich) auf das Gymnasium vorbereiten sollte. Ich habe mich unsterblich in meine Lehrerin verliebt. Im Ergebnis lernte ich ganz ausgezeichnet und gab mir immer Mühe, ihr Freude zu bereiten. In einem Frühling kam ein Eisenbahningenieur zu uns ins Haus, der erklärte, er sei der Bräutigam der Lehrerin. Wie wollte ich sie überzeugen, nicht zu heiraten, zu warten, bis ich das Gymnasium absolviert hatte und ein Eisenbahningenieur sei. Nach der Hochzeit verließ die Lehrerin unser Haus, und ich erkrankte an einer Nervenstörung. Die Krankheit ging vorbei, wie auch die erste Liebe verflog ... Aber der Wunsch, Eisenbahningenieur zu werden, blieb das ganze Leben.

Aus den Briefen meiner Leser, die eine Reise mit der Transsib gemacht haben, könnte ein eigenes Buch entstehen. Den ausführlichsten Brief mit vielen Fotos habe ich aus dem österreichischen Städtchen Kaprun von Familie Glittenberg erhalten. Sie reisten im Sommer 2011 mit der Transsib – und ihre Begeisterung haben sie ganz am Ende ihres Briefes in einem einzigen Satz zusammengefaßt: „Es war die wunderbarste und die unvergeßlichste Reise."

Bis heute kann ich die Frage nicht beantworten, warum die Transsib für Millionen Menschen – und ich gehöre natürlich auch dazu – die schönste Eisenbahnstrecke der Welt bleibt. Ich kann es nicht, obwohl ich ein ganzes Buch über die Transsib geschrieben habe. Vielleicht hat der Philosoph recht, der da sagte, daß der Mensch nur Beobachter und ein in den Weiten des Unerklärlichen Verlorener ist. Doch ich weiß eines. Jeder Reisende hat seine eigene Sicht, sein eigenes Bild. Und derjenige, der über die Transsib schreibt, wird seine Arbeit niemals beenden können, denn jeden Tag tauchen neue Tatsachen, neue Fakten über die Menschen, die mit dem Bau der Bahn zu tun hatten, auf. In den anliegenden Städten werden immer neue Museen eröffnet, Denkmäler enthüllt. Und an der Baikal-Strecke gibt es vielzählige neue Strecken.

Ich bin 14mal mit der Transsib gereist, und keine Reise ähnelte der anderen. Immer mal wieder schien mir der richtige Moment, ein Buch über die Transsib zu schreiben. Aber ich wußte auch stets, daß ich dieses Buch niemals endgültig abschließen, niemals zu Ende schreiben kann. Das Menschenleben ist kürzer als das Leben der legendären Transsib und umso kürzer als die Erinnerung an sie. Derjenige, der diese erstaunliche Reise von ganzem Herzen genossen und geliebt hat, wird sie in seinen Gedanken nie wieder loslassen können.

Tatjana Kuschtewskaja

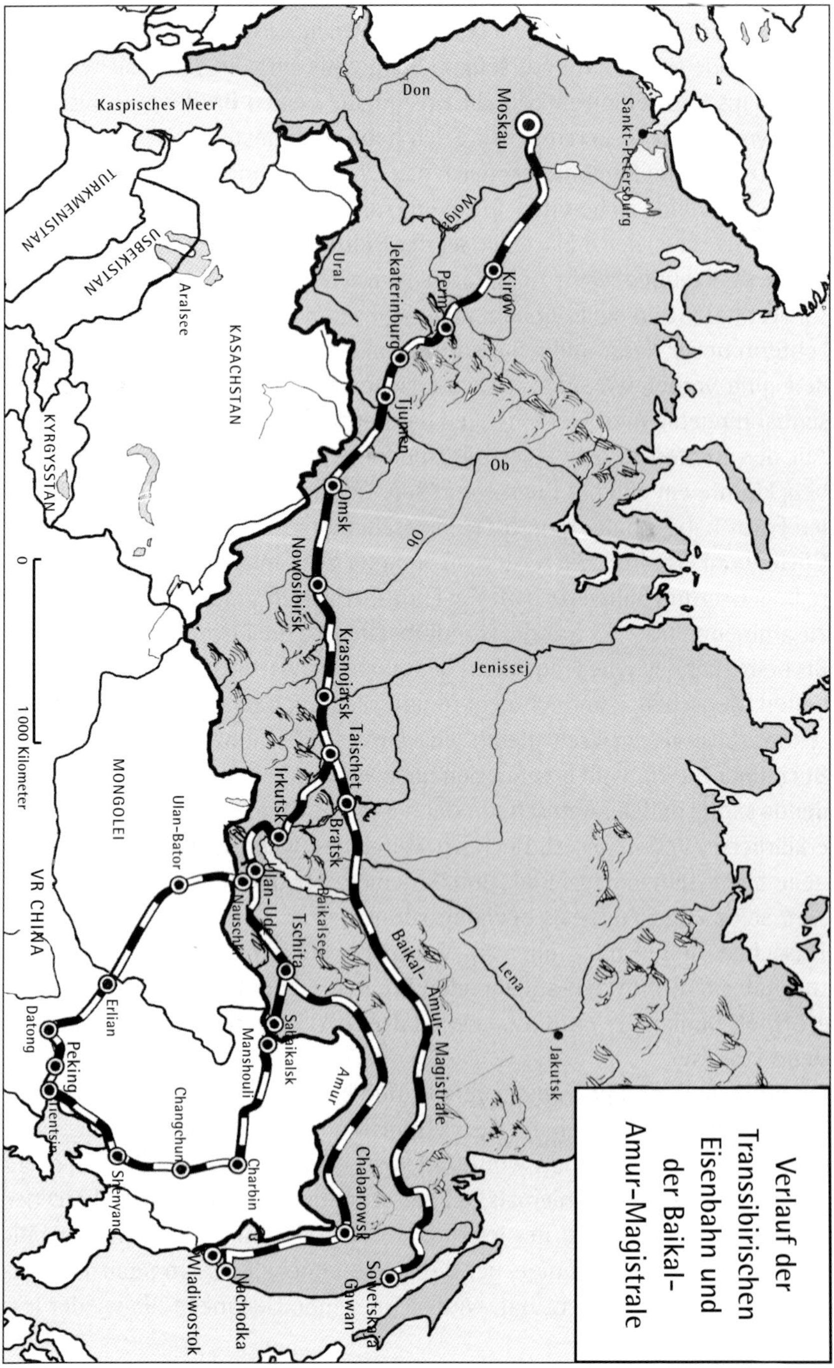

Verlauf der Transsibirischen Eisenbahn und der Baikal-Amur-Magistrale

143 Stunden 32 Minuten braucht der Zug Nr. 2 mit dem Namen „Rossija" für die rund 9 300 Eisenbahnkilometer, die Moskau mit Wladiwostok verbinden. Ich reiste mehrere Male auf der Transsibirischen Magistrale bis zum Stillen Ozean. Die Fahrkarten waren stets billig. Heute kostet die Fahrt von Moskau nach Wladiwostok 11 767 Rubel im offenen Abteil (etwa 290 Euro), 19 251 Rubel in einem Viererabteil (rund 475 Euro) und 33 209 Rubel (etwa 820 Euro) in einem Zweierabteil der ersten Klasse. Die einzige Neuerung im Zug ist das Telefon in der Funkkabine des Zugführers, das jeder, der möchte, benutzen kann.
Die „Transsib", wie die Russen die Magistrale zärtlich nennen, ist ein Mythos. Mit dem Bau der Strecke wurde 1891 begonnen, 1916 war sie fertiggestellt. Bei uns in Rußland erzählt man folgende Geschichte: Es war vor ungefähr hundert Jahren und mit dem Bau der Transsibirischen Eisenbahn war gerade begonnen worden. Ein russischer Ingenieur kam in ein abgelegenes sibirisches Dorf und sagte zu dem Bauern: „Durch dein Haus wird die Transsibirische Eisenbahn fahren." Der Bauer antwortete: „Einverstanden. Aber wenn Sie denken, daß ich nachts immer die Tür auf- und zumache – das geht nicht!"
Jeder in Rußland träumt davon, wenigstens einmal mit der Eisenbahn bis zum Stillen Ozean zu fahren. Die Transsib hält die Reiselustigen ständig in Atem: Sie verdreht uns den Kopf, macht uns neugierig, gibt sich in einem Moment vertraut und leicht faßbar, um dann plötzlich im Nebel zu verschwinden, und dann auf einmal brodelt draußen vor dem Fenster ein fremdes Leben, das uns fasziniert und verzaubert. Die Transsib hat etwas Anziehend-Rätselhaftes, das seit jeher die Welt lockte und noch heute lockt.
Hätten Sie das gedacht? Der große Buñuel schrieb eines seiner ersten Märchen über eine Reise auf der transsibirischen Strecke – da war er noch nicht der berühmte Filmregisseur, sondern ein siebenjähriger Junge. Wie viele Ro-

Der Transsibirische Expreß

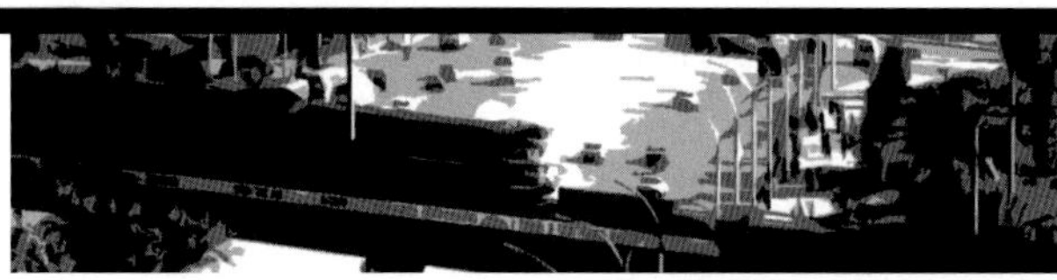

mantiker, Abenteurer, Vagabunden, Künstler und exzentrische Dichter hat diese Strecke nicht in ihren Bann gezogen. Der Avantgardedichter Cendrars fuhr 1913 nach Charbin. Unterwegs schrieb er ein Poem über die Transsib; im Zug schlief er auf Schatullen voller Schmuck und mit einer Browning in der Hand. Auch Emil Nolde reiste 1913 mit der Transsib und fertigte unglaubliche Entwürfe für Gemälde an. Egon Erwin Kisch hat über seine Reisen mit der Transsib berichtet. 1941 emigrierten Bertolt Brecht und seine Familie sowie seine Mitarbeiterin und Weggefährtin Ruth Berlau in die USA. Sie fuhren mit der Transsib von Moskau nach Wladiwostok, um von dort mit dem Schiff nach Los Angeles überzusetzen. Die Zugreise dauerte zehn Tage. Ruth Berlau erinnert sich: „Im Zug gab es richtige kleine Salons, in denen man Schach spielen, Radio hören oder Tee aus dem Samowar holen konnte."
Und bei Klaus und Erika Mann ist zu lesen: „Und draußen die große Landschaft. Nicht enden wollen die Birkenwälder, jeden Tag wieder die Birke, sich tausendfach wiederholend, der rührende und hübsche und bescheidene Baum. Es gibt eine Novelle von Sologub, in der ein dreizehnjähriger Junge sich in eine Birke verliebt, ich glaube, er stirbt dann, während er sie umklammert: an diese Geschichte voll eines krankhaften und süßen Reizes mußten wir denken, während wir nichts und nichts und nichts als Birken sahen. Dazwischen breite Ströme und das schroffste Gebirge, und dazwischen Seen, plötzlich ist einer so groß wie ein Meer. In ihrer phantastischen Großzügigkeit erinnerte uns diese Landschaft an die amerikanische. Aber sie ist hundertmal schöner. Ich weiß nicht, wer Sibirien öde finden kann. Öde ist es zwischen Chicago und Los Angeles. Wir näherten uns Krasnojarsk ..."

Die Geschichte der Transsibirischen Eisenbahn

Ich möchte die Geschichte der Transsibirischen Eisenbahn mit dem 20. Februar 1878 beginnen. Eben an diesem Tag trat der Streit zweier Fanatiker, die sich der Erschließung Sibiriens verschrieben hatten, offen zutage. Oberst J. Bogdanowitsch, Ingenieur und Beamter für Sonderaufträge beim Innenministerium, unterstützte den Bau der sibirischen Eisenbahn. Er war sehr bemüht, Mitstreiter für dieses Projekt zu finden und hoffte, an diesem besagten Abend den berühmten Kaufmann und Mäzen M. Sidorow von der Wichtigkeit der Eisenbahn überzeugen zu können. Sidorow war bereits damals eine lebende Legende. Er war einer der reichsten Männer Rußlands, verfolgte aber, anders als Bogdanowitsch, die Idee des Nördlichen Seeweges. An

diesem 20. Februar wurde in einer luxuriösen Villa in Moskau ein festliches Essen zu Ehren Sidorows gegeben.
In seiner Jugend verließ Sidorow Archangelsk, um in Sibirien nach Gold zu suchen. Der Goldreichtum Sibiriens war bereits damals legendär. Tausende Abenteurer gruben nach Gold. Sie alle hatten einen Traum: Sie wollten reich werden. Der Traum trieb die Menschen immer tiefer nach Sibirien, wo viele von ihnen verhungerten oder bei klirrendem Frost erfroren. Das Leben begann mit einem atemberaubenden Goldabenteuer – und endete für viele mit dem Tod.

Bauarbeiter verlegen Schwellen am Baikalsee

Sidorow, stark wie ein Bär, hartnäckig, flink, rotbärtig und Sohn eines Kaufmanns der zweiten Gilde aus Archangelsk, war erfolgreich. Er kaufte die besten Goldfelder auf, und wurde reich. Dann jedoch tat er Unerwartetes. Der Grubenbesitzer gab sein ganzes Vermögen für den Aufbau einer Universität in Sibirien her. Das Glück sollte ihm auch weiterhin treu bleiben. Sidorow entdeckte in Sibirien ein Graphitlager – es war Nischnjaja Tunguska – und begann mit dem Abbau. Seine Gewinne flossen zunächst in den Bau der ersten noch unbefestigten Straßen in Sibirien. Dann interessierte er sich für den mineralischen Reichtum der Region, stellte Sammlungen zusammen und schickte sie zu den Weltausstellungen nach London, Paris und Wien. Er verfaßte Artikel und schrieb Bücher über den Norden und seine Bedürfnisse. Er setzte sich tatkräftig für die Ureinwohner der nördlichen Region ein, ließ eine Schule beim Kloster in Turuchansk errichten und finanzierte sie. Für die „Zivilisierung wilder Stämme" wurde er mit dem Titel eines stellvertretenden Ehrenpräsidenten des Afrika-Instituts in Frankreich ausgezeichnet.

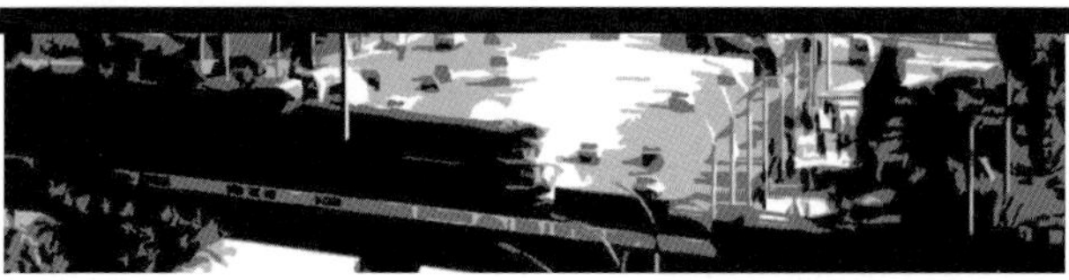

In Sibirien war er ein Gott. Ja, wirklich! Er stiftete einen mit 2000 Pfund Sterling dotierten Preis für denjenigen, der, aus dem Westen kommend, die Karasee überquert und in der Mündung des Jenissejs vor Anker geht. Dann begab er sich nach Schweden, interessierte den nordischen Seefahrer Erik Nordenskjöld für seine Vorhaben, machte sich mit dem Dampfschiff „Georgi" schließlich selbst auf die gefährliche arktische Fahrt. Trotz schwerer Eisverhältnisse hätte er die Karasee passieren können. In der Nähe der „Georgi" geriet aber der britische Dampfer „Norfolk" in Seenot. Die „Georgi" änderte ihren Kurs und eilte dem Dampfer zu Hilfe. Damit war die Chance vertan. Das Schiff Sidorows konnte das Eis nicht mehr überwinden. Der Nördliche Seeweg blieb jedoch die Lieblingsidee des Sibirienbegeisterten. Er war Fanatiker und Prediger: „Rußland braucht den Nördlichen Seeweg!" propagierte er seine Idee in Hunderten von Gesprächen, so auch am 20. Februar 1878. Da mischte sich jedoch ein Gast in die Unterhaltung ein: „Nein, Rußland braucht in erster Linie eine Transsibirische Eisenbahn!" Auch hier sprach ein Fanati-

Zur Spitzenzeit waren über 89 000 Arbeitskräfte an der Strecke beschäftigt

Das Verlegen von Schwellen und Schienen in Transbaikalien

ker, der gleichermaßen Wert auf die Erschließung Sibiriens legte, allerdings einen grundsätzlich anderen Weg vorschlug. Man geriet in Streit.

Besagter Oberst Bogdanowitsch war besessen vom Projekt der Sibirischen Schienenbahn, über das er Hunderte Referate gehalten und zahlreiche Abhandlungen geschrieben hatte. Der Oberst besuchte mehrfach die Gebiete im Ural und in Sibirien, in denen die Bergarbeitersiedlungen von Hungersnöten heimgesucht wurden. Die Probleme waren ja längst erkannt: die Entfernung zum Zentrum und die aufgrund der schlechten Straßenverhältnisse mangelhafte Versorgung der Menschen. Bogdanowitsch wandte sich mit

Ein Tunnel am südlichen Ufer des Baikalsees und das Schienenende, an das eine von italienischen Arbeitern erbaute Brücke angeschlossen wird

seinem Schienenprojekt an den Finanzminister, der ihm antwortete: „Oberst, das ist schwer zu realisieren. Das ist praktisch unmöglich!"
Bogdanowitsch muß gerade an diese Erwiderung gedacht haben, als er an jenem Abend seinen Toast ausbrachte, den ich in der alten Ausgabe der Zeitung „Moskowskije wedomosti" (52/1878) gefunden habe: „Es gibt viele Menschen, die immer etwas anstreben und nie etwas erreichen. Es mangelt ihnen an Ausdauer, an Wissen, an Liebe und an Willen. Es gibt hingegen auch Menschen, wenngleich viel weniger, die nur ein Ziel anvisieren und dieses um jeden Preis erreichen werden. Gerade in der heutigen Zeit brauchen wir mehr solche willensstarken Menschen. Und eben einen von ihnen ehren wir heute bei unserem Mahl ..."
Der Redner schaute in die vom Alkohol bereits schweren Augen Sidorows und sprach, Pausen einlegend, um jedem Wort Gewicht zu geben, weiter: „Alles, was uns Sibirien näher und uns näher zu Sibirien bringt, muß mit Freude begrüßt werden. Der Seeweg und der Schienenweg ins goldhaltige Sibirien sind die Motoren unserer Wirtschaftsentwicklung, ja, des Reichtums unseres Volkes!"
Bogdanowitsch gelang es nicht, Sidorow für seine Ideen zu begeistern. Er konnte ihn nicht überzeugen, seine Tatkraft, seine Beziehungen und sein Geld in den Bau einer Eisenbahn Richtung Osten zu investieren. Bogdanowitsch wandte sich auch weiterhin mit seinen Artikeln an die Öffentlichkeit, und diktierte, nachdem er sein Sehvermögen verloren hatte, die Beiträge seiner Frau, in denen er immer und immer wieder auf die Vorteile des Schienenweges in den Osten hinwies. Bei der Eröffnung der Petrowskaja-Linie der Moskauer Pferdeeisenbahnen sagte er in seiner Rede: „Ich weiß nicht, ob ich bis zu dem Festmahl leben werde, an dem die Verbindung Moskaus mit dem goldhaltigen Sibirien gefeiert wird. An diesem Tag würde ich mich bekreuzigen, ganz ruhig werden und meine letzte Rede halten: Nun läßt Du Deinen Diener in Frieden sterben."

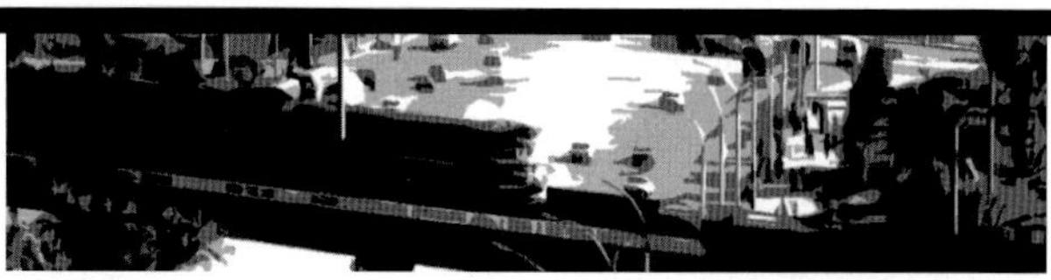

Aber der Gedanke an eine Schienenverbindung begann die Gemüter zu bewegen. Griffen ihn zunächst die Fabrikanten auf, wurde er dann auch von den Kaufleuten auf den Messen in Nischni Nowgorod und anderen Städten unterstützt. Sie schrieben dem Zaren: „In Deine Hauptstadt, Herrscher, werden wir immense Reichtümer schicken und uns an Deiner Freigebigkeit erquicken." Die Presse – in der Metropole wie in der Provinz – diskutierte die Frage, wie und wo der Schienenweg zu verlegen sei, der als „Ausdruck der nationalen Größe Rußlands" und als „Erfüllung der moralischen Pflicht der Zeitgenossen gegenüber den kommenden Generationen" wahrgenommen wurde. Zum schnellstmöglichen Bau einer sibirischen Eisenbahn neigten auch die mit der Außenpolitik befaßten Regierungsbeamten, die über die Spannun-

Tunnel am südlichen Ufer des Baikalsees

gen an den Ostgrenzen des Reiches besorgt waren. Großbritannien förderte die Eröffnung des Schiffsverkehrs zwischen Kanada und China. Die Chinesen stellten eine Telegrafenverbindung her, sie begannen, Truppen an der Grenze zu konzentrieren. Wohl jeder verstand, daß Wladiwostok, der wichtigste russische Hafen am Pazifik, im Falle eines bewaffneten Konflikts vom europäischen Landesteil Rußlands abgetrennt wäre. „Wenn wir China als etwas für uns völlig Belangloses ignorieren, würde dies bedeuten, daß wir nur für den heutigen Tag leben und die Augen vor der Zukunft, sogar vor der nächsten Zukunft, verschließen. Eine solche Ignoranz wäre schon für den Einzelnen unverzeihlich, um so unverantwortlicher aber für einen Staat. Wenn wir China ignorieren, ignorieren wir die Geschichte, die zahlreiche Belege dafür liefert, wie schnell und unerwartet eine Nation, die zuvor träge und unwissend war, Kriegsmacht erlangen und nicht nur die Nachbarn, sondern auch die entlegensten Staaten der Welt bedrohen kann", war 1890 in der offiziellen Presse zu lesen.

1891 leitete man den Bau der Großen Sibirischen Eisenbahn ein. Den Plan zur Umsetzung des Projekts erarbeitete Finanzminister Graf Sergej Witte, der sich bei diesem alle Vorstellungen sprengenden Bauvorhaben nicht von alten Denkschablonen leiten ließ: Er schlug vor, die Eisenbahn nicht in einem Stück, sondern in einzelnen Streckenabschnitten zu verwirklichen und dabei die jeweils angrenzenden Gebiete zu erschließen sowie die Binnenschifffahrt und den Bergbau zu entwickeln. Die Gesetzgebung wurde in die Hände des Komitees der Sibirischen Eisenbahn gelegt, dem führende Personen des Staates angehörten – der Kabinettsvorsitzende, der Innenminister, die Minister für Verkehrswesen, für das Staatsvermögen und für die Seekriegsflotte sowie der staatliche Rechnungsprüfer. Den Vorsitz des Komitees hatte der Thronfolger und spätere Zar Nikolai II. inne. Um nicht durch die Schwerfälligkeit der bürokratischen Regierungsmaschinerie behindert zu werden, wurden alle Finanzfragen nicht im üblichen Verfahren, das heißt auf der Versammlung des Staatsrates mit anschließender Genehmigung durch den Zaren, sondern in verkürzter Form, nämlich auf einer gemeinsamen Beratung des Komitees der Sibirischen Eisenbahn und des entsprechenden Departements des Staatsrates, entschieden.

Der Zar forderte von allen, die in irgendeiner Weise in das Bauvorhaben involviert waren, „schnell und kostengünstig zu bauen", wobei er offensichtlich die tatsächlichen Dimensionen dieses gigantischen Projektes nicht in Gänze erkannte. Um kein Mißfallen zu erregen, kürzten die Projektleiter die Kostenpläne an vielen Stellen und strichen eine ganze Reihe eigentlich notwendiger Arbeiten. Sie trafen gleichsam „vereinfachte" Entscheidungen in der Hoffnung, das Projekt bewilligt zu bekommen, ohne dabei den Zaren zu verärgern. Sie hofften, daß das Leben schon dazu zwingen würde, alles, was den Kostenvoranschlägen zum Opfer gefallen war, doch noch durchzusetzen. Die Kosten für den Bau der Eisenbahn waren ursprünglich auf 350 Millionen Rubel veranschlagt worden, die realen Kosten aber überstiegen dann eine Milliarde Rubel, nicht eingerechnet sind die wirtschaftlichen, organisatorischen und moralischen Verluste, die durch die Angst, dem Zaren in die Augen zu sehen, und die Furchtlosigkeit, die Augen vor der Wahrheit zu verschließen, verursacht wurden.

Zur Spitzenzeit der Bautätigkeit waren an der Strecke 89 000 Arbeitskräfte beschäftigt – ein buntes, gemischtes, vielsprachiges Volk, das das Elend aus allen Ecken und Enden des russischen Reiches ausgespuckt hatte. Zugerei-

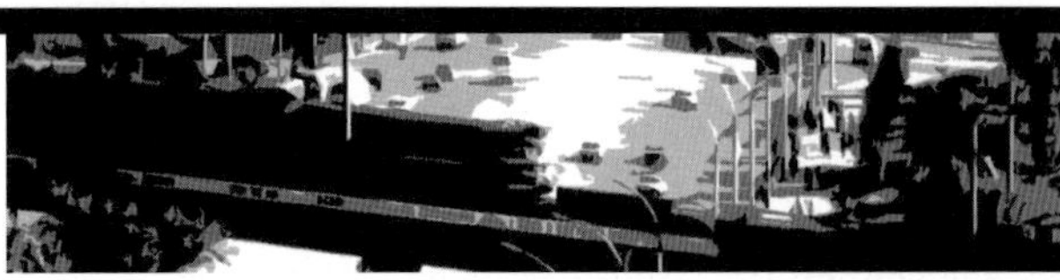

ste aus den landarmen Gebieten, gescheiterte Goldgräber, transbaikalische Kosaken und Verbannte, ehemalige Kutscher aus Moskau, arme Burjaten, Soldaten, ehemalige „Teeräuber" – so nannten die Sibirjaken kühne Räuber, die in der Nacht mit Tee beladene Wagenzüge überfielen –, sie alle arbeiteten, knietief im Wasser stehend, gemeinsam am großen Projekt. Auf den Bauplätzen wurden zudem 15 700 ausländische Arbeiter, in erster Linie Chinesen, Koreaner, Japaner (so auf der Ussuri- und der Transbaikalstrecke), eingesetzt. Auch Finnen, Deutsche und Italiener wurden beschäftigt. Viele waren erstmals in den unermeßlichen Weiten Sibiriens, in der Taiga, den Sümpfen, eingekesselt von Felsen, in einer Welt des Dauerfrostbodens und häufiger Erdbeben. Im Sommer waren sie stechender Hitze und Mückenschwärmen, im Winter klirrendem Frost, Schnee und Eis ausgeliefert. Irgendwie widerstanden sie all diesen Härten, verlegten die Schienen und trugen dazu bei, die „Heldentat des Volkes" zu verewigen. Wie ich meine, eine der bedeutsamsten in der russischen Geschichte.

„In meinem Verständnis war der Bau der Großen Sibirischen Eisenbahn untrennbar mit der Umsiedlungsfrage verbunden", schrieb Sergej Witte. „Auf diese Weise würde einerseits die Bevölkerung des europäischen Rußlands ausgedünnt, so daß es dort (im europäischen Teil Rußlands) mehr Freiheit für die ländliche Lebensweise der Bauern geben würde, andererseits würde sich unser großes sibirisches Randgebiet beleben; bezieht man die Umsiedlung ein, könnte man hoffen, daß die Sibirische Eisenbahn bereits in naher Zukunft kostendeckend betrieben werden wird."

Der Umsiedlungsgedanke stieß allerdings auf den erbitterten Widerstand der Gutsbesitzer der zentralen und südlichen Gebiete Rußlands, deren Wirtschaft allein auf der Leibeigenschaft basierte. Die Eisenbahn aber brach schließlich den Widerstand, und nach Sibirien strömten Wellen ehemals leibeigener Bauern.

Zunächst machten sich sogenannte Kundschafter auf den Weg, die in der Regel von kleinen Gruppen von Familien geschickt wurden. Sie reisten in die Siedlungsgebiete, um abzuwägen, was die Umgebung an Möglichkeiten bot. Dann kehrten sie zurück, um ihre Landsleute, die natürlich genau wissen wollten, womit sie in Sibirien rechnen konnten, bis in die kleinste Einzelheit zu informieren. Die Regierung führte Fahrpreisvergünstigungen für Umsiedler ein. Zwei Drittel des normalen Fahrpreises wurden ihnen erlassen. Auf den Bahnhöfen wurden Verpflegungsstationen, die Brot und warme Mahlzeiten reichten, sowie medizinische Betreuungsstellen eingerichtet. An die Züge wurden Kirchenwaggons angekoppelt – gut zu erkennen am Kreuz auf

dem Dach. Das arme Bauernvolk, in Güterwaggons zusammengepfercht, blinzelte erschrocken durch die Schlitze, sah die vertraute Heimat zurückbleiben und Bilder ihrer neuen Heimat auftauchen. In den ersten Jahren nach Aufnahme der Baumaßnahmen, etwa in den Jahren 1892 bis 1901, siedelten jedes Jahr im Durchschnitt 147 500 Bauern in den Osten um. In den ersten 25 Jahren zählte man etwa vier Millionen Umsiedler. Die Einwohnerzahl Sibiriens verdoppelte sich.
Die Eisenbahn erhöhte ihren Umsatz. Neue Gruben und Tagebaue wurden erschlossen, Fabriken und andere Betriebe errichtet, Bahnhöfe gebaut und die Stadtentwicklung vorangetrieben. Die Eisenbahn förderte die Produktivkräfte der riesigen Region, wobei die Wirtschaft allerdings fast ausschließlich auf die Förderung und den Export von Rohstoffen ausgerichtet wurde. Selbst die Branchen, die beim Bau der Eisenbahn entstanden waren und einen enormen Aufschwung erlebt hatten, wie beispielsweise die Metallurgie,

Durch Roden und Erdaushebungen wird das Gelände vorbereitet

Eine provisorische Holzbrücke für einen Versorgungszug

verschwanden wieder von der Wirtschaftskarte der Region. Der Bergbau und vor allem die Goldgewinnung waren nun die Branchen der Zukunft. Es entstanden Silber-, Blei-, Kupfer- und Kohlegruben sowie Salzbergwerke. Aufgebaut wurde die Holzwirtschaft, die Schnittholz auf die russischen und ausländischen Märkte lieferte. Viel wurde über die weitere Entwicklung der Region gestritten. Immer lauter wurden die Befürchtungen über die Zukunft geäußert, da die Industrie langsam den Ackerbau zurückdrängte. Man verwies auf die Erfahrungen der Farmer im „fernen Westen" Amerikas, die im Vergleich zu den Fabrikarbeitern in den Vororten der Großstädte besser situiert waren, und warnte: „Man kann gut ohne Fabriken leben, aber nicht ohne Brot und Fleisch."
Es war eigentlich kein Problem, Obdachlose und Arbeitslose, aber auch andere Menschen, als Arbeitskräfte nach Sibirien anzuwerben, zumal sich dort der Arbeitsmarkt kräftig entwickelte. Doch wurde darüber diskutiert, wie

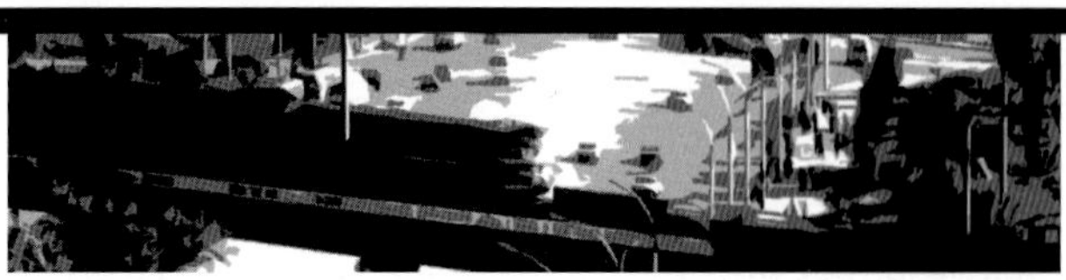

man die Zugereisten in echte „Sibirjaken" verwandeln konnte. Schließlich sollten sie der Region „auf ewig" treu bleiben und nicht nur ihre finanzielle Situation verbessern wollen, um dann bei der erstbesten Gelegenheit wieder in die Heimat zurückzukehren. Ja, dies war in der Tat eine grundsätzliche Frage, mit der die Strategen der im Osten voranschreitenden Wirtschaftsentwicklung bei der Besiedlung neuer Gebiete immer wieder konfrontiert waren. Und ich würde behaupten, daß es diesbezüglich auch heute noch viel Stoff zum Nachdenken gibt.
Auf dem „Eisenweg", wie die Eisenbahn in den nächsten Jahren genannt wurde, bewegten sich jeden Tag zwei Güterzüge (Geschwindigkeit: zwölf Werst, also 12,8 Kilometer pro Stunde) und ein Güter- und Personenzug (Geschwindigkeit: zwanzig Werst, also 21,3 Kilometer pro Stunde). Später ka-

Ein Schiff bringt eine Lokomotive für einen Versorgungszug an das andere Ufer des Jenissejs

men neben weiteren Güterzügen drei „Sibirische Expreßzüge" hinzu, die die Strecke von Moskau bis Wladiwostok ab den 1960er Jahren in neun Tagen und acht Stunden zurücklegten. Der Einsatz dieser Züge war an die Reisesaison gebunden. Nichtsdestoweniger wurden zum Beispiel im Jahre 1910 aus dem Verkauf der Kuponkarten für die Fahrten von Europa durch Sibirien nach Japan und China mehr als 785 500 Rubel erlöst.
Die Große Sibirische Eisenbahn hatte für Rußland und Europa eine weitere besondere Bedeutung. Sie brachte den Menschen die geheimnisvolle Region näher, sie machte Sibirien verständlicher und zugänglicher, sie veränderte

die traditionellen Vorstellungen von abgelegenen Dörfern in der Taiga, von Jagdhütten, Gefängnissen und Straflagern. Die Hoffnung keimte auf, daß die sibirischen Weiten mit dem Zustrom neuer Menschen, neuer Ideen und Technologien vollständiger ins moderne Leben integriert werden könnten.
„Nach unserer tiefsten Überzeugung ist die Sibirische Eisenbahn ein grandioses Denkmal des 19. Jahrhunderts. Sie steht für die Entfaltung der nationalen Größe Rußlands, für die Erfüllung der moralischen Pflicht der Zeitgenossen gegenüber den kommenden Generationen. Sie ist eine der besten Seiten der modernen russischen Geschichte" – diese vor hundert Jahren geäußerten bewegenden Worte gelten uns, den Nachkommen der russischen Eisenbahnbauer. Diese Magistrale wird noch im Dienst vieler Generationen stehen.
Am 21. Oktober 1901 wurden die Gleise der Großen Sibirischen Eisenbahn von Tscheljabinsk über Charbin nach Wladiwostok geschlossen. An diesem Tag wurde der Verkehr aus Wladiwostok nach Tschita und weiter in den Ural und den europäischen Landesteil Rußlands freigegeben. Im Oktober 2001 feierte die Transsib demnach ihr hundertjähriges Jubiläum. Aber es gibt auch andere Versionen. Die um den Baikal verlaufende Schienenstrecke wurde nämlich erst später gebaut. Zunächst wurde der Verkehr mit Fähren über den Baikalsee geführt. Nach dem Russisch-Japanischen Krieg von 1904/1905 verlor Rußland die Konzession auf den über das Territorium Chinas verlaufenden Abschnitten. Gebaut wurde die Chabarowsker Strecke, die erst zehn Jahre später für den Verkehr freigegeben wurde. Die Transsib in ihrem heutigen Verlauf war damit also erst im Jahre 1916 fertig. Aber Präsident Putin hat mit seinem Erlaß, das Jubiläum im Oktober 2001 feierlich zu begehen, den Streit der Historiker entschieden.
Vor sechs Jahren leitete das Eisenbahnministerium mehrere Programme zur technischen Modernisierung der Transsib ein. In die Erneuerung wurden bereits etwa eine Milliarde Dollar investiert. In Uljanowsk und seiner Partnerstadt Krefeld werden moderne Eurowaggons für die Transsib gebaut.
Und noch eine Meldung: Nach jahrelangen schwierigen Verhandlungen wurde ein Abkommen zwischen Rußland und Nordkorea über die Anbindung der Transkoreanischen Eisenbahn an die Sibirische Eisenbahn unterzeichnet. Der nordkoreanische Führer Kim Jong Il reiste übrigens zur Unterzeichnung persönlich mit der Transsib. Mit dieser Anbindung werden südkoreanische Waren mit der Transsib direkt nach Europa geliefert: Transportzeit und -kosten werden dabei halbiert.

Es kostete mich viel Zeit herauszufinden, ob es ein Denkmal für die Transsibirische Eisenbahn gibt. Und es gibt tatsächlich eines! Es wurde bei der Eröffnung der Großen Sibirischen Eisenbahn von Sankt-Petersburg nach Wladi-

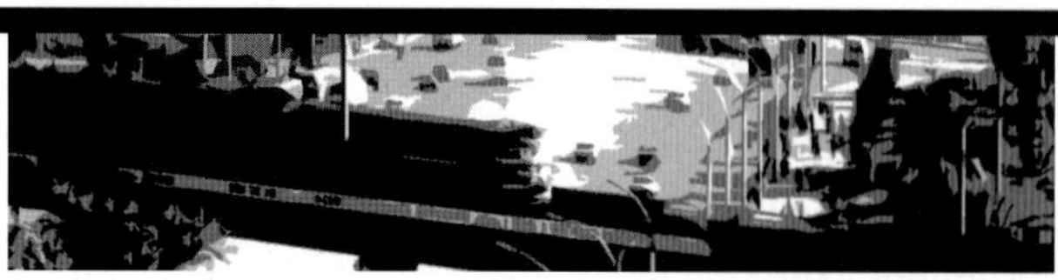

wostok eingeweiht. Sankt-Petersburg war von 1712 bis 1917 die Hauptstadt Rußlands, so daß die Transsib ursprünglich von dort aus nach Wladiwostok geführt werden sollte. Und so steht das Denkmal nicht in Moskau, sondern in der Newametropole – und es hat eine derart dramatische Geschichte, daß ich sie hier einfügen möchte.

Im Jahr 2006 jährte sich zum 140. Mal der Geburtstag des bekannten Bildhauers Pawel (Paolo) Trubezkoi, der von 1866 bis 1938 lebte. Der Sohn des Fürsten Pjotr Trubezkoi, der im russischen Konsulat in Florenz diente, und der Amerikanerin Ada Winans offenbarte schon in jungen Jahren sein künstlerisches Talent und seinen erstaunlichen Arbeitseifer. Paolo Trubezkoi studierte in Mailand, wo er später auch sein Atelier einrichtete. Von 1884 an nahm er an Ausstellungen in europäischen Ländern und den USA teil. Weithin bekannt wurde er als Schöpfer von Gemälden, Porträts und Tierplastiken. Trubezkoi beteiligte sich an den internationalen Wettbewerben für das Garibaldi- und das Dante-Denkmal. Im Jahre 1900 wurde er auf der Weltausstellung in Paris neben dem französischen Bildhauer Auguste Rodin mit dem höchsten Preis – dem Grand Prix – ausgezeichnet.

1897 kam Trubezkoi nach Rußland. Er siedelte sich in Moskau an und erteilte dort Unterricht an der Schule für Malerei, Bildhauerei und Architektur. Gerade dort entstanden die bekannten Büsten von Lew Tolstoi, Alexander Puschkin, Fjodor Schaljapin und Sergej Witte. „Seine Wunderwerke, die die Begeisterung der Seele schäumend ausstrahlen, sind einmalig, sie sind bezaubernd in ihrer Lebensfrische und dem wie Fieberwahn heißen Gefühl des Künstlers", schrieb Wladimir Stassow. Aber sein wichtigstes „russisches" Werk ist ohne Zweifel das Denkmal für Zar Alexander III.

Dieses Denkmal wurde eigens zur Eröffnung der Großen Sibirischen Eisenbahn in Auftrag gegeben und sollte auf dem Snamenskaja Platz (heute: Wosstanija Platz) vor dem Nikolajewsker Bahnhof (heute: Moskauer Bahnhof) in Sankt-Petersburg aufgestellt werden. Trubezkoi hatte den Auftrag nicht sofort bekommen. 1899 wurde ein Wettbewerb veranstaltet, an dem sich die bedeutendsten Bildhauer Rußlands wie Alexander Opekuschin, Wladimir Beklemischew und Matwej Tschichow beteiligten. Nach drei Auswahlrunden standen Trubezkoi und der Architekt Fjodor Schechtel als Sieger fest. Die Arbeit am Denkmal zog sich hin. Viele neideten Trubezkoi den Auftrag, und so mußte der Bildhauer seinen Entwurf mehrfach überarbeiten. Das endgültige Modell wurde 1906 von Zar Nikolai II. genehmigt. Zu dieser Zeit hatte sich Trubezkoi jedoch bereits mit allen zerstritten, von denen die Ausführung und Errichtung des Denkmals abhingen, und so verließ er Rußland, ohne die Fer-

tigstellung seines Werkes abzuwarten. Er kehrte erst zur festlichen Enthüllung des grandiosen Monuments (das Reiterstandbild ist neun Meter hoch; allein das Podest mißt drei Meter) am 23. Mai 1909 nach Sankt-Petersburg zurück.
Das Denkmal für Alexander III. erlangte sofort skandalöse Bekanntheit und löste eine Lawine widersprüchlicher Meinungen und Stellungnahmen aus. Kunstkenner nannten Trubezkoi einen „Plebejer" und „Kunstbanausen". Die Petersburger Akademie der Künste wählte ihn demonstrativ nicht zum Akademiemitglied. Selbst der Kunsthistoriker und Künstler Alexander Benois,

Enthüllung des Denkmals für Zar Alexander III. am 23. Mai 1909

der dem Bildhauer im Grunde wohlgesonnen war, schrieb in einem Artikel, daß „der Künstler seinen frechen Gedanken dem Willen des Auftraggebers (gemeint ist der Zar) entgegensetzte und über den friedensstiftenden Zaren ein derart hartes Urteil fällte, daß der Auftraggeber seit der Enthüllung des Denkmals nur daran dachte, ihn (den Künstler) nach Sibirien, möglichst weit weg von seinen beleidigten Sohnesaugen, zu verbannen."
Trubezkoi wurde „Vereinfachung", „Götzentum" und sogar grobe Karikierung vorgeworfen. Er erwiderte darauf: „Diese Einfachheit ohne Geziertheit und Pose sowie das Ensemble in seiner Ganzheit stellen eine gewisse Abweichung von der Alltäglichkeit und Schablonenhaftigkeit dar, an die man gewohnt ist ... Die Einfachheit und das Wirkliche sind die wahren Spiegel der schöpferischen Geisteshaltung."

Das Denkmal blieb ein Objekt heftiger Kritik. Wurde es vor der Oktoberrevolution 1917 wegen seines „Mangels an künstlerischem Ausdruck" beschimpft, so sollte es später – schon aus politischen Beweggründen – als Symbol für „die ganze Schande und Niederträchtigkeit der Selbstherrschaft" angegriffen werden. Eigenartigerweise hielt sich jedoch von allen Monumenten der Zarenzeit, die unter den Sowjets zerstört werden sollten, der umstrittene Alexander III. am längsten. Er kam erst 1937 an die Reihe.
Auf Beschluß des Leningrader Stadtsowjets wurde eine Fachkommission gebildet, die über die – eigentlich schon im vorhinein bestimmte – Zukunft des Denkmals entscheiden sollte. Aber es geschah vollkommen Unerwartetes: Die Kommission befand die Forderung der Behörden, „das Monument, das an das verhaßte Zeitalter des Imperialismus erinnert", zu zerstören, als ungerechtfertigt und lehnte die Abtragung des Denkmals ab. Kühne Menschen waren diese Kommissionsmitglieder: Das Jahr 1937 zog schon herauf.

Seit 1994 steht das Denkmal auf dem Platz vor dem Marmorpalast

Anfang 1937 beschloß das Präsidium des Leningrader Stadtsowjets dann jedoch die unverzügliche Beseitigung des Denkmals. Weder war zuvor eine Kommission gebildet worden noch hatten irgendwelche Besprechungen stattgefunden. In der Nacht zum 15. Oktober 1937 wurde das Denkmal in seine Einzelteile zerlegt und in ein Depot gebracht, wo es bis zum Einschmelzen lagern sollte. Das Urteil schien endgültig zu sein. Es fanden sich jedoch erneut mutige Menschen. Für den Erhalt des Reiterstandbildes trat das Russische Museum ein, genauer gesagt war es der Leiter der Skulpturenabteilung G. Presnow. Vermutlich auf seine Forderung hin wandte sich die Direktion des Museums mit der Bitte an den Stadtsowjet, das Trubezkoi-Werk als „eine unter künstlerischen und historischen Aspekten wertvolle Arbeit" zu bewahren. Dies lief dem Beschluß der Partei und des Stadtsowjets zuwider und hätte für die widerspenstigen Kunstwissenschaftler in der damali-

gen Zeit schlimme Folgen nach sich ziehen können. Doch wie auch immer. Das Reiterstandbild wurde gerettet. Im Februar 1938 wurde es in den Hinterhof des Russischen Museums gebracht, wo es verborgen und nahezu illegal einige Jahrzehnte stand.
Der Große Vaterländische Krieg brach aus. Die Museumsmitarbeiter schützten das Alexander-Monument sorgfältig mit Sandsäcken – wie sich herausstellte, gerade noch rechtzeitig. Denn bei einem Luftangriff schlug eine Splitterbombe unweit des Denkmals ein. Die Splitter beschädigten das Podest, konnten aber dem geschützten Standbild selbst nichts anhaben.
In den 50er Jahren lenkten die Behörden ihre Aufmerksamkeit erneut auf das Alexander-Denkmal. Schlußendlich genehmigte man, das Monument mitsamt Podest im Innenhof des Benois-Gebäudes aufzustellen, der nur wenigen Besuchern offenstand. Erhalten geblieben ist eine schriftliche Anweisung: „Beim Aufstellen des Trubezkoi-Denkmals für Alexander III. an der neuen Stelle ist das Podest des Standbildes zu verkleinern, indem drei Steine aus dem Podest herausgenommen werden. Diese Steine können für die Büsten der Helden der UdSSR und das Denkmal für Rimski-Korsakow verwendet werden." Der Anordnung der Obrigkeit wurde Folge geleistet.
1966 wurde das Denkmal für Alexander III. dann in den Hof des Marmorpalastes versetzt, wo es nach mehreren Jahrzehnten der Vergessenheit und der Verbote wieder zur Besichtigung freigegeben war. Nach den Jahren voller Risiken und Leiden schien das Denkmal irgendwie glücklich angekommen zu sein. Doch weit gefehlt: Eine „dritte Geburt" erlebte das Denkmal im Jahre 1994. Die Reiterstatue wurde auf dem Platz vor dem Marmorpalast aufgestellt. Anfangs sollte dies eine vorübergehende Lösung für das Denkmal von Alexander III. sein. Aber es gibt nichts Beständigeres als das Vorübergehende. In der letzten Zeit kam im Zusammenhang mit der Erneuerung des Wosstanaja Platzes die Frage auf, ob das Denkmal nicht an seinen ursprünglichen Platz zurückkehren sollte. Aber eine endgültige Entscheidung ist offensichtlich so schnell nicht zu erwarten.

Kehren wir jedoch zu unserer Reise zurück. Der Schriftsteller Laurens van der Post, der die Sowjetunion in den 60er Jahren mehrfach bereiste, vermerkte in seinen Notizen, daß das Zugfahren in der ganzen Welt langsam aus der Mode komme und nur zwei Staaten in dieser Hinsicht Ausnahmen seien, nämlich die Sowjetunion und Japan. Die Bevölkerung dieser Länder, so schreibt er, „betrachtet die Eisenbahn nicht schlechterdings als ein wichtiges Verkehrsmittel, sondern eher wie ein Wunder." Und meiner Meinung nach ist es nur natürlich, daß die Transsibirische Eisenbahn bei den Russen heute noch solche Gefühle auslöst und sie liebevoll und mit großer Sorgfalt alle die Eisenbahn betreffenden Fakten sammeln.

Moskau. Kilometer 0

In Rußland sagt man, daß ein Mensch, der Moskau drei Tage besucht hat, normalerweise glaubt, diese Stadt schon gut zu kennen. Wer dort drei Monate verbracht hat, versteht, daß er nur etwas erfahren und gesehen hat. Und derjenige, der drei Jahre lang in Moskau gelebt hat, wird davon überzeugt sein, daß er nicht die leiseste Vorstellung von der Stadt hat.

Kenne ich mein Moskau, die Stadt, in der ich jahrzehntelang lebte? Kann ich Ihnen die russische Metropole näherbringen, dieses einmalige Museum, diese Sammlung bedeutender historischer, kultureller und architektonischer Sehenswürdigkeiten? Moskau verfügt über eine geheimnisvolle Magie – eine Magie von Geistigkeit, die auch heute noch nicht wirklich verstanden wird.

Ich habe nicht die Absicht, Moskau in seiner ganzen Vielfalt zu beschreiben. Zu diesem Zweck gibt es Reiseführer und Nachschlagewerke. Doch will ich Sie an einige Plätze führen, um Ihre Neugier und Phantasie zu wecken und Sie für eine individuelle Wanderung durch die Straßen und über die Plätze Moskaus zu gewinnen. Ich bin sicher, daß Sie Ihre eigenen Entdeckungen machen und die weltlichen und sakralen Baudenkmäler mit Ihren eigenen Augen „neu" betrachten werden.

Moskau nimmt in Rußland einen besonderen Platz ein. Die Stadt entstand vor mehr als 860 Jahren (erstmals erwähnt wird sie 1147) und gilt als Symbol der russischen Kultur und Wissenschaft.

Auf zwei weltberühmte Museen – die Tretjakow-Galerie und das Puschkin-Museum der bildenden Künste (ersteres wurde durch die Geisteskraft, das Herz und den Willen des Kaufmanns Tretjakow geschaffen, letzteres ist ein

Blick auf den Moskauer Kreml und die Basiliuskathedrale

von Professor Zwetajew initiiertes Gemeinschaftsprojekt von Mäzenen) – wird in allen Touristenprospekten hingewiesen, und sie sind ein unbedingtes Muß für jeden Besucher. Übrigens feierte das Puschkin-Museum 2012 mit der großen Ausstellung „Imaginäres Museum" sein 100jähriges Bestehen. Direktorin Irina Antonowa hatte Leihgaben aus den berühmtesten und reichsten Museen der Welt, die noch nie in Moskau zu sehen waren, für diese Ausstellung gewinnen können. Und ebenfalls seit dem Jahre 2012 hat man die Möglichkeit, einen virtuellen Spaziergang durch die Museumssäle zu machen (www.googleartproject.com). Das Portal ist ein wunderbares Projekt. In der ersten Etappe ab Februar 2011 wurden in diesem Projekt siebzehn Museen aus neun Ländern vorgestellt, darunter die Tretjakow-Galerie in Moskau und das Russische Museum in Sankt-Petersburg. Mittlerweile kann man unter dieser Adresse mehr als 200 Museen aus über fünfzig Ländern der Welt besuchen und sich mit ihren reichen Beständen bekanntmachen.

Das dritte Museum in Moskau, das ich Ihnen ans Herz legen möchte, öffnete erst am 15. Dezember 1999 seine Türen. Über dieses Museum werden Sie kaum Material finden, obwohl es den Besuch wirklich lohnt. Sein Gründer ist der Präsident der Akademie der Künste und Künstler Surab Zereteli, ein Günstling des ehemaligen Moskauer Bürgermeisters Juri Luschkow. Zereteli prägte das neue Bild der Hauptstadt mit Denkmälern wie „Peter der Große", auch war er federführend bei der Gestaltung des Manegeplatzes. Zereteli begann bei Null, als er das Russische Museum der modernen Kunst in der Petrowka-Straße 25 aufbaute. Erweitert wurde es im Jahr 2001 durch das Akademische Museum in der Pretschistenka. Das neue Museum ist schlicht beeindruckend. Ich verweise nur auf die aus 800 000 (!) Werken bestehende akademische Sammlung.

Glauben Sie nicht alles, was in finster-grauen Fernsehreportagen über Rußland berichtet wird! Moskau ist – davon werden Sie sich überzeugen können – farbenprächtig und großartig! Wer zum ersten Mal in Moskau weilt, sollte mit einer Busrundfahrt beginnen, um erste Eindrücke von der Stadt zu sammeln. Wer Moskau schon von früheren Besuchen kennt, wird fraglos seine Lieblingsplätze haben.

„Was ist in Moskau denn nun vor allem sehenswert?" werde ich mitunter gefragt. Sehenswert sind natürlich der Kreml (Seit April 2001 ist Jelena Gagarina, die Tochter des ersten Kosmonauten Juri Gagarin, Generaldirektorin der Museumsanlage „Moskauer Kreml". Sie ist Kunstwissenschaftlerin und spezialisiert auf die Kunst Großbritanniens. Zuvor war sie rund zwanzig Jahre lang im Staatlichen Puschkin-Museum der bildenden Künste beschäftigt.), das Freilichtmuseum Kolomenskoje, die Christ-Erlöser-Kathedrale und das Bolschoi-Theater – außerhalb der Hauptstadt ist es Sergijew Possad, das zu Sowjetzeiten Sagorsk hieß.

Von der Pracht und der Großartigkeit der Uspenski-Kathedrale im Kreml läßt sich wohl jeder beeindrucken. Wir Russen haben eine besondere Beziehung zu dieser großartigen Kreml-Kirche. Wir nennen sie „Himmel auf Erden, der wie eine große Sonne im Zentrum des russischen Landes strahlt".
1472 beschloß man, an der Stelle der alten, baufällig gewordenen Kirche, die 1327 eingeweiht worden war, ein neues Gotteshaus zu errichten. Die russischen Meister bauten die neue Kirche in nur zwei Jahren. Sie wuchs buchstäblich vor den Augen der Moskowiter. Dann aber zerstörte ein Erdbeben die Nordwand des just fertiggestellten Gotteshauses. Die ganze Stadt trauerte um das Bauwerk. Großfürst Iwan III. betrachtete dieses Ereignis jedoch als ein Zeichen Gottes. Er beschloß, einen Baumeister aus Italien zu holen, und schickte nach dem berühmten Architekten Rudolfo „Aristotele" Fioravanti aus Bologna. Drei Monate benötigte dieser allein für seine Reise ins ferne Moskau.

Auf individuellen Wanderungen durch die Straßen und über die Plätze ... Moskaus kann man die Metropole in ihrer ganzen Vielfalt entdecken

Fioravanti weigerte sich, die Nordwand der Kirche einfach neu hochzuziehen und damit das alte Bauwerk wiederherzustellen. Er schlug vor, alles abzutragen und den Bau neu zu beginnen. Dabei ließ er sich jedoch Zeit, denn der große Architekt verstand, daß er die Baukultur und den Geschmack des russischen Volkes nicht ignorieren durfte. Er konnte also nicht einfach die bekannten Formen der westlichen Architektur künstlich übertragen. Fioravanti reiste nach Legung des Fundaments erst einmal durch das Land, um sich mit der russischen Baukunst vertraut zu machen.
Iwan III. hatte dem Italiener nahegelegt, die Uspenski-Kathedrale in Wladimir als Vorbild zu nehmen. Fioravanti besuchte also Wladimir, die berühmte Hauptstadt der Susdaler Fürsten. Man erzählt, der Architekt sei in die Kathedrale eingetreten und plötzlich stehengeblieben. Auf den vielfarbigen Ma-

jolikafliesen auf dem Fußboden bebten die Lichtflecken der Kerzen. Das Gewölbe, die Pfeiler und die Wände der Kirche waren mit einem riesigen, den Untergang der Welt darstellenden Fresko bemalt. Die breite, beinahe nachlässig scheinende Pinselführung gab den Körpern und Gesichtern der Menschen spürbare Lebendigkeit. Dieses Fresko beeindruckte den italienischen Baumeister zutiefst. Fioravanti, selbst unter dem Einfluß der wunderbaren Kunst Italiens aufgewachsen, war vom Talent des russischen Künstlers begeistert und fragte sofort nach seinem Namen. „Er hieß Andrej Rubljow", sagte der Dolmetscher voller Stolz.

Die Weite und Größe der Wladimirer Uspenski-Kathedrale sowie ihre strenge Schönheit begeisterten den Baumeister. Die ausgeprägte Fähigkeit der alten Baumeister, eine Verbindung zwischen dem Sakralen, der Natur und der Stadt zu schaffen, prägten sich dem Italiener tief ein. Voller neuer Ideen kehrte er nach Moskau zurück.

In nur vier Jahren erbauten russische Maurer und Zimmerleute unter Leitung Fioravantis die Moskauer Uspenski-Kathedrale. Die Ziegel wurden in einem neuartigen Ofen nach einem besonderen Verfahren gebrannt. Sie waren länger und schmaler als bisher und so hart, daß man sie nur brechen konnte, wenn man sie zuvor gewässert hatte. Kalk wurde zu einem dicken Teig verrührt, der dann mit Eisenkellen aufgetragen wurde. Erstmals in Rußland wurde alles nach Zirkel und Lineal gebaut. Fioravanti lehrte die Moskauer, die Wände innen mit Eisenpfeilern zu stützen (zuvor hatte man schnell faulende Eichenpfeiler verwendet), er ließ sie Gewölbe kreuzweise zusammenführen und perfekte Doppelbögen mit „herabhängenden Steinen" bilden. Die Russen übernahmen schnell die italienischen Verfahren. Später wurden sie dann gleichsam zu „russischen" Methoden weiterentwickelt und wiesen eigentlich keine italienischen Spuren mehr auf.

Auf dem Kreml-Hügel entstand ein architektonisch strenges und würdiges Gotteshaus. Der talentierte ausländische Baumeister hatte verstanden, daß Wladimir die alte Hauptstadt war und sich hier nun eine neue erhob – Moskau –, eine Hauptstadt, die sich noch ein Gesicht geben mußte. Er spürte zudem, daß die neue Kirche nicht nur im architektonischen Raum des Kathedralenplatzes im Kreml, sondern im Leben des Staates schlechthin eine wichtige Rolle spielen würde.

Als schließlich im Sommer 1479 das Baugerüst abgenommen wurde, präsentierte sich dem Blick der Moskauer eine Kirche, die „nach allen Regeln der Kunst erbaut war". Ein Chronist schrieb, daß die Uspenski-Kathedrale wie ein Monolith – „wie aus einem einzigen Stein" – geformt war. Die Moskowiter waren begeistert. Obwohl die Kirche mit ihren fünf Goldkuppeln ziemlich klein war, war sie doch von verschiedenen Punkten Moskaus aus zu sehen. Die Uspenski-Kathedrale wurde zur Hauptkirche Rußlands. Hier wurden

Staatsakte vollzogen, im Altar wurden die wichtigsten Dokumente des Russischen Reiches aufbewahrt. In der Kirche wurden die Metropoliten und Patriarchen von ganz Rußland geweiht und bestattet. Am Grabmal des Metropoliten Pjotr (unter diesem war, nachdem er seinen Sitz von Wladimir nach Moskau verlegt hatte, an dieser Stelle die erste Kirche erbaut worden) und vor der Ikone der „Gottesmutter von Wladimir", die in ganz Rußland als Heiligtum verehrt wird, leisteten die Fürsten und „alle nachfolgenden Würdenträger" den Treueid auf Moskau und den Großfürsten, später auf den Zaren. Vor den Feldzügen erhielten die Feldherren hier ihren Segen. Und noch später wurden hier die russischen Fürsten und Zaren inthronisiert.

Die Uspenski-Kathedrale wurde im 15. Jahrhundert errichtet

In der Uspenski-Kathedrale wurden die für Rußland wichtigsten Ehen geschlossen – die von Fürst Wassili I., Sohn von Dmitri Donskoi, und der litauischen Fürstin Sofia Witowtowna, die von Iwan III. und Sofia Paleolog sowie die von Wassili III. und Jelena Glinskaja. Letztere gebar Iwan Grosny. Die prachtvolle Gestaltung der Kathedrale, mit der man kurz nach der Einweihung begann, betonte ihre Bedeutung. 1481 „schmückten der Ikonenmaler Dionissi und der Pope Timofei sowie Jarez und Konja" die Kirche mit einer dreireihigen Ikonostase. Historisch nicht gesichert ist, ob sie sich damals auch dem Altar gewidmet haben. Vollständig wurde die Kirche jedoch erst 1515 ausgemalt. Einige Malereien, darunter „Die sieben schlafenden Jünglinge aus Ephesos", „Die vierzig Märtyrer von Sebaste", die Malerei im An-

bau des Altarraumes und viele mehr, können wir auch heute noch bewundern.
Besonders wertvoll aber sind die Ikonen, darunter die bereits erwähnte im byzantinischen Stil gehaltene „Gottesmutter von Wladimir" aus dem 11. Jahrhundert (sie wird heute in der Tretjakow-Galerie aufbewahrt) und die Ikone „St. Georg". Letztere ist die Arbeit eines Nowgoroder Künstlers des 12. Jahrhunderts, der auf der Rückseite die „Gottesmutter Hodigitria" abbildete. Der Heilige Georg wurde übrigens als Schutzpatron der Krieger verehrt. Auf der Ikone ist er als Jüngling in einer Rüstung vor einem goldenen Hintergrund dargestellt. In der rechten Hand hält er einen Speer, in der linken ein Schwert. Sein Antlitz drückt Kampfesmut und Standhaftigkeit aus. In dieser Darstellung sind Größe und Erhabenheit, die der gesamten Kunst jener Zeit eigen waren, verkörpert.
In der obersten Reihe der Ikonostase, direkt über dem Altar, sehen wir die Ikone „Erlöser – Grimmiges Auge", die in den 40er Jahren des 14. Jahrhunderts in Moskau geschaffen wurde. Die asymmetrische Kontur des Christus-Kopfes, die tiefen Falten am Hals und auf der Stirn, die feine Biegung der Augenbrauen über den dunklen Augenhöhlen geben dem Bild außergewöhnliche emotionale Kraft und Spannung. In der Uspenski-Kathedrale werden zudem die Ikone „Erlöser an der Schulter" und andere Meisterwerke der sakralen Kunst sowie kostbare Werke der dekorativen Kunst aufbewahrt. Zu nennen wären der Thron Iwan Grosnys (bekannt auch als „Thron des Monomach"), der 1551 geschaffen wurde, und der zentrale Silberleuchter „Ernte" mit der Darstellung des St. Georg-Kreuzes. Dieser Leuchter ist für uns Russen Symbol für den Sieg im Vaterländischen Krieg von 1812.
Die Truppen Napoleons machten die Uspenski-Kathedrale zu einem Stall. Aus der Kathedrale wurden kostbares Kirchengerät sowie die Silber- und Goldfassungen der Ikonostase und der Ikonen geraubt. Die silbernen Särge der Metropoliten wurden geplündert. Und hatte der „Kaiser der Franzosen" den abziehenden Truppen nicht den Befehl gegeben, die Kathedrale zu sprengen? Dies gelang ihnen jedoch glücklicherweise nicht. Direkt, nachdem die französische Armee aus Moskau vertrieben worden war, begann man im Kreml mit umfangreichen Restaurierungsarbeiten. Und eben damals wurde in der Uspenski-Kathedrale auch dieser Leuchter installiert. Er wurde aus 328 Kilogramm Silber gegossen, das Kosaken von den flüchtenden Franzosen zurückerbeutet hatten. Die Ikonostase wurde wieder mit großartigen Fassungen verziert, auch wenn es nur Kopien der früheren Fassungen sind.
Und dann muß man der Christ-Erlöser-Kirche, die unter Bürgermeister Luschkow wiederaufgebaut wurde, einen Besuch abstatten. Achten Sie unbedingt auf das sechs Meter hohe Bild mit dem Antlitz Christi. Es ist das Werk eines meiner Bekannten, des jungen Künstlers Dmitri Trofimow, der bereits viel Er-

fahrung als Ikonenmaler gesammelt hat. So war er an der Wiederherstellung der Malerei in der Himmelfahrtskirche beteiligt, in der sich Puschkin seinerzeit trauen ließ. Werke von Trofimow finden Sie auch in anderen Kirchen. Mitja absolvierte die Surikow-Hochschule der Künste. Auf meine Frage, warum er sich gerade für diese Richtung der Malerei entschieden habe, antwortete er: „Die Ikonenmalerei spiegelt das Wesentliche wider – das, was dem Menschen am Herzen liegt, das, woran wir ständig denken." Mitja tauchte tief in die Materie ein, als er sein Praktikum in Rostow Weliki machte. Er ließ sich begeistern. Das Schaffen der Künstler, die sich der Gestaltung sakraler Räume widmen, sei ein wahrer Höhepunkt in der gesamten Malerei, so seine Überzeugung. Und auch heute, wenn er mit einer Arbeit nicht weiterkommt, macht sich Dmitri auf den Weg in die alte russische Stadt, die ihm Quelle der Inspiration ist.

Abends müssen Sie unbedingt ins Bolschoi-Theater gehen. Das Bolschoi-Theater wurde am 28. März 1776 gegründet. Eben an diesem Tag wurden die Schauspieltruppen des Moskauer Theaters und des Theaters der Leibeigenen zusammengelegt – und dies markierte die Entstehung des neuen Theaters. Die Vorgänger von Schaljapin und Plissezkaja spielten zunächst im Haus des Grafen Woronzow in der Snamenkaja-Straße. 1780 zog die Truppe dann in das eigens für sie errichtete Gebäude in der Petrowka-Straße. Es war allerdings ein vom Unglück verfolgter Ort. Im Jahre 1805 fiel das Theater einem Großbrand zum Opfer. Erst zwanzig Jahre später – 1825 – wurde es wiedereröffnet. Für das neue Gebäude zeichneten die damals bekannten Architekten Ossip Bowe und Andrej Michailow verantwortlich. Aber auch dieses Gebäude existierte nur wenig mehr als ein Vierteljahrhundert. Es brannte 1853 nieder. Man beschloß, ein neues Theater zu bauen, und das, obwohl das Russische Reich zu dieser Zeit im Krimkrieg befangen war. Unter Leitung des bekannten Architekten Albert Kawos entstand in nur zwei Jahren – für die damaligen Verhältnisse war dies eine phantastisch kurze Zeit – im Zentrum Moskaus das Gebäude des Bolschoi-Theaters, das zu Recht als eines der größten Opern- und Ballett-Häuser Europas gilt. Während das Ensemble des Bolschoi 2001 also sein 225jähriges Jubiläum feierte, wurde das Bolschoi als Gebäude erst 145 Jahre alt. Aber schon 2001 zeichnete sich in all dem Prunk des Venezianischen Stucks, des Malachit-Vestibüls, in all dem Blattgold, dem schweren Samt und den ausladenden Lüstern ab, daß das Theater einer umfassenden Sanierung bedurfte.

Die Restaurierung des Bolschoi-Theaters wurde im Jahre 2005 begonnen – für sechs lange Jahre schloß das Theater, das einzustürzen drohte, seine Türen.

Eine Stabilisierung der Bausubstanz war von nöten, bevor die Arbeiten am neuen Fundament aufgenommen werden konnten. Man hat viel investiert in die Sanierung, Restaurierung und Modernisierung – nach offiziellen Angaben rund 500 Millionen Euro. Nun erstrahlt der originalgetreu gestaltete Zuschauerraum wieder in üppigem Gold und Himbeerrot, wurden die seidenen Wandteppiche wieder angebracht, die Lüster aufgehängt. Es gibt eine

Das Moskauer Bolschoi-Theater wurde aufwendig restauriert und 2011 wiedereröffnet

hydraulisch betriebene Bühne, Platz wurde geschaffen für Proberäume und Orchester. Und vor allem: wiederhergestellt wurde die herausragende Akustik des Theaters. Am 29. Oktober 2011 wurde das Bolschoi mit einer großen Gala wiedereröffnet. Und am 2. November 2011 feierte man mit der Glinka-Oper „Ruslan und Ljudmila" den Beginn der Spielzeit.
Eine Tradition für alle Gäste Moskaus ist der Besuch in Sergijew Possad (ehemals Sagorsk), wo sich das berühmte Sergius-Dreifaltigkeitskloster befindet. Ich habe mir im Jahre 2001 im Fernsehen eine Reportage über den Besuch von Bundeskanzler Gerd Schröder im Dreifaltigkeitskloster angeschaut. Mich hat beeindruckt, daß Alexi II., der damalige Patriarch von Moskau und der ganzen Rus, bei der Weihnachtsmesse, die bei uns erst am 7. Januar gefeiert wird, den deutschen Regierungschef in deutscher Sprache gesegnet hat. Damals dachte ich sogleich an die Zeit Peters I., der das Fenster nach Europa weit geöffnet hat. War es nicht symbolisch, daß das Oberhaupt der Russischen Orthodoxen Kirche – sein weltlicher Name war Riediger – in seinem

Stammbaum Deutsche hat? Und geht es nicht auch heute wieder um ein besseres Verständnis zweier Kulturen?
Ich denke, es ist ein wenig schwierig, ausländischen Besuchern, die nur in Moskau und Sankt-Petersburg weilen, zu vermitteln, daß Moskau nicht das ganze Rußland, sondern nur sein reichstes Stückchen ist. In Deutschland beispielsweise scheint der Lebensstandard allerorts gleich zu sein, unabhängig davon, ob man nun gerade auf dem Land oder in Berlin lebt. Was aber hat der von Rußland gesehen, der nur die reiche, strahlende, mit Werbetafeln

Die wiederaufgebaute Christ-Erlöser-Kathedrale

geschmückte Hauptstadt, nicht aber Primorje und den Fernen Osten erlebt hat?
Ein Hoch an dieser Stelle also auf die Besucher, die weite Reisen durch ganz Rußland unternehmen! Sie werden das echte Rußland mit eigenen Augen sehen.

Wissen Sie, wer auf dem Moskauer Stadtwappen abgebildet ist? Das ist der Heilige Georg der Siegreiche. Genauer aber der Heilige Georg, der mit der Lanze den Drachen tötet. Der Drachen verkörpert die List und die Bosheit der Feinde Rußlands. Im Unterschied zu den alten Ägyptern und Griechen,

die die Schlange als Symbol für Weisheit und heilende Kraft betrachteten, sahen die Slawen sie stets als Quelle von List und Bosheit an. Der Heilige Georg ist einer der beiden himmlischen Beschützer und Verteidiger Moskaus. Das Wappen wurde im Jahre 1781 angenommen, in der Sowjetzeit dann nicht verwendet, aber von der Stadtduma 1995 erneut bewilligt.
Die zweite Beschützerin Moskaus ist die Gottesmutter von Wladimir. Jeder Moskowiter weiß, daß es eine wundertätige Ikone ist. Es gibt eine kleine Geschichte dazu: Das Wunder geschah in Moskau am 8. September 1395. Die Invasion Tamerlans, auch bekannt als Amur Timur, stand unmittelbar bevor. Die Moskauer wußten, daß ihre Kräfte nicht reichen würden, um die Turkmongolen abzuwehren, und sie riefen angesichts der Hoffnungslosigkeit ihrer Lage Gott an: Am 8. September 1395 wurde die weithin bekannte Gottesmutter-Ikone aus Wladimir nach Moskau gebracht, wo sie festlich im Gebiet der heutigen Sretenka-Straße („sretenje" heißt „Begegnung", „Treffen") empfangen wurde. Und Tamerlan machte kehrt, ohne die Oka erreicht zu haben. Seitdem begeht die Russische Orthodoxe Kirche jedes Jahr am 8. September die Begegnung mit der Hochheiligen Gottesmutter von Wladimir.
Sind denn Ikonen und Gebete Schalter, die auf Knopfdruck die gewünschte Hilfe der höchsten Macht bringen? Natürlich nicht. Der beste Beweis hierfür ist, daß Wunder nur selten passieren und nicht jedes Gebet Wirkung zeigt. Meine Großmutter sagte stets, daß der Herrgott auf das innigste, auf das von Herzen kommende Gebet reagiert und die Ikone dem Herzen beim Beten nur helfen kann. Kommt das Gebet nicht von Herzen und ist es arglistig, dann wirkt die Ikone nicht wie eine Brücke zu Gott, sondern wie eine Eisentür, die sich vor unserer Häßlichkeit schützt.
Als ich einmal in Moskau mit einem alten Freund – einem Historiker – durch die Stadt ging, fragte ich ihn, warum man nach dem Zerfall der Sowjetunion nicht die schwarz-gelb-weiße Zarenflagge, sondern die weiß-blau-rote Flagge der alten Handelsflotte zur Staatsflagge des neuen Rußland gewählt hatte. Er erzählte folgende interessante Geschichte:
Zar Peter I. stiftete die weiß-blau-rote Flagge am 20. Januar 1705 in der Tat als Flagge der Handelsflotte. Später dann nutzte die Handelsflotte in der Regel die Nationalflagge. Da Rußland jedoch außer dieser Trikolore keine offizielle Flagge hatte, kann dieses Datum als Geburtstag der russischen Staatsflagge angesehen werden.
Unter Peter I. wurde auch die Reihenfolge der Farbstreifen auf der Flagge festgelegt: der obere Streifen ist weiß, der in der Mitte blau und der untere rot. Diese Anordnung spiegelt die uralte Auffassung von der Welt wider: unten ist die physische, die körperliche Welt, darüber die geistige und wieder darüber die göttliche Welt. Die gewählten Farben haben für die Russen seit alters her symbolische Bedeutung: Weiß steht für Edelmut und Offen-

heit, Blau für Treue, Ehrlichkeit, Tadellosigkeit und Keuschheit, Rot für Mut, Kühnheit, Großzügigkeit und Liebe.
Aber wo denn die schwarz-gelb-weiße Flagge herkomme, wollte ich von meinem Freund wissen.
Die Farben wurden am 11. Juni 1858 von Alexander II. ziemlich unvermittelt per Erlaß verändert. Allerdings war dieser Erlaß in Rußland nahezu unbekannt. Die schwarz-gelb-weiße Flagge wurde mitunter verkehrt herum, das heißt mit dem weißen Streifen nach oben, aufgehängt. Viele fortschrittlich denkende Menschen forderten damals die Rückkehr zur weiß-blau-roten Flagge, da sie die schwarz-gelb-weiße Flagge als Zeichen einer deutschen Orientierung sahen. Schwarz ist nämlich eine Farbe, die von den germanischen und arabischen Völkern bevorzugt wird, dem russischen Charakter aber wesensfremd ist und in Rußland seit alters her als Zeichen des Todes und der Trauer gilt. Gelb steht für Gold, eine Farbe, die ebenfalls unpassend scheint, denn in Rußland war allgemein Silber verbreitet. Die Zweideutigkeit der Symbole, die die zaristische Macht und die bürgerliche Gesellschaft trennte, wurde letztendlich erkannt, so klärte mich mein Freund auf, und man war um eine Korrektur bemüht. Am 25. April 1883, kurz vor der Inthronisation Alexanders III., stellte Innenminister Graf Tolstoi dem Zaren zwei Flaggen vor: die schwarz-gelb-weiße Flagge als Nationalflagge und die weiß-blau-rote Flagge der Handelsflotte. Alexander III. ordnete dann an, in Rußland eine einheitliche, nämlich die weiß-blau-rote Flagge, zu nutzen.
Nun, wissen Sie: Mit der Flagge kamen wir zurecht, mit dem Doppeladler auch: Der existiert in Rußland seit dem 15. Jahrhundert. Er kam aus Byzanz und wurde mit unserem alten Symbol – Georg Nikophoros – vereinigt.
Am Ende unseres Spaziergangs stellte mein Freund mir die Frage, ob ich wohl wüßte, wie viele Orte in der Welt den Namen „Moskau" führen. Es sind dreizehn! Zwölf davon liegen in den USA. Moskau wird nur von Petersburg überflügelt. In den USA gibt es fünfzehn Petersburgs! Und in einem davon lebten die literarischen Lieblingshelden meiner Kindheit – es sind Tom Sawyer und Huckleberry Finn, die Mark Twain der Welt geschenkt hat.
Woher kommen nur die vielen russischen Ortsnamen in Amerika? Zwei Geschichten mögen als Erklärung dienen. Im Jahre 1888 gründete Pjotr Dementjew, ehemaliger Marschall von adeligem Geblüt aus Twer (unweit von Moskau), im County Pinellas in Florida an der Küste der Bucht von Tampa eine Stadt. Er dachte lange darüber nach, ob er sie Moskau oder Petersburg nennen sollte. Er entschied sich schließlich für Petersburg, da er auch beschlossen hatte, den Bau der neuen Stadt auf dem amerikanischen Konti-

nent mit einem Bahnhof – einer genauen Kopie seines Lieblingsbahnhofs in Zarskoje Selo – zu beginnen. Er ließ also den Bahnhof errichten, verlor all sein Geld, sehnte sich sehr nach seiner Heimat zurück, reiste nach Rußland, kehrte aber wieder nach Amerika zurück, nun schon als Peter Demens. Er gab die Werke seines Lieblingsdichters Lermontow in englischer Sprache heraus. Heute ist die von ihm begründete Stadt mit 240 000 Einwohnern das größte „amerikanische Petersburg". Das Andenken an diesen rastlosen Mann lebt im Namen des Parks Demenslanding fort.
Das erste „amerikanische Moskau" ist natürlich älter als jedes „amerikanische Petersburg". Das erste Moskau, so wird erzählt, wurde von der Witwe eines Moskauer Kaufmanns gegründet. Ich denke, sie wird abends „Die Petersburger Skizzen 1836" von Gogol gelesen und still vor sich hin gelächelt haben: „Moskau ist eine alte Stubenhockerin, backt Plinsen, betrachtet alles aus der Ferne und hört – ohne vom Sessel aufzustehen – die Berichte darüber, was in der Welt geschieht. Petersburg aber ist ein flinker Bub, der nie zu Hause sitzt." Viel wird bei uns über die Wertigkeit unserer Hauptstädte gespro-

Darstellung des Heiligen Georg auf einer Ikone

Das Wappen der Stadt Moskau zeigt den Heiligen Georg

chen. Ich möchte noch auf Napoleon verweisen: Der nämlich hat, als er sich auf den Krieg gegen Rußland vorbereitete, nicht nur die strategische, sondern auch die moralische und geistige Bedeutung der Städte für das Land studiert und verstanden. Er sagte: „Wenn ich Kiew besetze, packe ich Rußland an den Füßen; wenn ich Petersburg erobere, greife ich es am Kopf; wenn ich Moskau nehme, versetze ich ihm einen Stich ins Herz."

Ja, Moskau ist das Herz Rußlands. Die Stadt hat in den mehr als 850 Jahren ihres Bestehens so viele Denkmäler, Kirchen und interessante Bauwerke geschaffen, daß für jeden Geschmack etwas dabei ist. Jeder Moskowiter hat

natürlich seine Lieblingseckchen – so auch ich. Wenn ich nach langer Abwesenheit in meine Lieblingsstadt zurückkehre, gehe ich als erstes zum Hotel „Metropol", um das schönste Mädchen der Welt zu begrüßen. Das Mädchen heißt „Prinzessin Traum". Ich habe nie ein schöneres weibliches Wesen gesehen, nicht im Louvre, nicht im Prado, auch nicht in den Uffizien! Die „Prinzessin" ist ein Werk des russischen Künstlers Michail Wrubel (1856 bis 1910). Sie finden die „Prinzessin" nicht auf den ersten Blick. Aber wenn Sie von der Neglinnaja-Straße kommend das „Metropol" – erbaut Anfang des 20. Jahrhunderts – erblicken, wird Ihnen bestimmt das majestätische, monumenta-

Peter I. stiftete die russische Trikolore 1705 als Flagge der Handelsflotte

le Keramikwerk an den oberen Stockwerken auffallen. Dieses Wandbild heißt „Prinzessin Traum". Wrubel folgte den Traditionen der russischen Keramiker des 17. Jahrhunderts und hat in seiner Majolikawerkstatt in Abramzewo viele erstaunliche Kompositionen geschaffen. 1891 schrieb Wrubel: „Jetzt bin ich wieder in Abramzewo, und wieder höre ich den vertrauten Klang, den ich so sehr auf Leinen und im Ornament festhalten will. Es ist die Musik eines ganzheitlichen Menschen, der durch die Ablenkungen des geordneten, zergliederten und farblosen Westens nicht gespalten ist." Dieser Klang kommt deutlich in den Keramikkompositionen „Mikula Seljaninowitsch und die Wolga" (diese befindet sich am Kamin) und eben in „Prinzessin Traum" zum Ausdruck. Bereits seit etwa hundert Jahren können die Moskowiter wie auch die Gäste der Stadt die in der Wrubelschen Majolika verkörperte dramatische Sage von der Prinzessin „Himmelsstern" bewundern. Was für eine Geschichte verbirgt sich aber hinter der Prinzessin? Das Mädchen verkörpert die vollkommene, die vollendete Schönheit. Die jungen Männer, die auch nur einen Blick auf sie werfen wollen, müssen die schwierigsten Hindernisse überwinden und gefährliche Abenteuer überstehen. Der Anblick der Schönheit aber kostet sie dann das Leben. Wrubel zeigt uns auf seinem Wandbild, wie sich seine Prinzessin über einen sterbenden Jüngling beugt.

Dieses Mädchen wird gleichsam mit jedem Jahr schöner. Die Wirkung des Werkes ist immer gleich. Nichts kann ihm etwas nehmen, weder politische Umbrüche noch Kriege, weder die Perestroika noch das zu Ende gehende Jahrtausend! Das Mädchen sieht uns an – und es ist Grazie, Poesie und gefühlvolle Schönheit. Das Mädchen sieht uns ein wenig spöttisch lächelnd an, als wolle es fragen: Und, hat Dich das Leben, der Alltag untergekriegt?

Wrubel erlebte auch den „Alltag", den Wahnsinn und den Verlust der Sehkraft. Sein Traum aber strahlt uns heute noch an! Er reißt uns mit, leuchtet, schlägt sich im Bewußtsein der Menschen nieder wie ein Wunder. Es fehlt mitunter so sehr an so einem Wunder in der heutigen Kunst, die kalt ist!

Nun kennen Sie schon eines meiner Lieblingseckchen in der russischen Metropole. Mein zweiter Lieblingsort ist der Flohmarkt in Ismailow. Wenn Sie nach einem Souvenir suchen, noch ein Mitbringsel brauchen, dann vergessen Sie den Arbat, der sich zum Flanieren und Spazierengehen lohnt. Wenn Sie etwas kaufen wollen, gehen Sie nach Ismailow.

Der Ismailowski Rynok – bereits seit einigen Jahren nennt er sich Ismailowski Vernissage – ist das Verkaufszentrum für Erzeugnisse der Volkskunst. Ein anderes dieser Art findet sich in ganz Rußland nicht noch einmal. Der Arbat jedenfalls kann sich mit ihm „nach der Größe und der Vielfalt des Angebots" nicht messen. Hier finden Sie den ganzen Reichtum des russischen Kunsthandwerks: Porzellan aus Gschel, bemalte Silbererzeugnisse aus Kubatschi, Spielzeug aus Dymkowo, Schnitzereien aus Bogorodsk, Emaille und Holzmalerei aus Cholui, Mstera und Palech. Es gibt Ziegenflaumtücher aus Orenburg, bedruckte Tücher aus Pawlow Possad, Holzbilder mit Halbedelsteinen aus dem Ural und Samoware aus Tula. Und natürlich nicht zu vergessen, die Matrjoschkas – ein Meer von Matrjoschkas: von einfachen, traditionellen bis hin zu kunsthandwerklich besonders anspruchsvollen, aber auch solche, die unsere eigenen und ausländische Präsidenten oder die Helden irgendwelcher Disney-Trickfilme darstellen. Es gibt sogar Matrjoschkas amerikanischer Football- und Baseballspieler.

Mit den Matrjoschkas hat es eine besondere Bewandtnis. „Was gekauft wird, wird auch gemalt", erklärte mir einer der Händler. „Der Amerikaner wird un-

bedingt eine Matrjoschka seines Lieblingsfootballteams kaufen oder seiner Baseballmannschaft, je nachdem. Ebenfalls große Nachfrage gibt es stets nach der Meistermannschaft der letzten Saison. Auch die Simpsons und die Figuren aus ‚South Park', ja, praktisch alles, was in den USA und Europa populär ist, findet Käufer." Und dann erzählte mir der Händler noch, daß er zwar den letzten Trickfilm nicht gesehen hat und im Baseball ebenfalls wenig bewandert ist, dafür aber als Fachmann im amerikanischen Football gilt: Er kennt jeden Spieler und wird sich nicht blamieren, wenn ihn jemand danach fragt.

Auf dem Flohmarkt im Ismailowski Park kann man von alten Ikonen ...

bis hin zu traditionellen oder kitschigen Matrjoschkas alles finden

Die Matrjoschka ist zweifellos das berühmteste Souvenir „from Russia" (das Wort „Matrjoschka" kennen ausnahmslos alle Ausländer, die nach Rußland kommen). Und es finden sich in der Tat einmalige Exemplare, die es wert wären, in einem Museum ausgestellt zu werden.

Da steht beispielsweise eine Reihe von vierzig Matrjoschkas. Die kleinste – ein Kremlturm – ist maximal fünf bis sechs Millimeter groß. Der Händler erzählte, daß er die erste Reihe dieser Art als Auftragsarbeit hergestellt und dafür 800 Dollar bekommen hat. Die vorrätige hätte ich für 500 Dollar mitnehmen können. Eine einfache – fünfteilige – Matrjoschka kostet im Schnitt umgerechnet zwei Euro, eine große – zehnteilige – ist für fünf Euro erhältlich: Es kommt auch darauf an, wo sie gefertigt wurde. Es gibt Matrjoschkas, für die 1 000 Euro und mehr verlangt werden.

Die Matrjoschkaherstellung erlebt gerade in der Umgebung von Sergijew Possad einen Aufschwung. Als die Löhne in den dortigen Unternehmen nicht mehr ausbezahlt wurden, erinnerten sich die Menschen an ihre Großeltern, die Matrjoschkas bemalt hatten. Ein weiteres Zentrum befindet sich im Gebiet Nischni Nowgorod. Dort sind ganze Siedlungen mit diesem Gewerbe beschäftigt. Außerdem werden dort halbfertige, also unbemalte Figuren aus Holz produziert, die nach Moskau geschickt und dort ganz nach Wunsch bemalt werden. Auch Moskauer Künstler und Designer sind ins Matrjoschkageschäft eingestiegen. Sie beschäftigen sich quasi in ihrer Freizeit mit der Volkskunst und gestalten Matrjoschkas in ganz eigener Form. Und neben den Matrjoschkas sind Produkte aus Birkenrinde, darunter Schatullen aus Orenburg und anderen sibirischen Städten, gefragt.

Um den Handel auf dem Flohmarkt zu fördern, wurde übrigens gleich nebenan ein Handwerkszentrum im altrussischen Stil gebaut. Dort werden in Anwesenheit der Käufer Matrjoschkas geschnitzt und ganz nach Wunsch bemalt. Wird man da der Versuchung widerstehen können? Zudem wurde eine Schmiede errichtet. Und eröffnet wurde die Kunstschule „Meister Danila", in der Jugendliche in verschiedenen Kunstgewerbearten unterwiesen werden. Entscheidend ist die ganz besondere lockere Atmosphäre, die den Touristen gefällt.

Nachdem Sie nun zwei meiner Lieblingsorte kennen, will ich Ihnen auch meine Moskauer Lieblingslegende nicht vorenthalten. Die Moskowiter lieben ihre Sagen und geheimnisumwobenen Überlieferungen. Moskau war immer voller Gerüchte. Wirkliches und Erdachtes waren stets untrennbar verflochten. Daher schweigen sich viele Historiker über Geschichten, wie die, die ich nun erzählen will, aus. Unweit vom Ismailowski Park wurden im 19. und Anfang des 20. Jahrhunderts regelmäßig Hetzjagden auf Wölfe veranstaltet. Es gab genauer gesagt zwei solche Stätten – nämlich in Ismailow und auf dem Chodynskojer Feld.

Zur Wolfshatz versammelten sich nicht nur Jäger, sondern auch viel neugieriges Volk. Die Zuschauer schlossen Geldwetten ab, wie lange der eine oder andere Wolf durchhalten werde. Die Beschreibung eines Augenzeugen vermittelt uns einen Eindruck von den damaligen Ereignissen:

„Die Jäger schreiten einen Kreis ab, die Hundewärter reiten mit den Peitschen knallend herum. Sie halten die Windhunde, die den Feind schon spüren und wütend an ihren Geschirren reißen. Der Feind ist ein grauer Wolf, der aber nicht etwa im Walde auf die Hatz wartet und nicht etwa am Waldesrand seine Fährte verwischt. Nein, er sitzt in einer Kiste, geschwächt, erschrocken, niedergeschlagen.

Das Publikum gerät in Erregung – der erste Wolf wird herausgelassen. Die Hunde werfen sich hin und her, die Hundeführer konzentrieren sich. Der Wolf springt den Schwanz einziehend aus der Kiste heraus und läuft von den Peitschen getrieben erschrocken im Kreis umher.

Die Meute satter Windhunde stürzt aus dem Stand auf den Wolf los. ‚Faß ihn, faß ihn!' rufen die Jäger. Noch nicht einmal zehn Meter war der Wolf gelaufen, da ist er schon zwischen den Zähnen der Hunde."
Der Wolf wurde in der Regel zerrissen. Die Presse forderte damals ein Verbot dieses blutigen Spektakels. Die Veranstalter hielten dem die Notwendigkeit entgegen, Junghunde abzurichten. Nein, letztlich hatten sie keine Probleme mit den Behörden, und sie hatten auch keine Probleme, ein großes Publikum anzulocken. Nur mit Aljona, die Wolfsmorgenröte genannt wur-

Ausschnitt des Wasnezow-Gemäldes „Zarewitsch Iwan auf dem grauen Wolf", das der Künstler mehrmals veränderte

de, gab es Probleme. Dieses schöne Mädchen lebte den Gerüchten zufolge irgendwo beim Kalugaer Stadttor. Die einen sagten, sie sei Feldscherin, die anderen, sie sei Wahrsagerin und Kartenlegerin, wieder andere, sie sei eine ehemalige Schauspielerin gewesen.
Aljona ging nur selten zu den blutigen Kämpfen. Besuchte sie aber doch einmal ein solches Ereignis, geschah Unerklärliches: Die Hunde zogen die Schwänze ein und weigerten sich, den Wolf anzugreifen. Völlig unvermittelt stürzten sie sich statt dessen aufeinander. Es kam auch vor, daß sich ein abgehetzter und entkräfteter Wolf unerwartet gegen die Hunde wandte und zwar so erbittert und wütend, daß die ganze Meute in die Flucht ge-

schlagen wurde. Einmal biß das wilde Tier mehreren Hunden die Kehle durch, sprang über die Absperrung – und war verschwunden. Man wollte die Verfolgung aufnehmen, aber die Pferde bäumten sich auf, traten auf der Stelle, schnaubten und wieherten vor Angst. Das erschrockene Publikum beeilte sich, das Chodynskojer Feld zu verlassen. Aljona, die Wolfsmorgenröte, aber lachte laut – und dieses Lachen steigerte die Angst der Menschen noch mehr.

Die Veranstalter der Wolfshatz machten sich natürlich Gedanken darüber, wie Aljona ferngehalten werden konnte. Sie schickten ihr die Polizei auf den Hals, aber diese fand eigentlich gar nichts an ihr auszusetzen. Dann wieder bestach man irgendwelche Raufbolde, die das Mädchen einschüchtern sollten. Erfolglos. Die Lumpen traten auf sie zu, aber Wolfsmorgenröte blickte sie an und flüsterte: „Warum haßt ihr euch denn, ihr mutigen Draufgänger? Wieviel Blut habt ihr vergossen? Der Boden kann es nicht aufnehmen." Und wieder ereignete sich etwas Merkwürdiges. Die Halunken holten ihre Schlagringe aus den Taschen und schlugen so erbittert aufeinander ein, daß sich tatsächlich eine Blutlache bildete. Dann wieder sollte ein bekannter Taschendieb Aljona bestehlen und ihr so die Lust vergällen, auf dem Feld aufzutauchen. Der Dieb griff in die Tasche von Aljonas Schafpelzmantel – und schrie vor Schmerz auf. Er sprang zurück, starrte auf seine Finger, die bluteten, als ob ein Wolf seine Eckzähne hineingeschlagen hätte.

Dann wurde die Hexenmeisterin von Presnja bestellt. Wolfsmorgenröte erblickte sie jedoch von weitem in der Menschenmenge und trat auf sie zu: „Da, Großmutter, hast du eine Münze, die du nicht verlieren und nicht wechseln kannst. Das Silber wird deine Absichten reinigen. Von nun an wirst du nur Gutes tun können." Die Hexe sah die Münze an, wollte sie schnell wegwerfen, aber sie blieb wie festgeklebt an ihrer Handfläche.

Im Stadtviertel Chodynka verbreiteten sich die Gerüchte: Aljona sei selbst eine Hexe, verwandle sich nachts in eine Wölfin, treibe die Hunde in den Wahnsinn und verschrecke die Pferde.

Da versammelte sich eine Menschenmenge vor dem Haus der Wolfsmorgenröte und steckte es von allen Seiten in Brand. Aljona war jedoch nicht im Haus. Sie tauchte plötzlich hinter den Brandstiftern auf und prophezeite: „Dieses Feuer wird euch nicht helfen. Bald wird ganz Rußland wie ein Wolf aufheulen! Ihr werdet das jedoch nicht mehr erleben." Mit diesen Worten verschwand Aljona in den Gassen beim Kalugaer Stadttor und ward seitdem weder auf dem Chodynskojer Feld noch an einem anderen Ort je wieder gesehen. Das blutige „Vergnügen" – die Wolfshatz – wurde bald darauf verboten.

Es ging das Gerücht, daß der Künstler Viktor Wasnezow – er lebte von 1856 bis 1933 – sein Bild „Zarewitsch Iwan auf dem grauen Wolf" mehrmals veränderte. Ihm gefiel etwas im Gesicht der Braut des Zarensohnes nicht. Nach

der Fertigstellung waren viele überrascht: „Das ist doch Aljona, die Wolfsmorgenröte!" Wasnezow äußerte sich nicht dazu und wechselte das Gesprächsthema. Wenn Sie die Tretjakow-Galerie besuchen, achten Sie doch auf dieses Wasnezow-Werk.

Blick auf die Moskauer Staatliche Rüstkammer im Kreml. Im dritten Saal im Obergeschoß wird das Fabergé-Ei „Transsibirische Eisenbahn" ausgestellt

Noch einen Ort sollten Sie vor Ihrer Reise mit der Transsibirischen Eisenbahn unbedingt besuchen – nämlich die Moskauer Staatliche Rüstkammer im Kreml. Im dritten Saal im Obergeschoß finden Sie das einmalige sibirische Osterei „Transsibirische Eisenbahn". In das Silberei ist der Streckenverlauf der Transsib eingraviert. Ein Modell der Eisenbahn mit fünf goldenen Waggons ist im Ei verborgen. Dieses Ei war ein Geschenk an Zar Nikolai II. anläßlich der Eröffnung der Transsibirischen Eisenbahn.

Ich schlage vor, daß wir uns am Abend vor der Abreise im Restaurant „Jar" treffen (Anschrift: Leningradski Prospekt 32/2, der Eingang befindet sich in der Raskowa-Straße. Man nimmt die Metro bis zum Belarussischen Bahnhof, steigt dann in den Trolleybus Nr. 1 oder 12 und fährt stadtauswärts vier Stationen bis zum „Theater Romen"). Dort können wir uns unterhalten und unsere Eindrücke austauschen.

Das „Jar" ist mein Lieblingsrestaurant. Seit fast 175 Jahren werden hier die Gäste verwöhnt. Gefüllter Fasan mit Schwarzbeeren, Rebhühner mit Feigen, mit Gänseleber gefüllte und mit Kartoffelscheiben und Erdbeeren gebackene Wachteln, als Nachspeise dann kalte Suppe aus Himbeeren und Rhabarber – es sind nur wenige Gerichte, die auf der Speisekarte stehen. Sechzehn Sorten Pasteten, die noch auf der historischen Karte standen, werden nicht mehr angeboten: Der Besucher achtet heute auf seine Figur, akzeptiert allerdings gern die raffinierte französische Küche. Eben diese Küche machte das Restaurant berühmt.

Das „Jar" wurde im Dezember 1828 von Monsieur Tranquil aus Frankreich eröffnet. Die französische Küche schätzten Alexander Puschkin, Pjotr Wjasemski, Iwan Turgenjew und Lew Tolstoi. Zur Stätte des Nationalstolzes wurde das „Jar" jedoch erst 1901, nachdem der neue Besitzer – der Moskauer Kaufmann Alexej Sudakow – ein Haus aus Stein hatte errichten lassen, in dem das Restaurant auch heute noch untergebracht ist. Im Hof lud ein Sommergarten mit geheimnisvollen Grotten und Lauben zum Verweilen ein. Aber nicht nur die Speisen lockten die zaristischen Beamten, die Bankiers, Rechtsanwälte und Schriftsteller ins „Jar". Die Menschen kamen auch, um den berühmten Zigeunerchor von Sokolow zu hören.

Valeri Maximow, der heutige Generaldirektor nicht nur des Restaurants, sondern auch der Sudakow-Galerie, des Hotels „Sowjetski" und des Nachtklubs „Monte Carlo", war sehr darum bemüht, an den früheren Ruhm anzuknüpfen. Es entstand die einmalige Show „Moskau. Stadt der goldenen Kuppeln" mit Geigern des Bolschoi, Tänzern des Modern Dance und natürlich Zigeunern. Im gleichen Gebäude hat nämlich auch das einzige professionelle Zigeunertheater der Welt, das „Romen", seinen Sitz. Die wunderbare Küche des Restaurants ist wiedererstanden: Der Chefkoch Maxim Turussin belegte beim russischen Wettbewerb „Gastronom 2000" den ersten Platz, und das Restaurant selbst wurde mit dem prestigeträchtigen Preis „Der Goldene Kranich" ausgezeichnet. Und das Restaurant lockt die Besucher auch mit Kunst. In der Galerie „Zum Jar" sind Werke bekannter russischer Künstler – Anatoli Slepyschew, Schamil Nadrow und Ljusja Popenko – zu sehen. Vor einigen Jahren kam das Buch „Ein Mensch aus dem ‚Jar'" von Valeri Maximow in die Buchhandlungen – ein interessantes Buch: Es erzählt die lange Geschichte des „Jar", berichtet über seine berühmten Gäste (beginnend mit Puschkin),

die Sitten der Stammgäste, darüber, was sie aßen und tranken, über die Geschichte des berühmten Chors, über spektakuläre Gelage und denkwürdige Festessen. Durch das Prisma der Restaurantgeschichte schimmert – wie sich herausstellt – nicht nur das Prachtleben der Metropole, sondern auch russische Alltagsgeschichte.

Aber stoßen wir auf die Reise an! In Rußland ist es Tradition, dem anderen beim Anstoßen und solange, bis die Gläser ausgetrunken sind, in die Augen zu sehen. Diese Tradition rührt aus alten Zeiten, als die Russen einander mißtrauten und stets Angst hatten, der Gastgeber könnte den Gast töten, wenn dieser seinen Blick von ihm läßt. Das Silberbesteck bestand übrigens in jenen weit zurückliegenden Zeiten nur aus Messern. Trinken wir noch ein Gläschen guten Wein?

Morgen treffen wir uns auf dem Komsomolskaja Platz (der 1849 angelegte Kalantschewskaja Platz wurde von den Kommunisten in Komsomolskaja umbenannt). An diesem Platz liegen drei Bahnhöfe – der Kasaner, der Jaroslawler und der Leningrader Bahnhof. Der Jaroslawler Bahnhof, von dem aus wir uns auf die weite Reise nach Wladiwostok machen, wurde 1862 errichtet.

Ich erinnere mich gut, wie vor rund fünfzehn Jahren arme, doch sauber gekleidete Babuschki, die hier am Bahnhof Blumen und Gläser mit Eingemachtem aus den eigenen Gärten verkauften, von der Miliz in die Vorstädte vertrieben wurden. Dann standen vor dem

Abschied ...

Haupteingang der Metrostation „Komsomolskaja", von dem aus man zu den Gleisen der Bahnhöfe kommt, andere Frauen. Sie standen in einer Reihe – ihre Taschen und Beutel gefüllt mit Wodka. Die Frauen machten keine laute Werbung für ihre Ware. Man hörte nur das Flüstern: „Möchten Sie Wodka? Guten Wodka?" Auf zehn Wodka-Damen kam eine Schnittblumenhändlerin. Sie standen hier im Sommer wie im Winter, bei jedem Wetter – wenn es schneite, wenn es regnete, wenn die Sonne schien. Wodka brauchen wir nicht. Für den Speisewaggon des transsibirischen Expreßzuges sind bereits 200 Flaschen Wodka, 400 Flaschen Wein, 1 400 Flaschen Mineralwasser und tausend Flaschen Limonade angeliefert worden. Im Abteil gibt es vier Schlafplätze: zwei Plätze unten links und rechts – zwei oben links und rechts. Alles ist ein bißchen eng.

Fahrplan der Transsibirischen Eisenbahn „Rossija"

	Ankunft	Abfahrt
1. Tag: Moskau		23:45
1. Tag: Perm	19:48	20:08
2. Tag: Jekaterinburg	01:28	01:51
2. Tag: Tjumen	06:09	06:29
3. Tag: Omsk	13:47	14:03
3. Tag: Nowosibirsk	22:01	22:20
4. Tag: Krasnojarsk	09:16	09:36
5. Tag: Irkutsk	02:30	02:55
5. Tag: Ulan-Ude	09:25	09:50
5. Tag: Tschita	19:04	19:29
6. Tag: Mogotscha	08:04	08:19
7. Tag: Belogorsk	00:26	00:56
7. Tag: Chabarowsk	10:54	11:24
8. Tag: Wladiwostok	23:26 (Moskauer Zeit)	

Das letzte Mal reiste ich mit der Transsib in einem Februar. Es herrschte strenger Frost, alles war gefroren. Aber sobald man in den Waggon hineinkletterte, tauchte man ein in die Wärme. Erquickende Wärme. So mag man leben. Mag es draußen regnen oder schneien, mag auch die Sonne vom Himmel brennen – im Abteil ist es stets angenehm.

Hinter Sergijew Possad rast unser Zug Richtung Alexandrow. In all den Jahren, in denen ich auf dieser Strecke – sei es mit der „elektritschka" oder den Schnellzügen – fuhr, hat sich die Landschaft draußen nur wenig verändert. Wir fliegen vorbei an den bekannten Stationen – an Buschaninowo, Arsaki, Strunino. Als wir uns aber bei meiner letzten Reise dem Bahnhof Buschaninowo näherten, entdeckte ich plötzlich etwas Neues: eine rosafarbene Kirche mit blauer Kuppel. Und besonders schön ist diese Kirche natürlich im Winter – vor dem weißen Schnee. Das Auge labt sich daran.

Alexandrow. Kilometer 112

Hoch auf dem Hügel über der Seraja und eingebettet im Grün mächtiger Lärchen und Linden erhebt sich lockend der alte und geheimnisumwobene Alexandrower Kreml, in dem sich fünf Jahrhunderte russischer Geschichte

konzentrieren. Der Kreml zeugt mit seinem Vorstadtpalast von der ehemaligen Größe der Opritschnina-Hauptstadt Iwans IV., genannt Grosny (1530 bis 1584). Mit Opritschnina bezeichnete man den Teil des russischen Staates, der während der Herrschaft Iwans IV. unmittelbar der Verwaltung des Zaren unterstand. Die Opritschnina war Stützpunkt des Herrschers im Kampf um die Schaffung einer starken Zentralgewalt.

In meiner Erinnerung schlage ich die Kapitel der Geschichte unseres Staates auf, die mit dem Namen des ersten russischen Zaren, des Selbstherrschers von ganz Rußland, verbunden sind. Iwan IV. wählte diese Siedlung (Sloboda) recht unvermittelt zur Hauptstadt der Opritschnina und regierte von dort aus das Reich beinahe zwanzig Jahre lang. Auch sein Vater, der Moskauer Großfürst Wassili III., hatte bereits seinen Blick auf die Sloboda Alexandrow gelenkt und damit die Zukunft der Siedlung für mehrere Jahrhunderte im voraus bestimmt.

Die Herrschaft dieser beiden großen Staatsmänner ging in die Geschichte des Werdegangs der jungen europäischen Staaten ein, wobei Rußland eine zunehmend wichtigere Rolle in diesen Prozessen spielte. In den Wirbel der stürmischen politischen Ereignisse geriet auch die Sloboda Alexandrow. Wassili III. beschloß, dort einen Palast zu erbauen! Entzückt von der Schönheit der Natur und den reichen Jagdrevieren sowie nicht zuletzt aufgrund der Nähe zu seiner Taufstätte – er wurde im Sergius-Dreifaltigkeitskloster getauft –, entsandte der Moskauer Großfürst die herausragendsten russischen und italienischen Meister in die Sloboda. Es waren die Meister, deren Geist den Moskauer Kreml geboren und deren Hände ihn erbaut hatten. In sehr kurzer Zeit, nämlich von 1508 bis 1513, errichteten sie in der Vorstadt einen prächtigen „europäisch inspirierten" Palast. Mit einem Eintrag zur Einweihung der Hauptkirche – der Mariä-Schutz- und Fürbitte-Kirche – in der neuen Residenz und zur Fertigstellung des Großfürstenhofs beginnt die Chronik der Sloboda Alexandrow. Wassili III. veranstaltete dort vergnügliche Feste, lud zu Gelagen ein, erholte sich dort nach Pilgerfahrten, leitete die Kanzlei und empfing die Gesandten des Kasaner Khans Safa-Girej. Nach dem Tode Wassilis III. im Jahre 1533 fiel die Sloboda Alexandrow an seine Gattin Jelena Glinskaja, die bereits 1538 verstarb. Iwan Grosny, der seine Eltern früh verloren und im Jahre 1547 als 17jähriger den Thron als Zar bestiegen hatte, hatte ein besonderes Verhältnis zu diesem Ort. Der Zar entschied in der Sloboda die wichtigsten Angelegenheiten des Staates. Im Dezember 1564 wurde der Zarensitz zur Hauptstadt des Russischen Reiches.

Die außergewöhnliche und widersprüchliche Persönlichkeit des ersten russischen Zaren zog die Aufmerksamkeit von Russen und Ausländern gleichermaßen auf sich. Iwan IV. löste jahrhundertelange Dispute aus. Einerseits war er ein herausragender Staatsmann, einer der gebildetsten europäischen Monarchen, ein überaus begabter Feldherr, Schriftsteller und Publizist, andererseits aber einer der grausamsten Herrscher des Mittelalters. „Der Charakter Ioanns ist ein Rätsel für den Geist", schrieb der Schriftsteller und Historiker Nikolai Karamsin (1766 bis 1826), der eine zwölfbändige Geschichte des Russischen Reichs verfaßt hatte. Karamsin war bereit, „den Wahrheitsgehalt der glaubwürdigsten Meldungen über ihn anzuzweifeln."
Die sowjetische Historiographie versuchte, die Geschichte neu zu schreiben. Die einen Herrscher wurden ganz aus der Geschichte gestrichen, anderen wurde ein Platz in der Historie zugewiesen, wieder andere wurden erhoben. Eben dies trifft auch für Iwan IV. zu. In den 40er, 50er und 60er Jahren bemühten sich die sowjetischen Historiker, ihn in einen „eifrigen Streiter für die Staatlichkeit" und einen „Zentralisten" zu verwandeln. Im geschichtlichen Bewußtsein der Bevölkerung aber bleibt nicht jene Geschichtsschreibung haften, die man uns siebzig Jahre lang aufzudrängen suchte, sondern eine völlig andere. Ich denke, daß für die Russen die Heimat – das Vaterland – erst mit Peter I. existiert, dies ist gleichsam ein allgemeines Verständnis. In der sowjetischen Geschichtsschreibung aber nahm Peter der Große keinen besonders herausgehobenen Platz ein. Die von den sowjetischen Historikern erhöhte Figur Iwan Grosnys hingegen nimmt im geschichtlichen Bewußtsein der Menschen keinen der ersten Plätze ein. Dies beweist, daß die Versuche, die-

Blick auf Alexandrow

sem Herrscher mehr Gewicht zu verleihen, als ihm zustand, sinnlos waren. Ich will gar nicht abstreiten, daß Iwan IV. von seinem Wesen her tatsächlich eine willensstarke, talentierte und herausragende Persönlichkeit war. Er war ein Mann, den die unbegrenzte Macht sowie die utopischen Vorstellungen von den Möglichkeiten und Aufgaben dieser Macht „gebrochen haben". Er war bestrebt, die Macht zu halten, indem er das Land und das Volk brach. Er betrachtete sich selbst als einen von Gott erwählten Menschen, der berufen war, alle Aufgaben aus eigener Kraft zu bewältigen. Doch Gewalt gegenüber der natürlichen Entwicklung des historischen Prozesses endet stets dramatisch.

Blick auf den Glockenturm aus dem 16. Jahrhundert im Kreml von Alexandrow

Die glänzendsten und schrecklichsten Kapitel der russischen Geschichte sind mit der Sloboda Alexandrow verbunden. Sie fanden Niederschlag in den Notizen von Ausländern und in russischen Chroniken, in alten Volksliedern, ja, der Musik überhaupt, sowie der Malerei und der Literatur. Das bekannteste schriftstellerische Werk ist „Fürst Serebrjany" von Alexej Tolstoi, in der Musik ist es die Oper „Die Zarenbraut" von Nikolai Rimski-Korsakow, und in der Malerei das Gemälde „Iwan Grosny tötet seinen Sohn Iwan" von Ilja Repin.

Mit der Sloboda Alexandrow hängen zahlreiche Legenden und Sagen zusammen, darunter auch die über Nikita Cholop, der erste in der Menschheitsgeschichte, der es wagte, mit Holzflügeln zu fliegen. Die historischen Ereignisse, die sich in der Sloboda abspielten, wurden oft durch Dichtung und Wahrheit

ergänzt. So gibt es zahlreiche Versionen über den Tod des ältesten Zarensohnes. Die gängigste Version erzählt, daß der Zar seinen Sohn in einem Streit mit einem Eisenstab an der Schläfe getroffen und tödlich verletzt hat. Der Tod seines Sohnes war übrigens der Anlaß, daß der Zar die Sloboda Alexandrow verließ. Er kehrte nie wieder dorthin zurück, und die Sloboda sollte nie wieder eine so bedeutende Rolle im politischen und kulturellen Leben des Landes spielen. Eines der bekanntesten Werke von Ilja Repin, das wir unter dem Titel „Iwan Grosny tötet seinen Sohn" kennen, hat übrigens noch einen anderen Namen, nämlich „Iwan Grosny und sein Sohn Iwan am 16. November 1581".
Übrigens, das Wappen von Alexandrow, das im oberen Teil das Wappen Wladimirs und im unteren Teil einen Schraubstock für Schlüssel flankiert von zwei Ambossen aufweist, wurde 200 Jahre später – 1781 – gebilligt.
Ilja Repin (1844 bis 1930) ist der berühmteste Maler Rußlands. Er ist der einzige Maler, dem in Moskau ein Denkmal errichtet worden ist. Repin ist auf dem internationalen Kunstmarkt der teuerste russische Meister und beinahe der populärste in Amerika und Europa. Seine Gemälde, Zeichnungen und Skizzen befinden sich in Museen und Privatsammlungen in der ganzen Welt. Seine Arbeiten, insbesondere seine Etüden und Zeichnungen, werden auf den großen Antiquariats- und Kunstauktionen bei Sotheby's und Christie`s gehandelt.
Der Künstler kämpfte mit seinem Iwan-Gemälde wie mit einem schweren Gebrechen. Später erinnerte er sich: „Mitunter war es mir bange. Ich wandte mich von dem Bild ab, versteckte es. Bei meinen Freunden hinterließ es den gleichen Eindruck. Aber irgend etwas trieb mich dann wieder zu dem Gemälde, und ich arbeitete weiter."
Ilja Repin führt uns in das Halbdunkel des Zarenpalastes in Alexandrow, wo es zum verhängnisvollen Zusammenstoß zwischen Vater und Sohn kam. Er hielt den Augenblick fest, in dem Iwan Grosny sich seiner gerade verübten Tat bewußt wird. Nicht die historische Tatsache, sondern der psychologische Moment interessierte den großen Maler. Der Repin-Schüler Igor Grabar stellte fest, daß „Repins Erfolg eben darauf gründete, daß er nicht die historische Realität abgebildet, sondern die schreckliche moderne Realität unbegründet vergossenen Blutes geschaffen hat." Der Repinsche Iwan löst tatsächlich einen schrecklichen Eindruck aus. Er ist der Tyrann, der Despot, der Mörder, der bereits mit einem Fuß im Grab steht – blutbesudelt. Besudelt nicht nur mit dem Blut seines Sohnes, sondern auch mit dem der Einwohner von Nowgorod und Pskow, von Twer und Polozk. Besudelt mit dem Blut namenloser Knechte und allgemein bekannter „Verräter". Der „schreckliche" Zar hatte sich in seiner unumschränkten Selbstherrschaft von allen moralischen Gesetzen befreit und alle Grenzen überschritten: Er fühlte sich keiner Verantwortung unterworfen, und menschliches Leben stellte für ihn keinen

Wert dar. Dann aber erschlug er seinen Sohn und Nachfolger, der bestimmt war, sein Werk fortzusetzen. Vaterliebe, Schrecken, Leid, Reue, der Sturm von Gefühlen, die ihn nach dem zügellosen Wutanfall überkamen, – all diese Empfindungen erfaßte Repin mit unübertroffener Ausdruckskraft.

Iwan Grosny, gekleidet in eine schwarze Mönchskutte, die er in der Regel trug, preßt den halbliegenden Sohn fest an seine Brust, vergebens versucht er, das Blut zu stillen, das aus der Wunde strömt und das Leben des schuld-

Zar Iwan IV., genannt Grosny, machte Alexandrow zur Opritschnina-Hauptstadt

Großfürst Wassili III. errichtete einen prächtigen Palast in Alexandrow

los Erschlagenen dahinrafft. Das Gesicht des Zaren ist bleich, die aus den Augenhöhlen hervortretenden Augen künden vom Wahnsinn.

Am 10. Februar 1885 wurde im Petersburger Palast des Fürsten Jussupow eine Ausstellung eröffnet, auf der das Repin-Gemälde „Iwan Grosny und sein Sohn Iwan am 16. November 1581" vorgestellt wurde. Das Werk fand allgemeine Beachtung. Es beeindruckte zutiefst sowohl diejenigen, die es akzeptierten, als auch diejenigen, die es ablehnten. „Wie hat er das gemalt! Mein Gott, wie hat er das gemalt!" begeisterte sich der russische Maler Iwan Kramskoi. „Stellen Sie sich vor, jede Menge Blut, aber Sie nehmen es kaum wahr, es wirkt nicht auf Sie, weil dem Bild ein schreckliches, nahezu hörbares Va-

tersleid und der grausame Schrei eines Vaters innewohnen, in dessen Armen der Sohn – der Sohn, den er erschlagen hat – liegt!"
Bereits in den ersten Tagen nach der Eröffnung wurde die Forderung laut, das Repinwerk abzuhängen. Die Verwaltung leitete damals keine Maßnahmen gegen den Künstler ein. Das passierte erst in Moskau. Im April 1885 wurde das Gemälde auf Eingabe des Obersten Prokurors des Synods der Russischen Orthodoxen Kirche Konstantin Pobedonoszew aus der Ausstellung genommen. Pjotr Tretjakow, der den Repin gekauft hatte, wurde angewiesen, das Bild an einem für Besucher unzugänglichen Ort aufzubewahren. Nach drei Monaten wurde dieses Verbot auf nachdrückliche Bitte des dem Zarenhof nahestehenden Künstlers Alexej Bogoljubow aufgehoben. Dem Gemälde stand jedoch beinahe dreißig Jahre später eine neue Prüfung bevor. Im Januar 1913 besuchte ein gewisser Abram Balaschow, ein altgläubiger Ikonenmaler, die Tretjakow-Galerie. Er stand einige Zeit vor dem Bild „Bojarin Morosowa" von Surikow, stürzte sich dann aber unvermittelt auf das Bild von Repin und stach – „Genug des Blutes!" rufend – mit dem Messer, das er im Stiefelschaft versteckt hatte, dreimal auf das Bild ein. Die Stiche trafen die Gesichter von Vater und Sohn.
Man entschied, daß Repin selbst das Gemälde restaurieren sollte und rief ihn speziell zu diesem Zweck aus Kuokkala. In den dreißig Jahren seit Vollendung des Werkes hatte sich jedoch der Stil Repins und sein Umgang mit Farben vollkommen verändert. Repin stellte nichts wieder her, sondern er malte den Kopf des Zaren 1913 ganz neu.
Dieser Ausschnitt „neuer Malerei" lag wie ein Flicken auf dem alten Bild. Wenige Stunden später verzweifelte Igor Grabar, damals Direktor der Tretjakow-Galerie, an der „Restaurationsarbeit". Da die Farben noch frisch waren, faßte er einen kühnen, ja dreisten Entschluß. Er wischte die von Repin aufgetragenen Farben (der Künstler war bereits abgereist) ab, „gab" – wie die Leute sagen – auf die geschädigten Stellen Aquarellfarben und versiegelte sie später mit Lack.
Wieder einige Monate später besuchte Repin erneut die Tretjakow-Galerie, stand lange vor seinem Bild – und bemerkte nichts.

Machen wir einen Zeitsprung. Wissen Sie, wofür Alexandrow in der sowjetischen Zeit berühmt war? Die Stadt liegt hinter Kilometerstein 101. Um Moskau gab es einen hundert Kilometer breiten Ring, in dem entlassene Häftlinge nicht leben durften. Wer schlüpfte nicht alles in Alexandrow und den umliegenden Dörfern unter? Intellektuelle wie Straffällige fanden hier als unqualifizierte Arbeitskräfte Beschäftigung!
In den 90er Jahren kam mir der Gedanke, einen Dokumentarfilm über Iwan Owtschinnikow zu drehen. Er lebte in Alexandrow, war ein kluger, talentier-

Der heutige Streckenverlauf der Transsibirischen Eisenbahn

Moskau Jaroslawler Bahnhof – Alexandrow – Jaroslawl Hauptbahnhof – Danilow – Bui – Scharja – Kirow – Glasow – Balesino – Perm II – Jekaterinburg – Tjumen – Ischim – Nasywajewskaja – Omsk – Tatarskaja – Barabinsk – Nowosibirsk Hauptbahnhof – Taiga – Mariinsk – Bogotol – Atschinsk I – Krasnojarsk – Kansk-Jenisseisk – Ilanskaja – Taischet – Nischneudinsk – Sima – Angarsk – Irkutsk – Sljudjanka – Babuschkin – Ulan-Ude – Petrowski Sawod – Mogzon – Tschita II – Karymskaja – Schilka – Tschernyschewsk-Sabaikalski – Silowo – Mogotscha – Amasar – Jerofej-Pawlowitsch – Uruscha – Skoworodino – Magdagatschi – Schimanowskaja – Swobodny – Belogorsk – Bureja – Archara – Bira – Birobidschan – Chabarowsk I – Spassk-Dalny – Ussurisk – Wladiwostok

Die Transsib durchquert auf ihrem Weg nach Wladiwostok zwanzig der insgesamt 83 Subjekte der Russischen Föderation. Entlang der Strecke liegen 89 Städte. Die Transsib überquert sechzehn große Flüsse.

Auf 207 Kilometern verläuft der Schienenweg entlang des Baikalsees und auf 39 Kilometern entlang der Amurbucht des Japanischen Meeres. Mit Stand vom 1. Januar 2000 waren 8 936 Kilometer der Transsib, das sind 92,2 Prozent, elektrifiziert, davon 6 058 Kilometer mit 25 Kilovolt Wechselstrom (Danilow – Balesino 835 Kilometer, Mariinsk – Bikin 5 043 Kilometer, Wladiwostok – Sibirzewo 180 Kilometer) und 2 878 Kilometer mit drei Kilovolt Gleichstrom (Moskau – Danilow 357 Kilometer, Balesino – Mariinsk 2 521 Kilometer). Mittlerweile sind auch die letzten 353 Kilometer von Bikin über Ruschino nach Sibirzewo elektrifiziert.

ter und rechtschaffener Mensch. Owtschinnikow wohnt noch heute in seinem kleinen Häuschen am Stadtrand der alten Zarenstadt. Eine Eberesche erhebt sich vor dem Haus. Tüll vor dem Fenster. Ein Metallbett. Bücher. Zwei tiefe Teller. Zwei flache Teller. Ein Topf. Zwei Glühbirnen an einem Kabel. Ein Ofen. Ein Wassereimer. Das ist alles. Nein, an der Wand hängt ein Porträt von Dostojewski.

Owtschinnikow wurde im Altai in einer Bauernfamilie geboren. Der Vater wurde als Volksfeind verhaftet. Die Mutter wurde mit ihren acht Kindern in den Fernen Osten verbannt, sie starb in Wladiwostok. Die Kinder kamen ins Heim. Wanja war jedoch ein hartnäckiger, arbeitsamer und talentierter Junge. Er beendete die Militärfachhochschule für Dolmetscher, wurde dann nach Ostberlin versetzt, von dort setzte er sich nach Westberlin ab. Das war 1954. Seiner eigenen Aussage nach war er in den Westen gegangen, weil er begriffen hatte, daß in Rußland eine Diktatur herrschte, daß ein volksfeindliches Regime die Macht in Händen hielt. Man müsse kämpfen. Er arbeitete dann bei Radio Free Europe in München, reiste durch die Welt, interviewte Nelson Rockefeller und viele namhafte westliche Politiker, wollte zuletzt nach Kanada auswandern. Plötzlich aber bekam er Briefe von ehemaligen Freunden und Verwandten aus Rußland, die ihn zurück in die Heimat riefen (erst später stellte sich heraus, daß diese gefälscht waren). Der KGB garantierte ihm Unantastbarkeit, damit er seine Nächsten und Bekannten besuchen konnte. Owtschinnikow wurde direkt an der Grenze verhaftet und nach Moskau gebracht. In der Ljubljanka wurde sein Urteil verlesen: Tod durch Erschießen. Das Todesurteil wurde allerdings sofort in zehn Jahre Haft umgewandelt. Die saß er ab. 1967 wurde er erneut verurteilt, da er ein Gespräch zu einem „antisowjetischen Thema" gehört und nicht gemeldet hatte – der Paragraph im Gesetzbuch hieß „Für Nichtmeldung". Nachdem er seine zweite Haft verbüßt hatte, ließ er sich in Alexandrow nieder. Dort gab er die Samisdat-Zeitschrift „Wetsche" heraus. Insgesamt zehn Ausgaben konnten erscheinen, bevor der KGB die Herausgabe der Zeitschrift unterband. Owtschinnikow wurde erneut eine Haftstrafe angedroht. Er begann, altgriechische und lateinische Texte für das Moskauer Patriarchat zu übersetzen. Doch wieder mischte sich der KGB ein und verbot ihm die Beschäftigung. Dann nahm er eine Arbeit als Heizer in einem Dampfbad auf. Im Jahr 2000 wurde Owtschinnikow Rentner. Von 310 Rubel Rente kann kein Mensch leben. Zum Glück hat er einen kleinen Gemüsegarten. Owtschinnikow besitzt kein Fernsehgerät, bedauert dies jedoch nicht. Schließlich gibt es im Haus viele Bücher, somit auch viele „Gesprächspartner". Was braucht ein russischer intelligenter Mensch denn mehr? Russische Bücher, Heimat und Freiheit. Die halbe Welt ist Owtschinnikows Freund. Heute kann er frei korrespondieren – und frei lebt er auch. In seinem ärmlichen Häuschen herrschen absolute Reinlichkeit und Ordnung. Ruhig tickt die Uhr. Vor dem Haus blühen seine Lieblingsblumen – Gladiolen. An der Wand hängt das Bild des unnachgiebigen, stürmischen Dostojewski.

Ich erinnere mich gut, wie ich die Hauptstraße von Alexandrow hinunter zum Bahnhof schlenderte – sie trägt noch heute den Namen Lenins, auch das Lenin-Denkmal steht noch an seinem Platz. Auf der Trasse der Transsibirischen Eisenbahn fuhr ich mit der Elektritschka die vierzig Kilometer ins benachbarte Sergijew Possad. Ich wollte in der Gefsimaner Einsiedelei des Dreifaltigkeitsklosters die Gräber der beiden großen russischen Denker Konstantin Leontjew und Wassili Rosanow besuchen. Ihr Geist ist der Geist des

Zeitzonen

(Kilometerstein 0, Moskauer Zeit) Moskau – Alexandrow – Jaroslawl – Danilow – Schyrja – Kirow – Balesino; (Kilometerstein 1 267, plus zwei Stunden) Kusma – Haltepunkt Schnyry – Perm – Jekaterinburg – Tjumen – Nowoandrejewski; (Kilometerstein 2 510, plus drei Stunden) Mangut – Omsk – Barabinsk – Nowosibirsk – Bolotnaja – Haltepunkt Tyn; (Kilometerstein 3 485, plus vier Stunden) Taskajewo – Taiga – Mariinsk – Krasnojarsk – Ilanskaja –Totschilny; Uralo-Kljutschi; (Kilometerstein 4 476, plus fünf Stunden) Taischet – Irkutsk – Ulan-Ude – Haltepunkt Taischinski; (Kilometerstein 5 775, plus sechs Stunden) Petrowski Sawod – Tschita – Mogotscha – Skoworodino – Belogorsk – Haltepunkt Jadrin; (Kilometerstein 8 170, plus sieben Stunden) Oblutschje – Birobidschan – Chabarowsk – Ussurisk – Wladiwostok.

Anmerkung: Die Moskauer Zeit ist wichtig, denn sie wird in allen Fahrplänen der Fernzüge Rußlands angegeben, so auch in denen der Transsibirischen Eisenbahn. Die Fahrpläne der Vorortzüge beziehen sich jedoch auf die Ortszeit. Die Moskauer Zeit entspricht der Mitteleuropäischen Zeit plus zwei Stunden, in der Winterzeit plus drei Stunden.

russischen Menschen, für den die Liebe, das Schaffen und die Sorge um all diejenigen, die unglücklicher leben, entscheidende Faktoren sind. Dieser Geist lebt! Das Schicksal von Iwan Owtschinnikow ist ein Beweis dafür.
Alexandrow bleibt nun zurück. Wir müssen bei unserer Zugbegleiterin noch ein Glas Tee bestellen. Versuchen Sie es doch einmal auf Russisch. Drei Worte reichen: poschalujsta – bitte; tschai – Tee; spassibo – danke. Das russische Wort „spassibo" ist eigentlich aus zwei Wörtern zusammengesetzt: „spassi" – „rette" und „bo" (bog) – „Gott" – „Gott, rette Sie!" Mit „spassibo" sprechen Sie somit ein kurzes russisches Gebet.
Die Zugbegleiterin beziehungsweise den Zugbegleiter können Sie übrigens beim Vornamen nennen. Wir haben Frauennamen wie Vera, Nadeschda und Ljubow, auf Deutsch heißen sie „Glaube", „Hoffnung", „Liebe". Sie können nach russischer Tradition Ihre Zugbegleiterin auch in der Kurzform ansprechen – Nadja oder Ljuba.
Bestellen wir also russischen Tee ins Abteil und erinnern uns an seine Geschichte.
Tee kam erstmals in den 30er Jahren des 17. Jahrhunderts nach Rußland. Es wird erzählt, daß der mongolische Khan Altyn Wassili Starkow, dem Botschafter von Zar Michail Fjodorowitsch, vier Traglasten getrocknete Teeblätter als Gegengeschenk für Zobelpelze überreichte. Es wäre beinahe zum Krieg gekommen, da Starkow zunächst dachte, daß die Moslems Spott mit seinem rechtgläubigen Zaren trieben. Es kostete Mühe, Starkow vom Wert des Dargebrachten zu überzeugen. Dann aber wurde die Gabe ein Erfolg: der Tee schmeckte dem Zaren, den Bojaren und dem Patriarchen.
Die Winter in Rußland sind lang und streng. Immer schon liebte man heiße Getränke. Berühmt war Sbiten, ein Gemisch aus Wasser, Honig und Gewürzen. Getrunken wurde auch ein Sud aus Minze, Wildrosen und Kräutern. Im 18. Jahrhundert aber war der Petersburger und Moskauer Adel bestrebt, mit den englischen Gepflogenheiten Schritt zu halten. Man begann, Tee zu trinken. Und schnell wurde Tee zum Lieblingsgetränk der Russen. Alexandre Dumas (der Vater) schreibt in seinem Buch über die Kochkunst, daß „der beste Tee in Sankt-Petersburg getrunken wird". Nach dem Aroma des Tees wurden auch der Reichtum und der Geschmack des Gastgebers beurteilt.
Zu Beginn des 19. Jahrhunderts führten Meister aus der russischen Stadt Tula den Samowar ein. Tula wurde nachgerade zur „Hauptstadt des Samowars". Ist Ihnen schon einmal aufgefallen, daß die handelnden Personen in unseren Theaterstücken und Erzählungen immer wieder Tee trinken? War das wirklich so? Ja! Der Tee war stets Anlaß für ein gemütliches Beisammensein, für

ein Gespräch – und gereicht wurden immer irgendwelche Speisen – vom Eingemachten bis hin zu Wurstbroten.

Eine Besonderheit der russischen Teetafel waren Teegläser mit Glashaltern. Diese Glashalter stammen eigentlich aus dem Orient. Aber in Rußland waren die Gläser wesentlich größer. Die Glashalter waren aus Silber gefertigt

In Alexandrow durften sich entlassene Sträflinge niederlassen

Die Uspenski-Kirche in Alexandrow

oder versilbert, reich verziert und wiesen ein eingraviertes Familienwappen oder Monogramm auf. Diesem altertümlichen Glashalter war in der Sowjetzeit ein glückliches Schicksal beschieden. Denn sie kamen – damals natürlich mit sowjetischen Symbolen verziert – in den Fernzügen zum Einsatz. Und natürlich auch auf der Transsib. Ebenfalls eine sowjetische Erscheinung war Tee mit Zitrone. Zur Sowjetzeit wurde vornehmlich Tee aus Georgien oder Krasnodar getrunken. Andere Teesorten waren schlicht nicht zu kaufen. Der Tee aus dem sowjetischen Süden war aber wenig aromatisch, und so wurde er mit den preisgünstigen duftenden Zitronen aus den subtropischen Gegenden am Schwarzen Meer „verfeinert".

Das Teetrinken ist eine der lichten Seiten der Alltagskultur der Völker unseres Landes – wobei ein jedes Volk etwas dazu beigetragen hat.

Im Russischen haben wir den Ausdruck „offene Seele!" Er charakterisiert sehr treffend das Wesen der Russen, die stets geneigt sind, brüderlich-herzliche Beziehungen zu knüpfen. Im Mütterchen Rußland (so nennen die Russen ihre Heimat) bedeutet das Wort „Mir" einerseits „Welt" und andererseits „fried-

liches Zusammenleben", „Frieden". Und noch etwas. Die Menschen in Rußland, die gemeinsam eine schreckliche Katastrophe durchlitten haben, verhalten sich ungemein mitfühlend und verständnisvoll zueinander. In Rußland finden sich weniger selbstgefälliger Zynismus und böse Ironie im Umgang miteinander als in anderen Ländern. Und ein weiteres Defizit – Mangel an Herzlichkeit und an Aufmerksamkeit gegenüber dem Nächsten – wird man bei uns kaum antreffen. Ja, unser Land unterscheidet sich von anderen Ländern durch größere Herzlichkeit.

Jaroslawl. Kilometer 282

Wir fahren jetzt durch ein Gebiet, das in alten Zeiten berühmt war durch seine herausragenden Zimmerleute. Es gab unter ihnen auch die „Meister der Eisskulptur" vom See Nero. Auf Anordnung von Zarin Anna wurden diese im Januar 1740 nach Sankt-Petersburg bestellt, wo sie einen ungewöhnlichen Eispalast bauen sollten, in dem der Lieblingsnarr der Zarin seine Hochzeit feiern wollte.
Die folgende Geschichte ist nicht erfunden, sondern wahr, obwohl sie phantastisch anmuten mag. Der Hochzeitspalast bestand gänzlich aus Eis. Das Gebäude war 6,4 Meter hoch, 5,5 Meter breit und siebzehn Meter lang. Die Fensterrahmen und Scheiben waren aus dünnstem Eis. Auch der Innen- und Außenschmuck, die Tische, Stühle, Betten, das Geschirr, Standbilder, das Tor und die Kanonen waren aus Eis. Zum allgemeinen Erstaunen feuerten die Kanonen, es brannte das Eisholz im Kamin und im Bad (es wurde mit Erdöl begossen), ein Perser aus Eis saß auf einem Pferd aus Eis, am Eingang standen zwei aus Eis geschlagene Delphine, es gab Blumen und Pyramiden – und alles aus Eis. Der Palast war von einem Garten umgeben, in dem Eisbäume „wuchsen", und auf deren Zweigen saßen Eisvögel, die zu singen schienen.
Der deutsche Physiker Georg Kraft beschrieb das Eiswunder im Jahre 1741 wie folgt: „Der Palast schien aus einem einzigen Eisstück gehauen zu sein, durchsichtig und von einem Feuer, das dem von Edelsteinen vergleichbar war. Im grellen Licht bot sich uns ein zauberhaftes Kristallschloß." Dieser Palast bereitete den Petersburgern und den Gästen der Stadt den ganzen Winter und bis in die letzten Märztage Vergnügen – und taute dann weg.
Der Ruhm der russischen Handwerksmeister war einst legendär. Von allen Arten des alten Volksgewerbes existiert heute nur noch die berühmte „Rostower Emaille", die Malerei auf Miniaturbildern aus Emaille. Die Mehrzahl

der russischen Frauen besitzen Ohrringe oder Broschen mit Emailleeinsätzen – es sind sehr schöne Schmuckstücke, und gerade in Jaroslawl können Sie derlei Schmuck als Andenken kaufen.
Ich erinnere mich noch gut: Es ist schon Jahre her, ich reiste mit der Transsib und erzählte die Geschichte vom Eispalast den beiden Mitreisenden in meinem Abteil – es waren junge Leutnants, die auf dem Weg zu ihrem neuen Dienstort in Jaroslawl waren. Damals nahm das Gespräch eine unerwartete Wende.
Der eine der jungen Männer sagte: „Unser Land, das immer stolz auf seine Meister und Erfinder war, beauftragt heute türkische Firmen, die schönsten

Agitationswaggon der Truppen Denikins in der Zeit des Bürgerkrieges

Häuser in Moskau zu bauen, Albaner und Schweizer werden mit der Renovierung des Kreml betraut. Haben wir Russen denn verlernt zu arbeiten?"
Der andere fügte hinzu: „Unsere Mädchen drehen sich nach den Türken um. Keine ‚Nachtfalter', sondern ganz normale Mädchen. Ich habe es selbst gesehen."
Der erste reagierte sofort auf dieses Thema. Das Verhalten der jungen Mädchen war für die jungen Offiziere offensichtlich ein wichtiges Thema: „Wissen Sie, unsere Mädchen tun mir leid. Gut, sie feiern ihre russisch-türkischen Hochzeiten. Was aber kommt danach? Die Erfahrung lehrt, daß es sich nicht einfach um die Verbindung zweier Menschen, sondern um die Verbindung zweier Zivilisationen handelt. Und selten ist dies erfolgreich."
Nach einer kurzen Pause fügte der zweite Leutnant hinzu: „Es wäre etwas anderes, wenn die russischen Mädchen in der Türkei gelebt und die dorti-

gen Lebensweisen und Sitten kennengelernt hätten. Dann hätten sie bewußt handeln können. Diese Möglichkeit haben sie jedoch nicht, nein, diese Möglichkeit haben sie nicht." So prägte sich mir das Gespräch über den Eispalast tief im Gedächtnis ein. Unser Zug fuhr derweil schon auf Jaroslawl zu.

In den ersten Januartagen des Jahres 2001 herrschte in allen Sberbanken Jaroslawls hektischer Betrieb. Damals wurde der neue Tausend-Rubel-Schein mit der Abbildung Jaroslawls ausgegeben. Nicht alle Bewohner der Stadt hatten Glück: Die neuen Scheine waren schnell vergriffen. „Ich möchte diesen Schein nur ansehen", seufzten all diejenigen, die nur über geringe Einkommen verfügten. Ich möchte daran erinnern, daß die Durchschnittsrente in Rußland damals 820 Rubel betrug. Das waren umgerechnet etwa sechzig Mark. Wo aber gingen die Tausend-Rubel-Scheine hin? Sie wurden vor allem in den Hohen Norden und den Fernen Osten geschickt – nach Kamtschatka und Tschukotka –, wo die Durchschnittsverdienste bei mehr als 8 000 Rubel lagen. Sie kamen in die Gebiete Magadan und Tjumen (hier lag der Durchschnittsverdienst bei 6 500 Rubel), in die Regionen Chabarowsk und Krasnojarsk, dann nach Sachalinsk und Murmansk, wo der Durchschnittsverdienst immer noch 5 000 Rubel im Monat betrug.

Betrachten wir die heutige Lohnsituation in Rußland, so haben wir nach wie vor große Unterschiede sowohl mit Blick auf Berufs- und Wirtschaftszweige als auch mit Blick auf die Regionen. Das Gehalt eines Radiologen oder eines Krankenhaus-Chefs kann sich je nach Region um das Fünffache unterscheiden. Das Durchschnittsgehalt 2011 lag bei 23 369 Rubel, dabei wurden in der Landwirtschaft durchschnittlich nur 12 469 Rubel verdient, in der Förderindustrie 51 587 Rubel, im Finanzsektor 55 788 Rubel und in der Verarbeitungsindustrie 21 780 Rubel.

Was habe ich auf der ersten Seite meines Notizbuches „Transsibirien-Expreß" notiert: „Durch das Fenster erblickte ich die Wolga, und ich weiß noch, das erste, was mir neben dem Fluß auffiel (und was mich dann den ganzen Weg bis zum Ozean begleiten sollte), waren Hunderte, ja Tausende Menschen in orangefarbenen Westen am Bahndamm. Tag und Nacht kümmern sich die Arbeiter, darunter viele Frauen, um die Transsib. Gleise, Schwellen, Bahndämme – alles muß ständig kontrolliert und gegebenenfalls repariert werden. Wie viele Menschen mag die Transsib wohl ernähren?"

Aber kehren wir nach Jaroslawl zurück.

Ich habe zu Jaroslawl irgendwie ein ganz besonderes Verhältnis. Einmal sah ich im Jaroslawler Kunstmuseum zwei Gemälde, die mich ob ihrer Schönheit staunen ließen: „Montmartre am Abend" und „Paris. Saint-Denis". Diese Bilder machten mich „pariskrank". Ich denke immer wieder an diese wunderbaren Werke. Die Unterschrift des Künstlers lautete „Konstantin Korowin, 30er Jahre". Damals konnte mir niemand Auskunft über den Künstler geben. Ja, Korowin wurde in Rußland lange totgeschwiegen – und nur, weil er 1923 nach Frankreich reiste, um dort eine Ausstellung seiner Arbeiten zu zeigen und seinen Sohn medizinisch behandeln zu lassen, dann aber für immer dort blieb. Korowin existierte in der UdSSR lange Zeit nicht. Ende der 50er Jahre aber, lange nach dem Tod des Künstlers (er starb am 11. September 1939 in Paris), schenkte eine seiner Jaroslawler Verehrerinnen, die es ebenfalls nach Frankreich verschlagen hatte, der Stadt diese Gemälde. In seinen Pariser Erinnerungen, die Korowin seinem Freund Schaljapin gewidmet hatte, führt er die Worte des großen Sängers an: „Ich kaufe ein Gut an der Wolga, in Jaroslawl. Verstehst du, einen Berg, von dem aus die breite Wolga zu sehen ist, die hier eine Biegung macht und in der Ferne verschwindet. In meinem letzten Willen lege ich fest, mich dort, auf dem Hügel zu begraben."
Diese Worte zeugen von grenzenloser Sehnsucht nach der Jaroslawler Landschaft! Korowin dachte nicht an Schaljapin, sondern an sich selbst. Er hat wohl nie wirklich geglaubt, daß seine Bilder, die er in Paris gemalt hat, je nach Jaroslawl gelangen würden. Von den Fenstern des Saals, in dem sie ausgestellt sind, blickt man auf die breite Wolga.

Blick auf die Christi-Erscheinungskirche und das Christi-Verklärungskloster

Ich laufe gern durch die Stadt, die Jaroslaw, genannt der Weise, vor mehr als tausend Jahren gegründet hat. Ich liebe die alten Straßen, die Wolga, die Angler, die stundenlang geduldig mit ihren Ruten am Ufer stehen. Jaroslawl gilt zu Recht als eine Perle des Goldenen Rings altrussischer Städte nördlich und östlich von Moskau.

Am rechten Ufer der Wolga, an der Mündung des Flusses Kotorosl, begann die jahrhundertealte Geschichte Jaroslawls. Im Jahre 1010 gründete der Rostower Fürst Jaroslaw Wladimirowitsch in seinen Bemühungen, Rostow Weliki, eine der größten Städte des nordöstlichen Rußlands, zu sichern, eine Festung, die „seinen Namen" erhielt. Lange vor der Gründung befand sich an dieser Stelle eine heidnische Siedlung, die „Bärenwinkel" genannt wurde. Die Einwohner – Nachfahren ugro-finnischer Stämme, die sich mit der zugewanderten slawischen Bevölkerung vermischt hatten – lebten vom Fischfang und der Jagd. Eine Legende erzählt, daß der Fürst die Heiden unterwarf, nachdem er den heiligen Bären erlegt hatte. Diese Sage fand übrigens bildlichen Ausdruck im Stadtwappen: „Auf silbernem Schild steht ein Bär, der in der linken Tatze eine goldene Streitaxt hält." Das historische Wappen aus dem Jahr 1778 wurde am 28. April 1993 bestätigt. Die Stadt blühte zunächst auf, doch nach dem Einfall der Mongolotataren wurde die Entwicklung für lange Zeit unterbrochen. Wie viele andere russische Städte wurde auch Jaroslawl 1238 niedergebrannt, jedoch nicht in die Knie gezwungen. Immer wieder kam es dort zu Aufständen. Zum Andenken an den Aufstand vom 3. Juli 1257 wurde der kleine Berg jenseits des Kotorosl „Tugowa" genannt, was in der Übersetzung aus dem Altslawischen „Berg der Trauer" bedeutet. Gerade auf diesem Berg sind unsere Vorfahren bestattet, die im Kampf gegen die Eindringlinge für die Unabhängigkeit unserer Heimat starben.

Durch das ganze weite Rußland

Die Transsib führt über das Territorium von vierzehn Gebieten (Oblast), drei Regionen (Krai), zwei Republiken und einem Autonomen Gebiet. In der Reihenfolge von West nach Ost sind es die Gebiete Moskau, Wladimir, Jaroslawl, Kostroma, Kirow, die Republik Udmurtien, die Gebiete Perm, Swerdlowsk, Tjumen, Omsk, Nowosibirsk, Kemerowo, die Region Krasnojarsk, das Gebiet Irkutsk, die Republik Burjatien, das Gebiet Tschita, das Amurgebiet, das Jüdische Autonome Gebiet, sowie die Regionen Chabarowsk und Primorje. Wenn man Glück hat, sieht man im Vorbeifahren die Zeichen oder Schilder, die die administrativen Grenzen markieren.

1463 wurde das Fürstentum Jaroslawl in das vereinigte Moskauer Großfürstentum eingegliedert. Anfang des 16. Jahrhunderts wurden große Bauvorhaben in Jaroslawl verwirklicht. Im Kreml wurde die neue Uspenski-Kathedrale erbaut, die die alte Fürstenkirche aus dem 13. Jahrhundert ersetzte. Im

reichen Christi-Verklärungskloster wurde das wunderschöne mit Fresken verzierte Steinensemble errichtet.
Im 16. und 17. Jahrhundert war Jaroslawl ein wichtiger Umschlagplatz des mittlerweile zentralisierten russischen Staates in seinen Handelsbeziehungen zu den Ländern des Orients (über die Wolga) und Europas (über Archangelsk, damals der einzige russische Seehafen). Ausländische Kaufleute hatten „Niederlassungen" in der Stadt, von denen aus sie ihre Waren nach Moskau, nach Kostroma, nach Nischni Nowgorod und bis nach Persien verschickten. Jaroslawl spielte eine wichtige Rolle bei der Verteidigung unseres Vaterlandes und im nationalen Befreiungskampf. Die Stadt war während der litauisch-schwedischen Interventionen zu Beginn des 17. Jahrhunderts ein Bollwerk der gesamtrussischen Volkswehr.
1612 befand sich die Volkswehr von Minin und Poscharski in der Stadt. Provisorisch war Jaroslawl angesichts der angreifenden Feinde zur Hauptstadt

Die Christi-Erscheinungskirche wurde im 17. Jahrhundert erbaut

Die Jaroslawler Häuser sind berühmt für ihre reichen Verzierungen

des Russischen Reiches erklärt worden. Im 17. Jahrhundert entwickelte sich Jaroslawl nach Moskau zur zweitgrößten Stadt des Landes. Eben in dieser Zeit wurden die berühmten Kirchen Elias des Propheten, Johannes des Täufers in Toltschkow und das Kirchenensemble in Korowniki erbaut.
Das 17. Jahrhundert ist tatsächlich das „Goldene Jahrhundert" in der Jaroslawler Kunst und ein prägnantes Kapitel in der Geschichte der altrussischen

Kultur. In der Manuskriptsammlung des Christi-Verklärungsklosters wurde 1788 das einzigartige Werk der altrussischen Literatur „Das Epos von der Heerfahrt Igors" gefunden.

Keine einzige russische Stadt verfügt über so viele schöne Wandmalereien wie Jaroslawl. Die Jaroslawler Künstler bereicherten die traditionelle christliche Thematik, indem sie Elemente des Alltags einfließen ließen. Sie hatten eine Auffassung vom Alltag, die den russischen Menschen nah ist.

Reich sind auch die Kulturtraditionen der Stadt. Eben dort begründete der Schauspieler Fjodor Wolkow 1750 das erste russische Berufstheater.

Das Innere der Kirche Elias des Propheten, die 1647 bis 1650 erbaut wurde

Einen Rundgang durch die Stadt beginnt man am besten mit dem Besuch des Christi-Verklärungskloster, zu dem uns vom Hotel „Jaroslawl" die Perwomaiskaja-Straße führt. Wir kommen vorbei an einem der schönsten Gebäude der Stadt – es ist der im klassizistischen Stil gehaltene Handelshof, der in den Jahren 1813 bis 1818 an der Stelle der eingeebneten Wälle der alten Lehmstadt errichtet wurde. Die Straße endet auf einem der ältesten Plätze der Stadt, dem Bogojawlenskaja Platz. Die Gebäude, die heute noch sein Bild bestimmen, stammen aus dem 17. bis 20. Jahrhundert. Die Christi-Erscheinungskirche ist ein einmaliges Werk Jaroslawler Baukunst. Sie wurde in den Jahren 1684 bis 1693 erbaut. Und eben an diesem Platz liegt das Christi-Verklärungskloster – ein Architekturdenkmal. In ihrer ganzen Pracht bieten sich unserem Blick die mächtigen Mauern und Türme, die Kathedrale und die Kirchen, die Wohngebäude und Zellen – Zeugen vieler historischer

Ereignisse und zugleich herausragende Beispiele der russischen Architektur des 16. bis 19. Jahrhunderts.
Wir beenden unseren kleinen Stadtrundgang am hohen Ufer des Wolgakais, dort, wo die Geschichte Jaroslawls begann. Lange werden uns die unermeßlichen Weiten jenseits der Wolga, die silberne Glätte des Wassers und die Silhouetten der imposanten Kirchen im Gedächtnis bleiben.
Am Wolgakai wird Ihnen bestimmt die Rotunde aus weißem Stein aus den 40er Jahren des 19. Jahrhunderts auffallen. Gleich in der Nähe steht ein schönes, ebenfalls aus dem 19. Jahrhundert stammendes Gebäude. Es ist der ehemalige Sitz des Gouverneurs, der heute die Abteilungen für russische und sowjetische Kunst des Jaroslawler Kunstmuseums beherbergt. Die Sammlung besteht aus mehr als 2 000 Exponaten.
Ich habe in Jaroslawl eine Lieblingskirche. Sie steht mitten auf dem Sowjetischen Platz. Es ist die Kirche Elias des Propheten, die 1647 bis 1650 auf Kosten der reichen und am Zarenhof einflußreichen Jaroslawler Kaufmannsfamilie Skripin erbaut wurde.

Bei meinem letzten Besuch in Jaroslawl zog es mich in die nahegelegene Kleinstadt Rybinsk. Hierhin nämlich wurden in den 20er Jahren die Kostbarkeiten aus den Höfen und Häusern der Gutsbesitzer verbracht. Heute gibt es in Rybinsk ein beeindruckendes Museum! Nehmen wir allein die Sammlung der Grafen Mussin-Puschkin. Sie umfaßt unter anderem zwei Porträts eines Kaufmanns – das eine ist ein Werk des deutschen Meisters Lascha, das andere die Interpretation des leibeigenen Malers Schlachtenkow. Es ist sehr interessant, die beiden zu vergleichen, da das Kaufmannsporträt, das die Region Jaroslawl berühmt gemacht hat, ein bedeutendes Beispiel der russischen naiven Malerei ist. Alle Russophilen und Volkstümler verehren dieses Echo aus vergangenen Zeiten.
Bei meinen Besuchen in den Jaroslawler Museen denke ich mit Bedauern an Tatsachen, die erst vor kurzem bekannt wurden: Seit den 20er Jahren verkaufte die Sowjetmacht einmalige Werke aus russischen Museen spottbillig ins Ausland, manchmal wurden „Rembrandts gegen Traktoren" getauscht. Die Bilder und Ikonen werden kaum nach Rußland zurückkommen, da das Recht auf seiten der Käufer ist. Jetzt befindet sich im Vatikan die Ikone „Gottesmutter von Kasan", in der Washingtoner Nationalgalerie können wir „Die Verkündigung" von Jan van Eyck aus der Ermitage und die „Verleugnung des heiligen Petrus" von Rembrandt sowie Raffael-Arbeiten (die Werke des großen Malers und Architekten lassen sich weltweit an den Fingern abzählen) bewundern. Der Stolz des New Yorker Metropolitan Museums – „Der Gitarrenspieler" von Watteau – war einst auch unser Stolz. Ganz zu schweigen von den Zareneiern von Fabergé, den Diademen und Brillanten des russischen Adels. Sie allerdings brachten wenigstens Devisen für das Wolgage-

biet ein, das damals von einer Hungersnot heimgesucht wurde. Wie auch immer. Nach einhelliger Meinung von Fachleuten wurden alle Werke zu Schleuderpreisen verkauft, wobei nicht wirtschaftliche Logik, sondern der revolutionäre Eifer, die Klassiker loszuwerden, antreibendes Moment war. So vervollständigten wir die Washingtoner Nationalgalerie, die ehemalige Sammlung des amerikanischen Außenministers Andrew Mellon.

Des öfteren besuchte ich Jaroslawl, häufiger aber reiste ich an der Stadt vorbei, wenn mein Weg mich weiter führte. Nach meinen Reisenotizen zu urteilen, scheine ich die interessantesten Mitreisenden eben im Raum Jaroslawl ge-

So stellte sich der Künstler Wasnezow die russischen Recken vor

troffen zu haben. Beim Blättern stoße ich immer wieder auf Gesprächsaufzeichnungen mit Reisegefährten. Rein beruflich waren diese Gespräche für mich das Spannendste am Reisen überhaupt, denn im Zug scheinen die Menschen immer zu vertrauensvollen, offenen Gesprächen bereit.
In Jaroslawl stiegen einmal zwei Reisende zu. Wie sich schnell herausstellte, waren es eine Russin und ein französischer Künstler. Wir sprachen über russische Frauen, über Liebe und Eifersucht. Es ist weithin bekannt, daß viele Künstler aus westeuropäischen Ländern russische Frauen liebten und geheiratet hatten, darunter Salvador Dali und Pablo Picasso, um nur zwei zu nennen. Warum? Wir begannen zu streiten. Ich erinnerte mich an eine Bemer-

kung des berühmten italienischen Drehbuchautors Tonino Guerra, der mit Federico Fellini und Michelangelo Antonioni zusammenarbeitete: „Die russischen Frauen sind Meteorite, voller Gefühle." Er war mit einer Russin verheiratet und wußte, wovon er sprach. Jemand führte die Worte von Dostojewski an, daß Rußland dank der Frau überleben wird. „Für die russischen Frauen haben meiner Ansicht nach die Mutterschaft und die Güte gegenüber dem Mann höchste Bedeutung", sagte der Franzose. „Das hat seine Vor- und Nachteile", mischte sich aus seiner Ecke ein Mann in unser Gespräch ein. Alle lachten. Er fuhr jedoch fort: „Auch in alten Zeiten waren russische Frauen beliebte Partien! Königin Frankreichs (ab dem 4. August 1049) war die Russin Anna Jaroslawna. Eupraxia war im 11. Jahrhundert deutsche Kaiserin, Euphrosinia im 12. Jahrhundert Königin Ungarns, Agatha war Königin Polens und man könnte noch eine ganze Reihe weitere anführen."

Der Unbekannte war ein interessanter Gesprächspartner, Historiker von Beruf und gebürtiger Jaroslawler. Er erzählte uns über die Jaroslawler „neumoslemische" Gemeinde, der er angehörte, obwohl er selber Russe und früher russisch-orthodoxer Christ war. Wir fragten ihn, wie es komme, daß es in dieser traditionell orthodoxen Stadt so viele „russische Neumoslems" gibt? Darauf bekamen wir keine richtige Antwort, erfuhren jedoch einiges über die Moslems. In Rußland leben heute etwa zwanzig Millionen ethnische Moslems. Allerdings kann man hier nicht von koranfesten Gläubigen sprechen, die die grundlegenden Pflichten eines Moslems erfüllen. Die siebzig Jahre Sowjetmacht und der propagierte Atheismus haben ihre Spuren hinterlassen. Ich kenne den heutigen Vorsitzenden des Obersten Rates der Muftis Rußlands Scheich Rawil Gainutdin, der als geistlicher Führer aller Moslems in Rußland gilt, noch aus der Zeit, als er im Kasaner Fernsehen beschäftigt war. Heute sagt er in vielen Interviews, daß man den gläubigen Moslems entgegenkommen, daß man „ihnen die Religionsausübung erleichtern" müsse. Wenn sie beispielsweise nicht fünfmal am Tag beten können, wie es der Koran fordert, oder wenn sie die Fastenzeit, den Ramadan, nicht einhalten. In Rußland ist es den Gläubigen gestattet, daß sie ihre Pflichten zu einem anderen als vom Koran vorgegebenen Zeitpunkt vollziehen. So darf in Rußland ein Moslem beispielsweise erst nach der Arbeit beten.

Wir sind Russen und orthodoxe Christen und kennen in der Regel nur einige wenige Zeilen aus dem Koran. Der Satz „Töte den Ungläubigen" hat sich uns eingeprägt. Tatsächlich aber verdrehten die Taliban den Sinn des Korans. Sie führen die moslemische Jugend mit der Feststellung in die Irre, daß der Allmächtige fordere, gegen die Ungläubigen zu kämpfen. Denn diese Forderung ist aus dem Kontext gerissen. Die wahren Worte Allahs sind: Dringt man in dein Haus mit Waffen ein und tötet man deine Familie, dann mußt du den Ungläubigen töten. Wenn du dich aber übereiferst, wirst du von Allah bestraft.

Obwohl ich zehn Jahre unter Moslems gelebt habe, habe ich den Koran erst vor kurzem gelesen. Ich weiß heute, daß nur Menschen, die nicht mit dem Koran vertraut sind, behaupten können, der Islam fordere, die Ungläubigen zu töten und den Dschihad, den Heiligen Krieg, auszurufen. Der Dschihad darf nur geführt werden, wenn Ungläubige angreifen, um den Islam zu vernichten. Christen und Juden gelten im Koran als Menschen der Schrift. Als Ungläubige werden Heiden angesehen, die den Glauben an den Allerhöchsten ausrotten wollen.
In der Zeit des sowjetischen Afghanistankrieges interviewte ich Soldaten, die in Afghanistan gekämpft hatten. Ich legte die alten Notizen vor kurzem meinem Vater vor, der lange Zeit in Turkmenistan an der Grenze zu Afghanistan gelebt hat und mit dem Glauben, der Kultur und der Sprache der Völker Afghanistans vertraut ist. Mein Vater meinte zu den Entwicklungen nach dem 11. September: „Es gibt kein Rezept, um diese Krankheit – den Terrorismus – zu heilen. Krieg als Heilmittel zu nutzen, ist gefährlich. Man muß stets nach einer friedlichen Lösung suchen. Die afghanische Gesellschaft ist heterogen. Die Klane spielen dort eine ungemein wichtige Rolle. Dies bedeutet, daß man

Die Rotunde aus weißem Stein am Wolgakai stammt aus den 40er Jahren des 19. Jahrhunderts

mit vielen einflußreichen Menschen kooperieren und durchsetzen muß, daß die Moslems selbst die Terroristen bekämpfen. Die ideologische Grundlage dafür ist vorhanden. Der reine Islam hat mit dem Terrorismus nichts gemein."

Kirow. Kilometer 957

„Im goldenen Feld eine aus der Wolke reichende Hand, die einen gespannten Bogen mit Pfeil hält, darüber im oberen Teil des Schildes ein rotes Kreuz", so die Beschreibung des 1781 bewilligten Stadtwappens von Wjatka, dem heutigen Kirow. Im Stadtwappen Kirows ist die stilisierte Hand ebenfalls noch vorhanden. Die Stadt selbst liegt an den Ufern der Wjatka und erstreckt sich 25 Kilometer entlang des Flusses. Erstmals wurde sie 1374 in einer Chronik als Chlynow erwähnt. 1780 wurde sie in Wjatka und 1934 in Kirow umbenannt. Heute diskutiert man die Rückbenennung in Wjatka.

Anfang der 90er Jahre war ich oft zu Gast in Kirow. Bevor ich das Drehbuch für den Dokumentarfilm „Von Irdischem und Himmlischem" schrieb, bereiste ich das halbe Land auf der Suche nach meinem künftigen Helden – einem Geistlichen. So verschlug es mich auch nach Kirow. In einer Kirche zelebrierte ein mir bekannter Priester den Gottesdienst. In der alten Uspenski-Kirche des Trifonow-Klosters (1689 erbaut) leitete er als Mönch zunächst den linken, später den rechten Chor (in der orthodoxen Kirche gibt es traditionell zwei Chöre. Sie singen im Wechsel, führend ist jedoch der rechte Chor). Einmal war ich zu Ostern in Kirow. Der Ostergottesdienst stellt höchste Ansprüche an die Chöre, denn er ist eine lange Abfolge von Kirchenliedern. Die Messe beginnt um Mitternacht und dauert bis fünf beziehungsweise sechs Uhr morgens. Die Chöre sangen in dieser Osternacht wie Engelschöre und halfen den Gläubigen so, sich auf das Gebet einzustimmen. Es ist nicht einfach zu erreichen, daß die Gläubigen im eucharistischen Kanon niederknien und beten. In dieser Kirche aber geschieht dies im Gottesdienst häufig, so erzählte mir der Mönch.
Rußland übernahm die kirchlichen Traditionen von Byzanz. Bis zum 17. Jahrhundert erfuhren sie nur unwesentliche Veränderungen. Dann aber beeinflußte die russische Volkskultur das Kirchenleben – und bereicherte es. Der Kirchengesang wurde von Elementen des russischen Volksliedes durchzogen.

„Unser Klima ist rauh und das Leben ist so kompliziert wie nirgendwo anders. Daher warten wir auch auf die Feste wie niemand sonst. Und wenn sie kommen, dann freuen wir uns wie niemand sonst", pflegte meine Großmutter zu sagen.

Unter den russischen Festen finden sich künstliche politische Feiertage, zu denen beispielsweise der 8. März, der Frauentag, oder der 23. Februar, der Tag der Sowjetarmee, der seit 1996 Tag der Vaterlandsverteidiger heißt, gehören. Es gibt Feste der Natur, so den Tag der Vögel oder den Tag der Erde. Und es gibt ein Fest, das im Frühjahr gefeiert wird und als Lieblingsfest der Russen gilt. Das ist das Osterfest, die lichte Auferstehung Christi. Sogar diejenigen, die nur wenig ausgeprägte Vorstellungen von den Sitten und Traditionen der Kirche haben, verstehen, wie wichtig dieses Fest ist. Die Russen besuchen an diesem Tag den Gottesdienst. Ich habe oft bemerkt, daß an diesem Sonntag das Gute in den Menschen erwacht. Aufrichtige Freude, nicht die laute, ausgelassene und zügellose Freude wie an anderen Festtagen, sondern eine stille, lichte Freude leuchtet in den Augen der Menschen und strömt aus ihren Herzen.

Wir lernten in der Schule, daß Wjatka, wie Kirow bis 1934 hieß, ein Ort der politischen Verbannung ist. Nach Wjatka wurden der Revolutionär und Publizist Alexander Herzen und der Schriftsteller Michail Saltykow-Schtschedrin verbannt. Für letzteren gibt es übrigens ein Museum, das ich bei meinem ersten Aufenthalt besucht habe. Fünfzig Jahre vor der bolschewistischen Revolution verfaßte Saltykow-Schtschedrin die Novelle „Geschichte einer Stadt". Sie ist eine Prophezeiung. Alles, was der Schriftsteller in dieser

Der Bahnhof von Kirow

„Stadtgeschichte" beschrieben hat, ist in Erfüllung gegangen. Generationen russischer Leser erkannten in der Stadt Glupow das Land, in dem sie lebten. Der despotische Gouverneur schaffte alle Feste ab – außer zweien: das eine Fest wurde im Frühjahr, das andere im Herbst gefeiert. Genau so verfuhren die Bolschewiken. Sie hoben alle traditionellen und religiösen Feste auf und führten zwei neue ein: den 1. Mai und den 7. November.
Bei Saltykow-Schtschedrin dient das Frühlingsfest als „Vorbereitung auf die kommenden Nöte". Bei den Bolschewiken war der 1. Mai der „Tag der Kampfeskraft des Proletariats", der mit den Forderungen einherging, den Klassenkampf zu führen und den Kapitalismus zu stürzen. Das Herbstfest war bei Saltykow-Schtschedrin den „Erinnerungen an die bereits überstandenen Nöte" gewidmet. Das Fest, das die Bolschewiken mit dem 7. November einführten, war dem Andenken an die Revolution gewidmet.

Wenn ich durch Kirow laufe und zur öffentlichen Bibliothek komme, denke ich zwangsläufig an Alexander Herzen, der half, die 1837 eröffnete Bibliothek einzurichten.
Alexander Herzen lebte von 1812 bis 1870. 2012 wurde seines 200jährigen Geburtstages gedacht. Er war Schriftsteller, Publizist, Kritiker und Philosoph. Er wurde in Moskau als unehelicher Sohn des russischen Gutsbesitzers Iwan Jakowlew und der Stuttgarterin Luise Haag geboren und erhielt den erfundenen Namen Herzen (vom deutschen Wort „Herz" – also ein „Sohn des Herzen"). Herzen absolvierte die Moskauer Universität, und gründete eine Jugendorganisation, die sich den Ideen von Freiheit, Gleichheit und Brüderlichkeit sowie der Aufklärung verschrieben hatte. 1834 wurde er verhaftet und zunächst nach Perm, dann nach Wjatka verbannt – wofür wurde er verbannt? Vor allem für sein Auftreten gegen die Leibeigenschaft. Nach der Verbannung weilte er kurze Zeit in Moskau, wurde jedoch aufgrund seiner kritischen Ausführungen über die zaristische Polizei in einem Brief an seinen Vater erneut in die Verbannung geschickt – diesmal nach Nowgorod. In jenen Jahren verfaßte er seinen Roman „Wer ist schuldig" und einen Zyklus philosophischer Artikel „Briefe über das Studium der Natur". Iwan Turgenjew notierte über seine Werke: „Er schreibt mit Blut und Tränen. Es brennt und brennt."
Im Januar 1847 reiste Herzen mit seiner Familie ins Ausland, ohne zu wissen, daß er Rußland für immer verlassen sollte. Er lebte in Rom, Paris und London und gab die Zeitung „Die Glocke" heraus, die in Rußland überaus populär war. Als seine wichtigste Aufgabe betrachtete er die Ausarbeitung seiner sozialrevolutionären Theorie.
Am 16. November 1851 verlor Herzen bei einem Schiffsunglück seine Mutter und seinen Sohn – die Leichen wurden nie gefunden. Ein Jahr später starb

seine Frau. „Es ist alles zusammengebrochen, das Gemeinsame und das Private, die europäische Revolution und die Heimstätte, die Freiheit der Welt und das persönliche Glück", schrieb er.

Denkmal für Alexander Herzen in Kirow

Herzen starb am 21. Januar 1870 in Paris an einer Lungenentzündung. Bei ihm war sein engster Freund Nikolai Ogarjow. In ihrer Jugend hatten sie sich auf den Sperlingsbergen den Freundschaftseid gegeben. Herzen wurde zunächst auf dem Friedhof Père-Lachaise bestattet. Später wurde der Leichnam auf Initiative Ogarjows nach Nizza überführt, wo Herzen neben seiner Frau die letzte Ruhe fand.

In Kirow gibt es noch ein bemerkenswertes Museum, das Alexander Grin (1880 bis 1932) gewidmet ist. Erstaunlicherweise brachte diese Region der Lager und Leiden einen besonders romantischen Schriftsteller hervor. Wir vertieften uns in unserer Jugend in seine romantischen Novellen – in „Purpursegel", in „Wogengleiter" und andere. Wir liebten seinen Gedanken, daß alles Schöne auf Erden vom Willen starker, herzensguter Menschen abhängt.
In der Stadt gibt es zudem das Museum „Viktor und Apollinari Wasnezow" (erinnern Sie sich an meine kleine Erzählung über das Bild, auf dem Aljona, die Wolfsmorgenröte, dargestellt ist?) sowie ein ausgezeichnetes Luft- und Raumfahrtmuseum.

Nehmen Sie von hier unbedingt ein Souvenir mit – ein kleines „Dymkowo-Spielzeug", das die ansässigen Kunsthandwerker aus einem besonderen Ton

fertigen und mit verschiedenen Temperafarben bemalen. Es sind Husaren und Damen in Krinolinen, Reiter und kleine Pfeifen in Tierform – alles sieht hübsch aus und zeugt von viel Humor! Dieses Gewerbe, das seit altersher vornehmlich Frauen betrieben, war traditionell in Dymkowo (früher war es eine Siedlung unweit von Wjatka, heute ist es ein Stadtteil von Kirow) angesiedelt. Die Pfeifen in Gestalt von Pferden, Reitern und Vögeln gehen auf alte magische rituelle Darstellungen und Ackerbaufeste zurück. Später verloren die Figürchen ihre magische Bedeutung und wurden zu Kinderspielzeug, so entstand dieses Volkskunstgewerbe. Bis zum 20. Jahrhundert wurden sie für die Frühjahrsmesse „Pfeiferei" produziert.
Was ist nun das Besondere am Herstellungsverfahren? Das Spielzeug wird aus örtlichem Lehm, vermischt mit Flußsand hergestellt. Nach dem Trocknen und Brennen wird es mit in Milch aufgelöster Kreide geblichen und dann mit Temperafarben bemalt. Bis ins Jahr 1953 wurden für die Bemalung in Ei zerriebene Anilinfarben und Blattgold verwendet. Die leuchtende dekorative Bemalung zeichnet sich durch angenehme und harmonische Farbtöne aus und fast

Das „Dymkowo-Spielzeug" wird von den ansässigen Kunsthandwerkern ...

aus besonderem Ton gefertigt und mit Temperafarben bemalt

immer findet sich ein geometrisches Ornament. Das Spielzeug hat einen irgendwie improvisierten Charakter, der jedoch die Ausdruckskraft steigert.
„Wjatlag" war eines der Zwangsarbeitslager mit besonders harten Bedingungen. In den Kriegsjahren wurden vornehmlich Rußlanddeutsche dorthin geschickt. Wie man heute den Archivdokumenten entnehmen kann, galt es bei den Angehörigen der Arbeitsarmee stets als unheilvoller Ort. Das Lager breitete sich in den Jahren 1937 bis 1938 im Norden des Kirow-Gebiets (Region Wjatka) im Taigagebiet als eines von sieben Holzbeschaffungslagern des Landes aus. Die „Bevölkerung" des Wjatlag wuchs rasch, und am 1. Januar 1940 zählte man bereits 19 984 Häftlinge. Mit Ausbruch des Krieges wurde ein Teil der Lagerinsassen an die Front geschickt. Nach unterschiedlichen Schätzungen wurden in der Zeit von 1941 bis 1943 etwa 40 000 russische Häftlinge und ungefähr 8 000 sogenannte mobilisierte Deutsche ins

Wjatlag geschickt. Viele kamen im Lager um, viele wurden zu Invaliden. Am 1. Januar 1942 zählte das Lager 28 643 Gefangene, ein Jahr später waren es noch 16 493 Insassen, und am 1. Januar 1944 waren im Wjatlag nur noch 11 979 Häftlinge registriert, davon litten 2 435 an Hungerödem, 3 489 waren Invaliden oder nur für leichte Arbeiten tauglich. Allein in der zweiten Hälfte des Jahres 1943 zählte man 1 524 Tote.
Viktor Berdjanski, Heimatforscher und Autor des Buches „Wjatlag", behauptet, daß die Lage der inhaftierten Rußlanddeutschen schlechter war als die der anderen Häftlinge. Die Verlogenheit der Sowjetregierung gegenüber ihren eigenen deutschstämmigen Bürgern zeigte sich daran, daß diese formal keine Häftlinge waren. Sie wurden im Krieg von den Wehrbereichskommandos mobilisiert und auf Baustellen, in der Holzbeschaffung und anderen Verteidigungsobjekten eingesetzt. Und die Lager wurden beauftragt, sie zu „beschäftigen". Dank dem Berdjanski-Buch haben wir die seltene Möglichkeit, einen „Helden" der sowjetischen Lager kennenzulernen. Chef der Wjatlag-Verwaltung war Noi Lewinsson, ein Tschekist. Zum Jahrestag der Oktoberrevolution 1942 wurde er als leuchtendes Vorbild mit dem Orden „Rotes Banner des Krieges" ausgezeichnet. Anfang Februar 1943 wurde er zum Hauptmann der Staatssicherheit befördert. Und obwohl zu dieser Zeit im Wjatlag schon das Massensterben ausgebrochen war, wurde der Holzbeschaffungsplan irgendwie durch neuangekommene Häftlingskontingente erfüllt – und das war für die Moskauer Führung ja schlußendlich das wichtigste. Aber das Planziel für das Jahr 1943 konnte Lewinsson schließlich nicht mehr erreichen. Auf Anordnung des Genossen Berija wurde er am 28. Dezember 1943 der Kaderabteilung des GULag zur Verfügung gestellt – faktisch bedeutete dies eine Degradierung. Später wurde Lewinsson nach Usolag versetzt, und es heißt, daß er dort nach einiger Zeit als „Volksfeind" erschossen wurde.

Und wer lebt heute in Kirow? Wenn es nach mir ginge, würde ich den Passagieren bei der Fahrt durch die Region Wjatka gerne den Dokumentarfilm meines Kollegen Alexej Pogrebnoi zeigen. Der Film heißt „Ljoschkas Wiese". Pogrebnoi hat mit diesem Film eine gewaltige, sich Jahre hinziehende, einfach heldenhafte Arbeit geleistet. Zehn Jahre lang begleitete er die Familie von Alexander Orlow, der in der Region einer der ersten Farmer war. Insgesamt wurden neun Filme von je 26 Minuten produziert.
Pogrebnoi hat es geschafft, „Orlows Kampf mit den Windmühlen" einzufangen und einerseits das System, das den freien Bauern abstoßen muß, und

andererseits das „innere" Leben, das heißt das Familienleben, festzuhalten. Er erzählt, wie der siebzehnjährige Ljoschka, der einmal die Farmwirtschaft übernehmen sollte, zur Hoffnung und Stütze der ganzen Familie wurde. Er berichtet, daß der Vater die Schuld für einen angeblichen Diebstahl seines Sohnes auf sich nahm. Er informiert darüber, daß die Orlows Internatskinder aufnahmen, die bei ihnen erzogen werden und arbeiten sollten. Der Film erzählt von Prozessen, Streitigkeiten und der dramatischen Aufteilung des Familienvermögens (Ljoschka beschloß letztlich, selbständig zu wirtschaften). Und er zeigt uns den müden Alexander Orlow, der in die Stadt zieht. Wir wissen nicht, ob Orlow damit eine Niederlage, eine endgültige Niederlage, die Niederlage seines Lebens erlitten hat.
Über einen Zeitraum von zehn Jahren zeichnete Pogrebnoi das auf, was ein echter Dokumentarfilmer festhalten muß – das reale Leben echter Menschen mit all seiner Dramatik. Er setzte nicht auf irgendwelche schlauen Montagen. Er nutzte nicht das Mittel der dokumentarischen Provokation. Nein, der Dokumentarfilmer setzte bei „Ljoschkas Wiese" allein auf das Mittel der reinen Beobachtung. Wer so arbeiten kann, wird von seinen Kollegen besonders geschätzt. Denn um das Leben von der eigenen, der „ersten Person" erzählen zu lassen, braucht man eine phantastische Aufmerksamkeit für Details und unmenschliche Geduld. Ja, es bedurfte übermenschlicher Geduld, um einen so menschlichen Film wie „Ljoschkas Wiese" zu drehen.

Perm. Kilometer 1 434

„Im roten Feld befindet sich ein silberner Bär, er trägt ein in Gold gefaßtes Evangelium auf seinem Rücken, über ihm ist ein Silberkreuz abgebildet. Der Bär steht für die wilden Sitten der damaligen Einwohner, das Evangelium ebenso wie das Kreuz für die Aufklärung durch die Annahme von Christi Gebot", so nachzulesen in der Beschreibung des Stadtwappens von Perm, das 1783 bewilligt und von der Permer Stadtverwaltung im Jahre 1993 als Stadtwappen erneut bestätigt wurde.
Der Name Perm geht auf das Finno-Ugrische zurück und heißt eigentlich „pera ma", das heißt „weit entlegenes Land". Die Stadt wurde 1723 an der Kama, unterhalb der Mündung der Tschussowaja, in der Nähe des Flusses Jegoschicha gegründet. Ich fuhr mehrmals die Kama mit ihren Biegungen und Brücken hinunter und mußte dabei stets zwangsläufig an die Zeilen der großen russischen Dichterin Anna Achmatowa (1889 bis 1966) denken. Auf diesem Weg wurde ihr Sohn in die Verbannung geschickt. Insgesamt vierzehn Jahre saß er in den Stalinschen Lagern ein – erst viel später wurde er als schuldlos Betroffener rehabilitiert:

Schon zeigte sich unten im Eise
Die Kama. Da sprach es leise:
„Quo vadis?" – ich rührte kein Glied,
Denn mit dröhnenden Tunnels und Brücken
Hörte ich näherrücken
Das irre Ural-Gebiet.
Und ich sah jenen Weg, den langen,
Den so viele zuvor gegangen
Wie in Trauerprozession,
Über die würdevollen,
Erstarrten Sibirischen Schollen.
Dort führten sie einst meinen Sohn ...
Und von tödlicher Angst getrieben,
Es könnte zu Staub zerstieben,
Mit wachsendem Widerstand,
Die getrockneten Augen senkend
Und sich die Arme verrenkend,
Schritt gen Osten das russische Land.

(Übersetzt von Alexander Nitzberg)

Hier will ich eine neue Seite aus dem Notizbuch „Transsibirien-Expreß" einfügen: Mit solchen Gedanken – und begleitet von Birken, kleinen Haltepunkten, Flüßchen und Wäldern – gelangte ich nach Perm. In Perm kamen wir am Dienstag an. Neue interessante Reisegefährten stiegen zu. Mein Banknachbar, ein blauäugiger Greis, erzählte: „Nie werde ich die Silvesternacht 1932/33 vergessen. Wir, alles Kosaken aus der Staniza Poltawskaja im Gebiet Krasnodar, wurden in geschlossenen Viehwaggons auf dieser Strecke transportiert. Ein Befehl Stalins, ausgeführt von Kaganowitsch: Drei ganze Stanizen! Wir waren alle rebellisch gestimmt, waren gegen die Sowjets. Dafür sollten wir bestraft werden und wurden in den Ural und nach Sibirien deportiert. Mehr als die Hälfte von uns ist unterwegs erfroren. Unsere Bewacher warfen die toten Kinder einfach wie gefrorene Holzscheite den Bahndamm hinunter. Nur selten bekamen wir etwas zu essen, zumeist dünne Suppe, die sie uns in die hingehaltenen Hände gossen. Ja, Töchterchen, so bin ich damals diese Strecke gefahren. Jetzt lebe ich immer noch in Sibirien, bin just auf dem Weg nach Hause. Habe gerade meine entfernten Verwandten in der Staniza Poltawskaja besucht, in der Heimat. Dort wollen sie jetzt einen Glockenturm bauen zum Gedenken an das Schreckensjahr, an die Tausenden Kosaken aus unseren Krasnodarer Stanizen, aus Umanskaja, Popowitscheskaja und Poltawskaja, die in den kalten Steppen erfroren sind. Die Kosaken sind doch das Herz des russischen Volkes."

Von Perm aus sollte man unbedingt eine Fahrt zum Weißen Berg, in das orthodoxe St. Nikolai Missionskloster in Belogorski unternehmen. Ein unvergeßliches Erlebnis. Wir fuhren damals mit dem Bus. Nach einer einstündigen Fahrt bietet sich dem Blick mitten in der Ebene, zwischen Kühen und Wiesen, ein Berg, auf dessen Gipfel eine goldene Kuppel glänzt. In der Nähe steht eine imposante Kirche – ein Werk des Architekten Tom und praktisch eine Kopie der Christ-Erlöser-Kathedrale in Moskau. Am Rande des Klosterplatzes, unmittelbar am Steilhang, ragt ein kolossales glänzendes Kreuz empor, hoch wie ein dreistöckiges Haus.
Im Kloster leben 24 Mönche. Frauen in Hosen und ohne Kopftuch wird der Zutritt verwehrt. Zum Glück gibt das Kloster selbst Röcke und Kopftücher aus, so daß wir – ich war mit einer Freundin unterwegs – nicht umsonst gekommen waren. Ein junger Mönch erzählte uns, daß dieses Kloster mit seinen 500 Mönchen vor der Revolution das größte Kloster im Ural war. Während der Revolution wurden die Mönche erschossen. Der Klostervorsteher wurde in einen Sack eingenäht. Dann trieb man das Volk zusammen und sagte: Ist er ein Heiliger, wird er schwimmen. Ertrinkt er, gibt es keinen Gott. Der Sack wurde ins Wasser geworfen.

Die berühmten Holzskulpturen im Permer Kunstmuseum

Bis vor zehn Jahren war in der alten Klosteranlage eine psychiatrische Heilanstalt untergebracht. Nachdem das Kloster der Kirche zurückgegeben worden war, mußten die Mönche Dutzende Tonnen Müll entsorgen. „Wir haben auch das Kreuz wiederhergestellt", voller Stolz wies der Mönch auf das riesige Kreuz. Das Kloster stand übrigens einst unter dem Schutz der Zarenfamilie. Der Zar spendete 30 000 Goldrubel für die Errichtung des Kreuzes an-

Die geologische Sehenswürdigkeit „Bolwani" im nördlichen Ural

Landschaft an den Ufern der Kama

läßlich der wundergleichen Rettung seines Sohnes Nikolai in Japan. Der Zarewitsch wurde bei seinem Besuch von einem Samurai mit einem Schwert niedergeschlagen, aber sein Schutzengel drehte das Schwert, so daß er nur mit der flachen Seite getroffen wurde.

Haben Sie schon einmal etwas von der Permer „anomalen Zone" gehört? Es ist eine Zone, in der sich allerhand geheimnisvolle und rätselhafte Dinge ereignen sollen. Unsere Wissenschaftler studieren diese Erscheinungen, beziehen aber dazu zumeist keine Stellung. Nikolai Subbotin, Mitglied der Permer Kommission für anomale Erscheinungen und von Beruf Informatiker, veröffentlichte und analysierte auf seiner Internetseite eine Fotoserie „falscher" UFOs – ein Thema, auf das er im Zuge seiner Arbeit in der Kommission gestoßen war. Mark Day, ein amerikanischer Schriftsteller und Ufologe, der offensichtlich der russischen Sprache nicht mächtig war, „pumpte" sich diese Fotoserie für sein Buch „Außerterrestrische Kontakte mit dem Unbekannten" und veröffentlichte sie unter dem Titel „Energiekugeln und Rotnebel, die neben anderen Phänomenen in Molebka beobachtet werden". Er fügte einen Bildtext hinzu, über den sich ganz Perm Löcher in den Bauch lachte: „Eine der substantiellsten Aufnahmen, die in der Permer anomalen Zone gemacht wurden. Eine umfassende Analyse des Fotos durch russische Fachleute hat ergeben, daß es sich nicht um eine Fälschung handelt." Alles hat er irgendwie falsch verstanden. Denn diese Aufnahme hatte Subbotin selbst produziert, um zu zeigen, wie fliegende Untertassen vorgetäuscht werden können.

Die höchsten Punkte

Der höchste Punkt über dem Meeresspiegel, den die Transsibirische Eisenbahn erreicht, ist der Jablonow-Paß bei Kilometer 6 110 zwischen den Stationen Jablonowaja und Turgutuj mit einer Höhe von 1 040 Metern über dem Meeresspiegel. Auf über 900 Meter führt die Strecke bei der Station Kischa westlich von Petrowski Sawod. Und schließlich ist mit 863 Metern der Andrianow-Paß westlich des Baikalsees zu nennen.

Nach zahlreichen Erzählungen von Augenzeugen kann man sich in dieser besonderen Zone in der Nacht in eine parallele Realität versetzen und feststellen, daß „dort" hellichter Tag herrscht. Man denke, so heißt es, daß man höchstens fünf Minuten dort geblieben sei, während aber auf der Erde inzwischen eine Stunde verstrichen ist.

In dieser Zone – so wird berichtet – sieht man häufig eine hellblaue kegelförmige Lichtsäule, die aus unermeßlicher Höhe aus einer Lichtquelle, die wie ein Scheinwerfer aussieht, auf die Erde fällt. Augenzeugen behaupten, daß dieser Strahl etwas geheimnisvoll Erhabenes habe. Es gibt Menschen, die ihre längst verstorbenen Freunde und Verwandten dort sehen – auch dies ist immer wieder zu hören. Solcherlei Erzählungen werden gerne von der russischen „gelben" Presse veröffentlicht. Ich glaube ihnen praktisch nie. Einmal verbrachten allerdings vier meiner Studenten (ich unterrichtete damals an der Moskauer Filmhochschule) ihre Sommerferien in Perm. Aber in der anomalen Zone hielten sie nur eine einzige Nacht durch. Auch sie erzählten von der hellblauen Lichtsäule, die sie nur 300 Meter vom Zelt entfernt gesehen haben wollten.

Das heutige Perm ist ein Zentrum der Schwerindustrie, vor allem der Maschinenbau ist hier angesiedelt. Aus Perm kommen Ausrüstungen für die Metallurgie, den Bergbau und die Holzindustrie, es werden Triebwerke, Werkzeugmaschinen und Flußschiffe produziert. Hochentwickelt ist die Chemieindustrie.

In Perm wurde im Jahre 1916 die erste Universität im Ural eröffnet. Ach ja, weltweit bekannt ist die Permer Ballettschule.

Der Aufstieg der Ballettänzerin Nadeschda Pawlowa verlief genauso schnell wie ihr einmaliges Battement, eine Tanzfigur, bei der das Bein aus einer geschlossenen Position vor- und zurückgezogen wird. Vor zwanzig Jahren sahen viele Mädchen in allen Teilen Rußlands mit angehaltenem Atem zu, wie sie – die Krone der Heldin aus dem „Nußknacker" auf dem Kopf – über die

Die Oper in Perm zählt zu den herausragendsten Rußlands und ist Heimat einer international bedeutenden Ballettruppe

Bühne schwebte. Der Grand Prix des Moskauer Internationalen Wettbewerbs machte sie berühmt. Das fünfzehnjährige Aschenbrödel verwandelte sich in einer Stunde in eine Prinzessin. Einige Jahre später heiratete sie den berühmten Tänzer Wjatscheslaw Gordejew. Zusammen tanzten sie oft auf der „ersten" Bühne des Landes – im Bolschoi. Mit 28 Jahren wurde Nadja der Titel „Volkskünstlerin der UdSSR" verliehen. Dann aber verschwand die Ballettänzerin plötzlich aus dem Blickfeld der Öffentlichkeit. Nach und nach geriet sie in Vergessenheit. Heute gibt Nadeschda Pawlowa ungern Inter-

views. Ihr Ehemann Konstantin Michailowitsch, Psychotherapeut und Professor für Psychiatrie, ist ihr Vertrauter und hat sie von ihrer schweren Depression geheilt.
In den 80er Jahren, ich studierte noch an der Staatlichen Hochschule für Cinematographie in Moskau, verfaßte ich eines meiner ersten Drehbücher über die Permer Schule der Choreographie. Dieses Drehbuch diente nie als Filmvorlage, denn der Redakteur lehnte es mit der Begründung ab: „Es gibt zu viel Pessimismus in Ihrem Drehbuch." Ich denke, in dieses Drehbuch habe ich nur einfließen lassen, was ich gesehen und erlebt habe. Es war offensichtlich, daß die Kinder praktisch keine Kindheit haben.
In der Schule herrscht ein strenges Regiment. Die Kinder stehen um sieben Uhr auf. Dann kommen ununterbrochener Unterricht und entkräftende Proben. Strikte Diät wird eingehalten. Ständige Erniedrigung. Macht ein Kind etwas falsch, wird es angeschrien, manchmal sogar geschlagen. Häufig waren die Kinder psychisch gestört. Nadja Pawlowa stand dies alles durch. Sie war das jüngste von acht Kindern. Sie kam aus der Provinz. In der Schulzeit war ihr Kontakt zu den Eltern auf Postkarten mit Glückwünschen reduziert. „Ich war für alle fremd", erinnerte sich die Balletttänzerin später. In der Welt des Balletts kann man sehr schnell zusammenbrechen. Es ist eine schwierige, eine qualvolle Arbeit. Viele sind daran zerbrochen. Es ist ein offenes Geheimnis, daß Tänzer zum Alkohol greifen, um den Streß zu bewältigen und die Muskeln zu entspannen. Alexander Godunow war ein Opfer dieser Entspannungsabhängigkeit.

Durch zwei Kontinente

Die Transsib verläuft über zwei Kontinente, nämlich durch Europa (1 777 Kilometer) und Asien (7 512 Kilometer). Auf Europa entfallen 19,1 Prozent der Strecke, auf Asien 80,9 Prozent. Als symbolische Grenze zwischen Europa und Asien gilt der Kilometerstein 1 778 etwa vier Kilometer von der Stadt Perwouralsk entfernt. Dort wurde an der Stelle, wo die Transsib auf einem niedrigen Paß die Wasserscheide des Mittleren Ural überquert, ein Gedenkstein mit der Inschrift „Grenze Europas und Asiens" errichtet.

Ja, Perm steht für mich vor allem für das Ballett. Selbst wenn ich in den Zug einsteige, denke ich daran, daß eben in dem Zug, der am 17. März 1938 Richtung Irkutsk raste, Rudolf Nurejew zur Welt kam. In Nurejew ist die geheimnisvolle wilde Energie Eurasiens verschmolzen, er wurde zu einem Menschen der Welt und zum Tanzgott.

Aber lassen Sie uns noch ein wenig durch die Altstadt schlendern. Die Peter- und Paulskirche, erbaut zwischen 1757 und 1764, die Kathedrale des Christi-Verklärungsklosters auf dem Berg Sludka, errichtet zwischen 1798 und 1832, und der Glockenturm ziehen uns an. In Perm gibt es wunderbare klassizistische und moderne Gebäude. Unbedingt müssen Sie dem Kunstmuseum einen Besuch abstatten, um die berühmten Permer Holzskulpturen

vom 17. bis Anfang des 20. Jahrhunderts zu bewundern, die zu Kultzwecken benutzt wurden.

Lassen Sie mich noch zwei Geschichten, die mit Perm zusammenhängen, erzählen. Zunächst eine traurige. Im Gebiet Perm existierten in der Stalinzeit Häftlingslager. Im Lager „Wankino" saßen „Landesverräter" ein. Heute ist das Lager Vorbild für das Freilichtmuseum „Stalinworld" im litauischen Dorf Gruga. Auf einem mehrere Hektar großen Gelände wurde in Litauen ein Lager originalgetreu nachgebaut: Baracken mit Pritschen, Wachtürme, Stacheldraht, Zellen, aus denen Laute zu hören sind, die uns an das Stöhnen von Gefolterten denken lassen. Die Museumsführer sind wie Mitarbeiter des Volkskommissariats des Innern gekleidet. Die Besuchergruppen werden auf ihren

Im Inneren eines traditionellen Hauses im Permer Gebiet

Rundgängen von Wächtern mit Schäferhunden begleitet. Für etwa 1,50 Euro kann man den Alltag der Häftlinge in den Stalinschen Lager „kennenlernen" und sich in einer Ausstellung über die Zeit des Totalitarismus informieren. Gegen einen zusätzlichen Obolus wird den Besuchern echte Lagerverpflegung – Suppe und Fischköpfe – angeboten. Ein einziges Disneyland.

Viktor Schmyrow allerdings, ein Historiker aus Perm, baute gemeinsam mit Freunden in zehn Jahren und ohne Unterstützung der örtlichen Behörden auf dem Gelände des ehemaligen Lagers „Perm-36" das Museum für die Geschichte der politischen Repression auf. Es ist das einzige GULag-Museum in Rußland und zugleich ein Zentrum der Aufklärung.

Die großen Flüsse Eurasiens

Auf ihrem Weg überquert die Transsib sechzehn große Flüsse: Wolga, Wjatka, Kama, Tobol, Irtysch, Ob, Tom, Tschulym, Jenissej, Oka, Selenga, Seja, Bureja, Amur, Chor und Ussuri. Da die Transsib den Amur in dessen Mittellauf überquert, gilt er als der breiteste Fluß. Die gewaltigen Ströme Ob und Jenissej kreuzt die Transsib hingegen näher zum Oberlauf, wo die Flüsse nicht einmal einen Kilometer breit sind. Der gefährlichste Fluß ist der Chor im Süden der Region Chabarowsk: während der Frühlingshochwasser steigt sein Wasserspiegel um neun Meter.

Nun eine optimistische Geschichte zu Perm. Ljubow Guschtschina ist die erste Lehrerin der Welt, die tauben Kindern Musikunterricht erteilt. Sie wirkt im Haus der Kultur des Kindes in Perm. Hätte ich es nicht selbst erlebt, würde ich nicht glauben, daß dies überhaupt möglich ist. Wenn man nicht weiß, daß ihre Schülerinnen und Schüler taub sind, meint man, einen ganz normalen Unterricht zu verfolgen. Ein Junge spielt den „Marsch von Tschernomor". Ein Mädchen gibt die Polka aus dem Film „Aschenbrödel". Die Idee, tauben Kindern Musikunterricht zu geben, erscheint irgendwie sinnlos zu sein. Aber Guschtschina ist überzeugt: „Die Musik keimt in ihnen, sie erwacht." Und sie fährt fort: „Ich weiß, ich fühle, wie in ihnen gegen alle Trennwände ein Funke schlägt." Einmal verließ ein Professor der New Yorker Technischen Hochschule Carmel in Perm den Zug. Er war völlig taub, um so beeindruckter war er von dem, was er in Guschtschinas Unterricht erlebte. „Könnten Sie mich auch unterrichten?" fragte er. Nach einer Viertelstunde konnte er bereits eine kleine Melodie mit einem Finger spielen. „Ich hätte nie gedacht, daß dies möglich ist", befand er. „Bei uns befassen wir uns nicht mit Musik."

Heute werden in Perm viele russische und internationale Wettbewerbe und Festivals veranstaltet. Traditionell findet seit 1995 das Festival des neuen Dokumentarfilms „Flaertiana" statt. Unter der Schirmherrschaft des Kulturministeriums steht der gesamtrussische offene Wettbewerb „Magischer Bogen" für Violonisten und Cellisten. Das Publikum läßt sich vom Permer Theater des jungen Zuschauers „An der Brücke" begeistern. Weit über die Grenzen Rußlands hinaus bekannt ist das Permer Ballett – ein lichtes Kulturphänomen. Auch die Djagelewsker Saison mit Lesungen, Ausstellungen, Opern- und Ballettaufführungen sowie Kunstsymposien ziehen die Kulturfreunde an. Ohnehin haben Permer Bildhauer, Maler, Dichter und Schriftsteller einen bedeutenden Beitrag zu Weltkultur geleistet. Große Aufmerksamkeit schenkt die Öffentlichkeit dem Festival der Schnee- und Eisskulpturen „Schnee + Eis + Feuer", zu dem Künstler aus den GUS-Staaten, Brasilien, den USA, China, Japan, Frankreich, Deutschland und anderen Ländern anreisen.
Und zuletzt: Perm hat die Entscheidung getroffen, sich für 2016 um den Status der Kulturhauptstadt Europas zu bewerben. In Perm sagt man: Wir wollen Europa daran erinnern, daß es nicht auf die EU begrenzt ist.

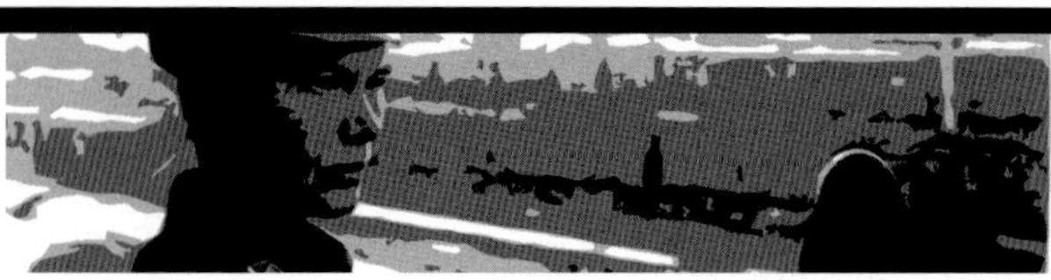

Jekaterinburg. Kilometer 1 815

Wenn ich im Zug sitze und aus dem Fenster sehe, frage ich mich immer, warum Ödnis, verwaiste Dörfer, Bärenwinkel und herrenlose Katzen unbedingte Merkmale unseres russischen Lebens sind. Man wandert gleichsam durch die „Zone" aus dem Tarkowski-Film „Stalker" – nach den vergangenen Kataklysmen lebt die Erde ihren eigenen unverständlichen Gesetzen folgend. So ist Rußland beschaffen. Unsere Seele ist auch eine Zone, in der alles unberechenbar ist. „In der russischen Natur, den russischen Häusern, bei den russischen Menschen fühlte ich oft ein Gruseln, eine Mysteriösität, die ich in Westeuropa, wo die elementaren Geister gebunden und von der Zivilisation überlagert sind, nicht empfinde", schreibt Nikolai Berdjajew in „Selbsterkenntnis". Weiter heißt es, daß der westliche Mensch jene „Frische der Seele" nicht besitzt: „Der westliche kultivierte Mensch betrachtet jedes Problem vor allem in seiner Widerspiegelung in der Kultur und der Geschichte, das heißt bereits im Sekundären. Im gestellten Problem pulsiert nicht mehr das Leben; es gibt kein schöpferisches Feuer in der Einstellung zum Leben."

Berdjajew schrieb dies in den 20er Jahren. Seitdem ist viel Zeit vergangen. Diejenigen, in denen „das Leben pulsierte" und das „schöpferische Feuer" brannte, starben in den Stalinschen Lagern oder fielen im Krieg. Es gibt je-

Jekaterinburg ist der letzte große Bahnhof im europäischen Teil Rußlands

doch – Gott sei Dank – immer noch leidenschaftlich interessierte Menschen. „Strannost" („Unbegreiflichkeit", „Eigentümlichkeit") ist eben das, was Berdjajew im westlichen Menschen nicht finden konnte. Der Herrgott gab Rußland tatsächlich schreckliche Kenntnisse von den finstersten Abgründen der Welt. Wir führen auch heute ein überaus kompliziertes und krankes Leben. Aber wieviel Vernunft und Anmut strahlt dieser Kranke, dieses Rußland, aus! Es gibt Hoffnung auf Genesung.

Inzwischen rast der Zug auf Jekaterinburg zu - dort wird folgende Anekdote erzählt: „Nach der Rückbenennung Swerdlowsks in Jekaterinburg ist Sankt-Petersburg als nächstes an der Reihe: Es wird in Sankt-Putinburg umbenannt."

Es war im Sommer 1979. Ich war auf dem Weg nach Swerdlowsk. Meine Reisepartnerin im Abteil war eine ältere Frau, die nach einem Sanatoriumsaufenthalt nach Hause zurückkehrte – kontaktfreudig und redelustig war sie. Ich denke heute noch an ihre kleine Geschichte zurück, warum man sie „Weltraumfliegerin" nannte.

„Ich bin früh in Rente gegangen. Mein ganzes Leben hatte ich gearbeitet. Aber zu Hause konnte ich nicht sitzen, so suchte ich mir einen kleinen Nebenverdienst, fand Arbeit als Nachtwächterin im Kultur- und Erholungspark. Am Tage geht es im Park lustig zu, die Attraktionen locken, Kinder und Erwachsene vergnügen sich auf dem Karussell – es ist ein Lärmen und Lachen. In der Nacht aber kommen Teenager oder gar Betrunkene in den Park, die irgendwelche Anlagen kaputt machen könnten. Einmal, es war eine stille, warme Sommernacht, verließ ich mein Wachhäuschen. Der Mond schien hell. Ich stand vor dem Karussell und bekam den unwiderstehlichen Wunsch, es zu fahren. Ich war mein Leben lang noch nicht Karussell gefahren. Also setzte ich mich in den kleinen roten Sessel, langte mit einem Stock zum Schalthebel, und schon flog ich hoch über den Baumwipfeln. Es war wunderbar. Nach einiger Zeit hatte ich genug – aber oh weh, ich hatte nicht bedacht, daß ich mit dem Stock bei der Geschwindigkeit kaum an den Schalthebel gelangen konnte. Das Karussell drehte sich weiter und weiter. Die ganze Nacht. Ich dachte, ich könnte es keinen Moment mehr aushalten und würde sterben. In den frühen Morgenstunden kam der Straßenkehrer und stoppte das Karussell. Ich konnte kaum noch Luft schnappen. Seitdem werde ich ‚Weltraumfliegerin' genannt, das Karussell aber kann ich nicht mehr sehen."

So vergnügten wir uns auf der Fahrt und erzählten uns lustige Geschichten. Irgendwann fragte ich sie, ob sie wohl wüßte, was im Frühjahr in Swerdlowsk passiert war. Ich hatte von massenhaften Fleischvergiftungen gehört. Die Frau wurde umgehend sehr ernst. Sie schwieg zuerst, schaute mich traurig an, dann sagte sie mit leiser Stimme, als fürchtete sie, daß wir im Abteil ab-

gehört werden könnten. „Sie müssen nicht glauben, daß die Menschen bei uns gestorben sind, weil sie etwas Verdorbenes gegessen haben. Nein, sie starben an irgendwelchen Viren, die aus den Geheimlabors im Stadtzentrum ausgebrochen waren. Im sogenannten 19. Städtchen sollen Dutzende Tonnen Anthrax gelagert sein. Kann man das denn verheimlichen? Viele sind doch schon gestorben, bevor es im April zu diesem Ausbruch kam. In der Stadt läßt es sich jedenfalls nicht verheimlichen. Die Verstorbenen hatten schließlich Verwandte und Freunde. Alle verstanden es. Aber sprechen darf man darüber nicht. Das ist gefährlich, verstehen Sie?"
Ich verstand. Und fragte nicht weiter. Nach der Ankunft in Swerdlowsk versuchte ich, Kontakt zu Verwandten von Todesopfern aufzunehmen, was sich als problematisch erwies. Diese Vorkommnisse waren von einer Mauer des Schweigens, der Angst und der Heuchelei umgeben, die ich nicht durchbrechen konnte. Ich hatte den Eindruck, daß die Menschen gegen ihren Willen in einen schrecklichen Sog hereingezogen wurden, um das Geheimnis bildeten sich Kreise aus Lügen und Angst. Die Lüge wurde zum Gesetz erhoben. Sie hat alle an sich gebunden, die von den Verbrechen wußten, und die durch ihr Wissen gleichsam aneinander gekettet waren. Es gibt jedoch eine alte Binsenwahrheit: Ein Unheil kann nie für immer verheimlicht werden, da es mitunter auch die Generationen trifft, die keine Vorstellung von den Gründen ihres unglücklichen Schicksals haben und neue Fragen in einer neuen Zeit stellen.
Nach den Anthraxfällen in den USA holte ich meine alten Notizen und Tagebücher hervor. Nach Angaben des KGB kamen 66 Personen ums Leben; die Bewohner Swerdlowsks sagen, daß es mehr waren. Es gab ein kategorisches Verbot, die Leichen der „unerklärlich" Verstorbenen zu obduzieren. Aber einige Pathologen, darunter die wunderbare Fajina Abramowa, entschlossen sich nichtsdestotrotz für eine Autopsie. Ohne Menschen wie sie hätten wir die Diagnose und die Besonderheiten dieser schrecklichen Krankheit, bei der sich zunächst dieselben Symptome zeigen wie bei einer gewöhnlichen Grippe – hohes Fieber, Husten, Schmerzen in der Brust –, nie erfahren. Atmet jemand Anthraxsporen ein, erkrankt die Lunge. Kommen die Sporen mit der Haut in Berührung, entwickelt sich eine andere Form dieser Krankheit. Man muß in beiden Fällen sofort und in hohen Dosen Antibiotika zu sich nehmen – damit werden die Anthraxbakterien innerhalb von 24 Stunden abgetötet. Dies hatte man leider nicht sofort erkannt. In der Anfangsphase wurde die Krankheit bei vielen verschleppt. Die Sporen gelangten über die Lunge in die Lymphknoten und lagerten sich dort ab. Die Zeit, wo man noch hätte heilen können, war versäumt.

Im Gebiet Jekaterinburg lassen sich wie im gesamten Ural ...

beeindruckende Steinformationen finden

Ich lese das Interview mit der Mutter eines verstorbenen Mädchens. Das Gespräch ist mir so gut in Erinnerung, daß ich glaube, die Stimme der Erzählenden zu hören:

Wir lebten zu dritt: meine Mutter, meine Tochter und ich. Zuerst starb meine Mutter. Sie hing so sehr an ihrer Enkeltochter. Das einzige, worüber sie sich ärgerte, war deren Gesang. Wenn meine Tochter den Fußboden in ihrem Zimmer wischte, sang sie nämlich immer. „Hör auf zu singen! Singen in den Morgenstunden bringt Unheil!" wetterte meine Mutter stets. Sie starb am 5. Mai. Man sagte, sie hätte irgendein verdorbenes Fleisch verzehrt. In nur einer Woche brannte sie herunter wie eine Kerze – und starb still. Wir bestellten die Totenmesse für den neunten Todestag. Nach der Messe gingen wir nach Hause. Es war ein warmer Maitag. Saatkrähen hüpften auf dem Weg. Meine Tochter begann zum ersten Mal nach dem Tod ihrer Großmutter leise zu singen. Sie liebte Lieder, und sie hatte eine schöne Stimme. Sie sang, und hustete ein wenig. Dann meinte sie: „Mutti, ich muß mich verkühlt haben." Damals konnte ich es nicht ertragen, wenn sie abends spät nach Hause kam. Sie sagte jedoch immer: „Mir wird schon nichts passieren. Du weißt doch, daß ich stets den ‚Hühnergott' in der Tasche trage." So werden bei uns kleine glatte runde Steine mit einem Loch in der Mitte genannt. Sie gelten als Glücksbringer. Suchen Mäuse die Vorratskammer heim, legen

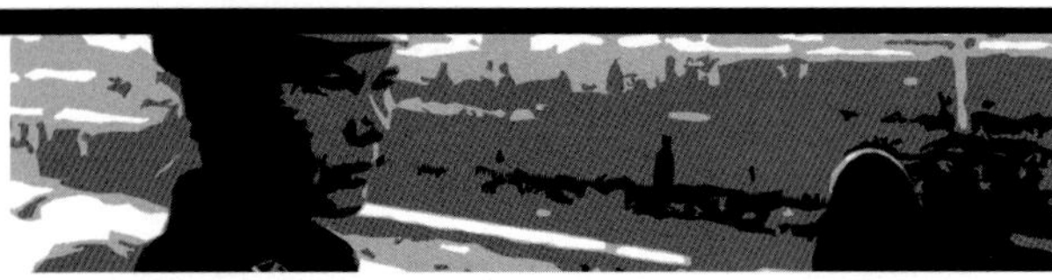

wir den Stein dorthin – und die Mäuse werden verscheucht. Meine Tochter sagte mir: „Mutti, ich werde hundert Jahre leben. Du mußt keine Angst haben." Sie starb mit neunzehn Jahren. Auch sie soll verdorbenes Fleisch gegessen haben. Nun bin ich allein. Das Unglück ist am Tag bei mir, und in den schlaflosen Nächten. Es gibt keinen Menschen mehr im Haus. Keinen Lärm, keine Lieder. Nur schreckliche Stille.

Später erfuhr ich, daß viele Bewohner von Swerdlowsk die Wahrheit auch heute noch nicht kennen. Niemand hat den Opfern ein Denkmal errichtet. Die Verwandten bekamen keine finanzielle Entschädigung. Die Journalisten, die eigenständig recherchierten, stießen wie ich auf eine Mauer aus Schweigen und Angst.

Völlig unerwartet setzte sich im Jahre 1992 Kanadschan Alibekow, stellvertretender Direktor des staatlichen Unternehmens „Biopräparat", in die USA ab. Seine Berichte schlugen ein wie eine Bombe. Er berichtete über die Insel Wosroschdenije im Aralsee – ein biologisches Testgelände, das auch heute noch anthraxverseucht ist. Er informierte über den Anthraxausbruch in Swerdlowsk, der den Tod Dutzender Menschen zur Folge hatte. Seinem Bericht nach wurden in Swerdlowsk in einem Institut im 19. Städtchen 200 Tonnen Anthrax produziert und gelagert. Im Kirow-Werk, es befindet sich im Stadtzentrum am Oktjabrski Prospekt, sollen demnach zwanzig Tonnen Pesterreger in den Depots gelagert haben. Tonnenweise Pockenerreger wurden in den Lagern im Virulogischen Zentrum in Sergijew Possad deponiert. Diese Viren sollten in der Jelzinzeit vernichtet werden. Wo aber sind heute die hochqualifizierten Spezialisten, wo sind all die Biotechnologen? Sie wurden in die Arbeitslosigkeit geschickt. Aber sie müssen schließlich von irgendetwas leben. Sie müssen essen, ihre Kinder in die Schule schicken. Terroristen könnten ihre Kenntnisse in Anspruch nehmen. Alibekow informierte die Welt darüber, er verwies darauf, daß sich Waffen mit Pocken-, Anthrax- und Pesterregern im Besitz von Terroristen befinden. Dabei handelt es sich insbesondere um Waffen aus den Militärarsenalen der ehemaligen Sowjetunion.

Ich denke manchmal voller Bitterkeit an die siebzig Katastrophenjahre zurück, in denen eine blutige Selektion auf die andere folgte und diejenigen ausgemustert wurden, die nicht „nach der Lüge" – so Alexander Solschenizyn – leben wollten. Dieser Geist der Wahrheit lebt auch heute noch im verelendeten Rußland. Ich bin in meinem Leben zahlreichen Journalisten begegnet, die auf eigenes Risiko Tabuthemen untersuchten. Das vertuschte Unheil wurde letztendlich bekannt.

Jekaterinburg an der Iset, einem Nebenfluß des Tobol, wurde 1721 von dem Militär und ehemaligen Mitarbeiter Peters I. Wassili Tatischtschew als Kultur- und Handelszentrum der Bergbauregion Ural gegründet und zu Ehren von Zarin Jekaterina I. (1684 bis 1727) Jekaterinburg genannt.
Auf dem Gelände des ersten Metallurgiewerkes, das im Jahre 1723 erbaut wurde, befindet sich heute ein kleiner historischer Park. Versäumen Sie nicht, sich die malerisch verteilten Steinblöcke aus den verschiedenen Gebieten des Ural anzusehen. Auf einem eigens errichteten Podest ist ein mehrere Tonnen schwerer Block Rhodonit aufgestellt - ein ähnlicher dieser Art findet sich nirgends in der Welt. Auf den mineralischen Reichtum verweist übrigens auch das Stadtwappen, das im oberen Teil das Permer Wappen und im unteren Teil einen Schmelzofen und eine Erzgrube aufweist. Bewilligt wurde das Wappen bereits 1783.

Eine andere Jekaterina – die russische Zarin Katharina II. (1729 bis 1796) – war die deutsche Prinzessin Sophie Friederike von Anhalt-Zerbst. Sie ging als Katharina die Große in die Geschichte ein. Am 28. Juni 1762 erlangte sie die russische Krone – im Staatsstreich, denn die Garderegimenter riefen sie zur Selbstherrscherin aus. Acht Tage später töteten Gardeoffiziere ihren ungeliebten Ehemann. Deutsche Historiker sind überzeugt, daß Katharina II. nicht selbst befahl, ihren Mann Zar Peter III. zu ermorden, allerdings alles unternahm, um die Untersuchung des Falls zu verhindern.
Unter der Herrschaft Katharinas II. wuchs das Russische Reich um eine halbe Million Quadratkilometer. Katharina starb am 6. November 1796, aber deutsches Blut floß auch weiterhin in den Adern der russischen Zarenfamilie. Die letzte Deutsche auf dem russischen Thron, Prinzessin Alice von Hessen-Darmstadt, wurde gemeinsam mit ihrem Gatten Nikolai II. und ihren Kindern 1918 im Ural erschossen. Die Revolutionssalven im Ural machten nicht nur Schluß mit den Deutschen auf dem russischen Zarenthron, sondern mit der Monarchie an sich.
Traurig bekannt wurde Jekaterinburg durch das Ipatjew-Haus. Dort wurden in der Nacht zum 18. Juli 1918 auf Beschluß des Uraler Gebietssowjets Zar Nikolai II. und seine Familie erschossen. Damit ging die Vorhersage des sibirischen Mönchs Rasputin in Erfüllung, der im Dezember 1915 an den Zaren geschrieben hatte: „Ich fühle, daß ich noch vor dem 1. Januar nächsten Jahres aus dem Leben scheide. Herrscher des russischen Landes, wenn Du das Glockengeläute hörst, das Dir verkündet, daß Grigori ermordet ist, mußt Du wissen, daß, wenn es Dein Verwandter gewesen ist, der mir das Unheil zufügte, niemand von Deiner Familie, keines von Deinen Kindern am Leben bleiben wird. Keine zwei Jahre werden vergehen. Und sie werden vom russischen Volk ermordet."

Fürst Jussupow und andere Verschwörer, die durch die Einmischung Rasputins in die Angelegenheiten des Staates und seinen Einfluß auf die Zarenfamilie verärgert waren, ermordeten Rasputin im Dezember 1916. Und nur zwei Monate später wurde Zar Nikolai II. gestürzt, und wieder ein Jahr später wurde er gemeinsam mit seiner Frau, seinen Kindern und nächsten Verwandten erschossen.

Die Kathedrale auf dem Blut in Jekaterinburg steht an der Stelle des abgerissenen Ipatjew-Hauses, in dem der letzte Zar Nikolai II. und seine Familie erschossen wurden

Auf Anweisung des damaligen 1. Sekretärs des Gebietskomitees Swerdlowsk und späteren russischen Präsidenten Boris Jelzin wurde das Ipatjew-Haus am 27. September 1977 abgerissen. An seiner Stelle wurde in den 1990er Jahren der Bau einer Kapelle geplant, und dann im Jahre 2000 mit dem Bau einer Kathedrale begonnen, die am 16. Juni 2003 geweiht wurde. Die Kathedrale auf dem Blut ist zu Ehren aller Heiligen in Rußland. Doch sie ist nicht nur ein Gotteshaus, sondern auch ein Museum. Hier sind viele Exponate zu besichtigen, die mit den letzten Monaten von Zar Nikolai II. und seiner Familie verbunden sind. Zudem ist bei der Kathedrale eine Sonntagsschule für Kinder ab sechs Jahren angegliedert, für Erwachsene werden Bibelkurse angeboten.

Die Sibirjaken sollen ein besonderes Volk sein, das sich nicht nur durch die bereits sprichwörtliche „sibirische Gesundheit", sondern auch durch eine besondere energetische Kraft auszeichnet. Viele berühmte russische Prophe-

ten stammen aus entlegenen sibirischen Einsiedeleien und dem Kloster in Werchneturjinsk, darunter auch Rasputin.
Ich wollte nie etwas über Rasputin schreiben. Ich lehnte den Vorschlag ab, einen Dokumentarfilm über ihn zu drehen. Das Thema schien mir immer nach Vulgarität zu riechen. Wie auch immer. Rasputin ist einer der populärsten russischen Mythen des 20. Jahrhunderts. Dieser Mann war ein Rätsel – und ist es heute noch.
Wie konnte Zar Nikolai II. und insbesondere die Zarin diesen in Unzucht und Sauferei lebenden Muschik als einen heiligen „Starez" ansehen? Es stimmt, daß Rasputin ihren kranken Sohn rettete, seine Anfälle milderte und schließlich stoppte. Wie aber konnte die Herrscherfamilie an einen Menschen glauben, den ganz Rußland einen Antichristen nannte? War dies nicht der Anlaß, der das Prestige der Dynastie sinken ließ? Und damit begann die Katastrophe, die Rußland schließlich in das Jahr 1917 führte.

Der sibirische Mönch Rasputin und sein Einfluß auf die Zarenfamilie ...

zählen zu den populärsten russischen Mythen des 20. Jahrhunderts

Als ich vor einiger Zeit in meinem Archiv blätterte, stieß ich auf alte Gesprächsaufzeichnungen mit einem Historiker, der versuchte, eine Antwort auf die Frage „Wer war Grigori Rasputin?" zu geben. Je tiefer er in das Leben dieses sibirischen Muschik eindrang, desto mehr Rätsel taten sich auf. Rätselhaft sind auch die berühmten Prophezeiungen Rasputins, die heute, zu Beginn des 21. Jahrhunderts, als geniale Vorhersehungen der ökologischen und politischen Situation der Gegenwart aufgefaßt werden können. Er schreibt über die Verschmutzung der Atmosphäre: „... die Luft, die jeden Tag in unsere Lungen gelangt, um uns Leben zu spenden, bringt uns den Tod.

Es kommt ein Tag, an dem es weder Berge noch Hügel noch Meere noch Seen geben wird, die nicht der Tod bespuckt hätte, und alle Menschen werden an dem Gift sterben, das in der Luft verbreitet ist." Er schreibt über den sauren Regen: „... die Saatfelder werden krank und eines nach dem anderen wird eingehen. Die Wälder werden zu riesigen Friedhöfen, und zwischen den toten Bäumen werden die Menschen wandern, vergiftet durch Giftregen." Er schreibt über die verseuchten Gewässer: „... und die Gifte werden den Boden umarmen wie leidenschaftliche Geliebte, und in dieser tödlichen Umarmung wird der Himmel den Tod bringen, die Quellen werden kein Wasser mehr spenden, und alles Wasser wird bitter."
In der Gemäldegalerie Jekaterinburgs befindet sich eine einzigartige Sammlung gußeiserner Kunstwerke aus Kasli, darunter der einmalige gußeiserne Pavillon Kasli, der im Jahre 1900 auf der Weltausstellung in Paris mit der Goldmedaille ausgezeichnet wurde. Zu bewundern sind auch erstaunliche Steinschnitzereien. In der Stadt gibt es zudem das Museum des Uralgebirges und zwei Literaturmuseen – das Mamin-Sibirjak-Museum und das als Museum eingerichtete Wohnhaus von Pawel Baschow. Pawel Baschow (1879 bis 1950) sammelte sein ganzes Leben lang die Volksmärchen des Ural. In meiner Jugend zählte sein Märchen- und Sagenbuch „Malachitschatulle" zu meinen Lieblingsbüchern. Seine Märchen von Meister Danila und der Kupferbergfrau berauschten mich und machten mich „uralsüchtig". Ich will Ihnen eines seiner Märchen nicht vorenthalten.

Es lebte einmal in unserem Dorf ein Greis mit dem Spitznamen Kokowanja. Dieser hatte keine Familie mehr, und er beschloß, ein Waisenkind zu sich zu nehmen. Er fragte bei den Nachbarn nach, ob sie wohl eines kennen. Und diese antworteten: „Vor kurzem wurden die Kinder von Grigori Potopajew auf Glinka zu Waisen. Der Gutsverwalter gab Anweisung, daß die älteren Mädchen in der Schneiderei des Gutsherren arbeiten sollten. Ein Mädchen aber steht erst im sechsten Lebensjahr. Was soll man mit ihm tun. Dieses Mädchen könntest du zu dir nehmen."
Ein Mädchen paßt mir nicht, dachte Kokowanja. Ein Junge wäre besser. Den könnte ich mir zum Gehilfen ausbilden. Was soll ich aber mit dem Mädchen anfangen?
Er schlief eine Nacht darüber und sagte sich: Ich kannte Grigori und ich kannte seine Frau. Beide waren lebenslustig und geschickt. Wenn das Mädchen die Eigenschaften der Eltern geerbt hat, werde ich mich in meinem Haus nicht langweilen. Ich nehme es zu mir. Wird es aber wollen?

Die Nachbarn redeten ihm zu: „Sie lebt schlecht, Kokowanja. Der Gutsverwalter hat Grigoris Haus an einen Armen unter der Auflage übergeben, daß er die Waise ernähren muß bis sie groß ist. Doch hat der Arme schon eine mehr als zehnköpfige Familie zu versorgen. Sie werden selbst nicht satt. Die Hausfrau ärgert sich über das Waisenmädchen. Sie achtet auf jeden Bissen, den es nimmt. Das Mädchen ist klein, doch versteht es alles. Es fühlt sich erniedrigt. Gern wird es mit dir gehen!"
An einem Feiertag kam er zum Haus der Familie. Es waren viele Menschen dort – große und kleine. Am Ofen saß ein Mädchen, an das sich eine braune Katze kuschelte. Das Mädchen war klein, und die Katze war noch kleiner, so mager und geschunden, daß manch einer sie wohl nicht einmal ins Haus gelassen hätte. Das Mädchen kraulte die Katze, die so laut schnurrte, daß es im ganzen Haus zu hören war.
Kokowanja blickte auf das Mädchen: „Ist dies das Mädchen von Grigori?"
Die Hausfrau sagte: „Ja, sie lebt bei uns. Eine geschundene Katze hat sie mit ins Haus gebracht, die meine Kinder kratzt und gefüttert werden muß!"
Kokowanja sagte: „Deine Kinder sind offensichtlich unfreundlich. Bei diesem Mädchen schnurrt die Katze vergnügt."
Er fragte die Waise: „Nun, geschenktes Mädchen, willst du bei mir leben?"
Das Mädchen staunte: „Großvater, woher weißt du, daß ich Darjonka heiße?" (Darjonka bedeutet „geschenkte Sache, Geschenk".)
„Das kam von selbst. Ich dachte nicht nach, es war ein Zufall."
„Wer bist du denn?" wollte das Mädchen wissen.
„Ich bin eine Art Jäger. Im Sommer suche ich Gold, im Winter jage ich einen Bock, den ich bislang immer noch nicht finden konnte."
„Willst du ihn erlegen?"
„Nein", sagte Kokowanja. „Ich schieße die einfachen Böcke. Diesen aber werde ich nicht erlegen. Ich will sehen, wohin er mit dem rechten Vorderbein schlägt."
„Weshalb willst du das wissen?"
„Lebst du erst bei mir, erzähle ich es dir", lockte Kokowanja.
Das Mädchen war neugierig und wollte mehr über den Bock hören. Zudem war der Alte freundlich. Es sagte: „Ich werde bei dir leben. Aber die Katze Murjonka nehme ich mit. Es ist eine gute Katze."
„Aber gewiß", sagte Kokowanja. „Nur ein Dummkopf würde diese laut schnurrende Katze nicht nehmen. Sie wird uns im Haus die Balalaika ersetzen."
So lebten Großvater Kokowanja, das Waisenmädchen Darjonka und die Katze Murjonka zusammen. Sie lebten einvernehmlich, erwirtschafteten nicht viel, beklagten sich jedoch nie über ihr Leben. Jeder war beschäftigt. Kokowanja ging in den Morgenstunden zur Arbeit. Darjonka putzte das Haus, kochte Suppe und rührte Brei. Die Katze ging auf die Jagd. Abends versammelten sie sich und waren vergnügt.

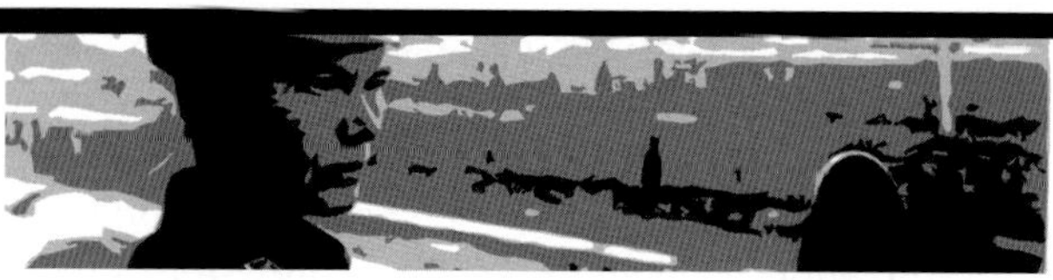

Der Alte erzählte mitreißend. Darjonka liebte seine Märchen. Die Katze Murjonka lag und schnurrte. Darjonka bat nach jedem Märchen:

„Großvater, erzähl mir doch von dem Bock. Wie sieht er aus?"

Kokowanja weigerte sich zunächst, begann dann aber doch zu erzählen: „Es ist ein besonderer Bock. Er hat am rechten Vorderbein ein silbernes Hüflein. Wohin er mit seinem Hüflein schlägt, entsteht ein kostbarer Stein. Schlägt er zweimal, sind es zwei Steine. Und wo er mehrmals schlägt, da bleibt ein Berg von Edelsteinen zurück."

Er bereute, daß er die Geschichte erzählt hatte. Denn Darjonka sprach nur noch von dem Bock. „Großvater, ist der Bock groß?"

Kokowanja erklärte ihr, daß der Bock höchstens so hoch wie der Tisch sei, zierliche Beine und einen leichten Kopf habe.

Darjonka fragte weiter: „Großvater, hat er Hörner?"

„Er hat erstaunliche Hörner", sagte der Greis. „Böcke haben in der Regel zwei Enden, dieser hat jedoch fünf."

„Großvater, frißt er jemanden?"

„Aber wo denn. Er ernährt sich von Gras und Blättern. Im Winter labt er sich am Heu in den Schobern."

„Großvater, welche Farbe hat sein Fell?"

„Im Sommer hat er ein braunes Fell wie unsere Murjonka, im Winter aber ist sein Fell grau."

„Großvater, stinkt er?"

Kokowanja wurde ärgerlich: „Warum soll er stinken? Hausböcke stinken. Der Waldbock riecht nach Wald."

Im Herbst schickte sich Kokowanja an, in den Wald zu gehen. Er wollte erkunden, wo die Böcke in diesem Jahr weiden. Darjonka bettelte: „Großvater, nimm mich mit. Vielleicht kann ich unseren Bock wenigstens aus der Ferne sehen."

Kokowanja erläuterte ihr: „Wie willst du ihn von weitem denn unterscheiden. Alle Böcke haben im Herbst Hörner. Es ist aus der Ferne nicht zu erkennen, wieviele Enden sie haben. Im Winter ist das anderes. Die einfachen Böcke wandern hornlos; das Silberne Hüflein trägt jedoch immer Hörner - im Sommer wie im Winter. Und dann kann man ihn auch aus der Ferne erkennen."

Das war natürlich eine Ausrede. Darjonka blieb zurück. Kokowanja zog in den Wald.

Nach etwa fünf Tagen kehrte er zurück und berichtete Darjonka:

„An der nördlichen Seite gibt es in diesem Jahr viele Böcke. Dorthin werde ich im Winter gehen."

„Wo wirst du denn im Wald übernachten?"
„An den Heuwiesen habe ich eine Hütte gebaut. Eine gute Hütte, mit einem Ofen und einem kleinen Fenster. Ich fühle mich wohl dort."
Darjonka bat ihn nachdrücklich: „Großvater, nimm mich doch mit. Ich werde in der Hütte sitzen. Das Silberne Hüflein könnte doch kommen, dann werde ich es sehen."
Der Greis hob die Arme: „Bist du wahnsinnig? Ist es denn vorstellbar, daß ein kleines Mädchen den Winter im Wald verbringt?"
Darjonka gab nicht auf: „Nimm mich mit!"
Kokowanja wollte ihr das ausreden, dachte dann jedoch: War sie einmal dabei, wird sie im nächsten Winter diesen Wunsch nicht mehr haben.
Er sagte: „Gut, ich nehme dich mit. Doch mußt du versprechen, im Wald nicht zu weinen und früher nach Hause zurückkehren zu wollen."
Der Winter kam mit Schnee, und sie packten für den Wald zusammen. Kokowanja legte auf den kleinen Schlitten zwei Säcke Zwieback, Munition und andere Sachen, die sie brauchen würden.
In jenem Winter gab es viele Böcke. Kokowanja schleppte jeden Tag einen, manchmal auch zwei Böcke zur Hütte. Sie hatten so viele Felle abgezogen und so viel Fleisch gepökelt, daß sie die Beute nicht mit dem Handschlitten transportieren konnten. Der Alte dachte darüber nach, ein Pferd aus dem Dorf zu holen, doch wie konnte er Darjonka und die Katze allein im Wald lassen!
Darjonka hatte sich jedoch an den Wald gewöhnt. Sie sagte: „Großvater, du mußt ins Dorf gehen und ein Pferd holen, damit wir das Pökelfleisch nach Hause bringen können."
Kokowanja wunderte sich: „Ein kluges Mädchen bist du, Darja Grigorjewna. Du sprichst mit Verstand wie eine Erwachsene. Hast du denn keine Angst, allein zu bleiben?"
„Was soll ich Angst haben? Wir haben eine feste Hütte, die mich gut gegen Wölfe schützt. Murjonka ist bei mir. Ich habe keine Angst. Aber du sollst trotzdem schnell zurückkommen!"
Kokowanja machte sich auf den Weg. Darjonka blieb mit Murjonka zurück. Am Tage war sie es gewohnt, ohne Kokowanja zu sein. Als es aber dunkel wurde, bekam sie ein wenig Angst. Sie sah jedoch, daß die Katze ganz ruhig schlief. Darjonka wurde es fröhlicher ums Herz. Sie saß am Fenster, blickte auf die Heuwiesen – und sah etwas durch den Wald kommen. Es kam näher und näher – und sie erkannte den Bock. Er hatte zierliche Beine, einen schmalen Kopf und Hörner mit je fünf Enden.
Darjonka lief aus dem Haus, konnte aber nichts sehen. Sie kehrte zurück und dachte: Ich muß wohl geschlafen haben. Das war nur ein Traum. Darjonka legte sich neben die Katze und schlief fest bis zum Morgen.

Der nächste Tag verging. Kokowanja kehrte nicht zurück. Langweilig wurde es Darjonka, aber sie weinte nicht. Sie streichelte Murjonka und sagte: „Sei nicht traurig, liebe Murjonka! Morgen kommt er bestimmt zurück." Murjonka schnurrte nur.

Darjonka saß noch ein Weilchen am Fenster und bewunderte die Sterne. Sie wollte gerade zu Bett gehen, da hörte sie Getrappel an der Wand. Das Mädchen erschrak. Dann kam das Getrappel von der anderen Wand. Plötzlich war das Getrappel über ihr. Es war das Getrappel eines leichten und schnellen Wesens. Darjonka dachte: Sollte das der Bock von gestern sein? Sie wollte ihn unbedingt sehen, so daß auch die Angst sie nicht zurückhielt. Sie öffnete die Tür, und sah den Bock in unmittelbarer Nähe. Er hob das rechte Vorderbein. Und da glänzte das silberne Hüflein. Darjonka wußte nicht, was sie tun sollte. Sie lockte ihn wie einen Hausbock: „Me-ka! Me-ka!" Der Bock machte kehrt und lief davon.

Darjonka kehrte in die Hütte zurück und erzählte Murjonka: „Ich habe das Silberne Hüflein gesehen. Ich habe nur nicht gesehen, wie der Bock mit seinem Hüflein Edelsteine schlägt. Ob er mir das beim nächsten Mal zeigen wird?"

Der dritte Tag verging. Kokowanja war immer noch nicht da. Darjonka wurde traurig. Tränen traten ihr in die Augen. Sie wollte mit Murjonka sprechen, lief aus der Hütte, um sie zu suchen.

Es war eine mondhelle Nacht. Darjonka sah die Katze auf der Heuwiese beim Bock sitzen. Der Bock hob das Bein und das silberne Hüflein glitzerte im Mondlicht. Murjonka wackelte mit dem Kopf und der Bock auch. Sie schienen sich zu unterhalten. Dann tollten sie über die Heuwiesen. Der Bock lief, blieb stehen und schlug mit seinem Hüflein. Murjonka lief heran, der Bock sprang zur Seite und schlug wieder mit dem Hüflein. Lange vergnügten sie sich so auf den Heuwiesen. Dann verschwanden sie. Erst spät kehrten sie zur Hütte zurück.

Der Bock sprang auf das Dach und schlug dort mit seinem silbernen Hüflein. Nach jedem Hufschlag sprühten Steine wie Funken. Allerhand Steine – rote, blaue, grüne, türkisfarbene.

Just um diese Zeit kehrte Kokowanja zurück. Er erkannte seine Hütte kaum wieder. Sie schien wie ein Berg kostbarer Edelsteine und glitzerte in allen Feuerfarben. Oben auf der Hütte stand der Bock und schlug ununterbrochen mit seinem Hüflein. Murjonka sprang zu ihm aufs Dach und miaute laut. Und kurz darauf verschwanden Murjonka und das Silberne Hüflein.

Kokowanja füllte sofort seine Mütze mit Steinen. Aber Darjonka bat ihn: „Laß doch, Großvater! Laß es uns morgen bei Tageslicht richtig bewundern."

Kokowanja gehorchte. Bis zum Morgen fiel tiefer Schnee und deckte alles zu. Die beiden wühlten im Schnee, konnten jedoch nicht einen Stein finden. Doch reichte ihnen, was Kokowanja in seiner Mütze gesammelt hatte.
Alles wäre gut gewesen, wäre da nicht die Trauer um Murjonka. Sie sahen sie nie wieder. Und auch das Silberne Hüflein zeigte sich nicht mehr. Es hatte ihnen einmal eine Freude bereitet – das reicht. Die Menschen jedoch finden auf den Heuwiesen immer noch Steine. Vornehmlich grüne Steine. Sie heißen Chrysolithe. Haben Sie auch schon einen solchen Stein gefunden?

Im Transsibirischen Expreß trifft man auf ganz unterschiedliche Menschen. In der Mehrheit sind es bescheidene, oft schutzlose Menschen, die nicht am Reichtum ihrer Heimat teilhaben und von den Machthabenden ausgeplündert werden. Es gibt natürlich auch die anderen. Sie besitzen Intellekt, Wendigkeit, Elan, Attraktivität – das sind die „Neuen Russen". Die Gesellschaft ist in ihrer Haltung ihnen gegenüber gespalten. Einerseits sieht man sie als Vertreter der neuen Generation Unternehmer, die die Wirtschaft vom wilden Kapitalismus zu zivilisierten Marktbeziehungen führen werden. Andererseits werden sie „junge Wölfe" genannt.
Rußland nimmt mit Blick auf seine Milliardäre einen der ersten Plätze der Welt ein. Doch unsere Wirtschaftswissenschaftler schlagen Alarm. Denn nach Einschätzung unabhängiger Experten wurden in den 2000er Jahren mehr als 500 Milliarden Dollar aus Rußland ausgeführt. Das Ausmaß der Steuerhin-

In der Gemäldegalerie Jekaterinburgs befindet sich der einmalige ...

Pavillon aus Gußeisen, der 1900 auf der Pariser Weltausstellung gezeigt wurde

terziehungen, darunter in so wichtigen Bereichen wie der Erdöl- und Erdgasindustrie und der Metallurgie, ist immens. Die russische Stahlindustrie ist beinahe vollständig in private Hände übergegangen. Die Holding Metallinvest (Bergbau und Stahlindustrie) befindet sich nach Angaben aus dem Jahre 2010 im Besitz dreier zyprischer Unternehmen: Gallagher Holding (50 Prozent), Segoraem Holding Ltd. (30 Prozent) und Coalco Metalls Ltd. (20 Prozent). Der eigentliche Besitzer von Metallinvest aber ist Alischer Usmanow – ein enger Freund Präsident Putins. Usmanow wurde von der Zeitschrift Forbes im Jahre 2011 der „Titel" des reichsten Russen verliehen. Sein Vermögen wurde auf 18,1 Milliarden Dollar geschätzt. Doch im Bereich der Off-shore-Schlupflöcher übertrifft alle der Milliardär Oleg Deripaska, der sich die gesamte Aluminiumindustrie einverleibt hat. Der Wirtschaftswissenschaftler Nikita Kritschewski faßte in seinem Beitrag „Wie stiehlt man per Gesetz" in der Zeitschrift „Argumenty i Fakty" zusammen: „Weiß all dies die Regierung? Natürlich. Denn alle Informationen sind öffentlich. Warum aber verliert die Macht Jahr für Jahr den Kampf gegen die Off-shore-Gesellschaften? Ich denke, der Hauptgrund ist, daß unter den Besitzern solcher Firmen besonders viele russische Beamte und ihre Familien sind."

Mit meinen Studierenden diskutierte ich häufig darüber, wohin und welchen Weg Rußland gehen soll. Die Fragen standen im Raum, ob wir uns in die in-

Der Holzexport gehört zu den lukrativsten Geschäftsbereichen in Rußland

ternationale Staatengemeinschaft integrieren sollen, Auslandsinvestitionen anlocken und als gleichberechtigte Partner der Industriestaaten auftreten können. Was hindert uns eigentlich daran? Bei unseren Diskussionen und Disputen stellten wir fest: Wir leben im kältesten Land der Welt. Die unermeßlichen Weiten, an denen wir so hängen, sind für das Leben wenig geeignet. Flächenmäßig ist Rußland das größte Land der Welt. Wie sieht es aber mit der „effizienten Fläche" aus, das heißt mit dem Territorium, das für das Leben geeignet ist. Hier belegt Rußland gerade den fünften Platz. Nur ein Drittel unseres Territoriums sind „effiziente Flächen" – und zudem die kältesten der Welt.

Rauhe Klimaverhältnisse erfordern natürlich ganz andere Investitionen. Großbauten sind bei uns teurer als in jedem anderen Land. An der südwestlichen Grenze Rußlands liegt die Bodenfrosttiefe bei 1,1 Metern, näher zum Wolgagebiet bereits bei 1,7 Metern. Ein einfaches Fundament verschlingt in Rußland dreißig Prozent der gesamten Baukosten. Um einen Betrieb oder eine Fabrik beispielsweise in Irland oder Malaysia zu errichten, genügt es, den Bauplatz zu asphaltieren und eine Gerüstkonstruktion aufzustellen. Was für Summen verschlingen dagegen unsere ingenieurtechnischen Konstruktionen? In Großbritannien werden Wasserleitungen und Kanalisation praktisch an der Oberfläche verlegt. Und bei uns? In Malaysia und Thailand zieht man Wände nur als Windschutz hoch – sie bestehen aus Blech, Schiefer oder Kunststoff. In Großbritannien beträgt die Wanddicke in der Regel einen Ziegel. In Mittelrußland braucht man jedoch 3,5 Ziegel.

Stellen Sie sich vor, Sie sind ein ausländischer Investor. Sie können ein Unternehmen in Rußland bauen, wissen aber, daß Sie sieben bis acht Monate im Jahr heizen müssen. Sie können auch an einem anderen Ort bauen, wo diese Kosten aufgrund des Klimas wegfallen. Wo werden Sie Ihr Unternehmen wohl bauen? Die ingenieurtechnische Ausstattung – Wasserleitung, Kanalisation, Heizung, Stromversorgung – kostet in Rußland ein Vielfaches mehr als in anderen Ländern. Zudem: Das Temperaturgefälle von siebzig bis neunzig Grad, das für viele Gebiete Rußlands charakteristisch ist, hält nicht jeder Baustoff aus. Ich denke, auch deshalb ist es viel schwieriger, Kapital und Investitionen in unser Land zu locken als beispielsweise nach Brasilien oder Argentinien.

Rußland ist ein einmaliges Land, das unter rauhen Bedingungen lebt. Es hat also keinen Sinn, wenn wir uns mit irgendeinem anderen Land vergleichen. Andere Länder haben sich irgendwie angepaßt und überlebt. Und auch wir werden überleben! Optimistisch beendeten wir stets unsere Streitgespräche.

108 Kilometer von Jekaterinburg entfernt befindet sich die Siedlung Malyschew, der einzige Ort in Europa und Asien, an dem Smaragde gefördert werden. „Stilles Klondike" nannte man diese Siedlung. In den letzten Jahren wur-

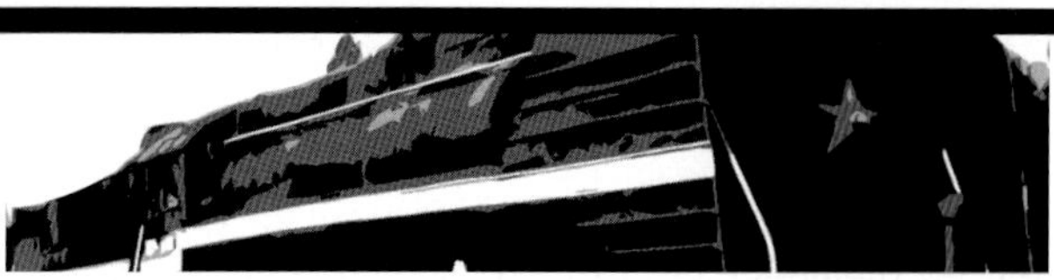

den dort offiziell nicht gefördert, doch trotzdem wurde der Weltmarkt mit Smaragden für Hunderte Millionen Dollar überschwemmt. Das Thema der eigenständigen „Goldsucher" und die Industrie des illegalen Edelsteinabbaus brachte einen der besten Romane der letzten Zeit in Rußland hervor: „2017" von Olga Slawnikowa. Das Buch wurde 2006 mit dem Russischen Booker-Preis ausgezeichnet. Olga Slawnikowa stammt selbst aus dem Ural, und sie weiß, worüber sie schreibt. Das Buch ist wie ein Kristall – großartig, klar und mitleidlos. Die Ural-Natur, die unbegreiflich gesunde Luft – das ist die beste Seite des Buches.

Die symbolische Grenze zwischen Europa und Asien

Etwa dreißig Kilometer von Jekaterinburg entfernt erhebt sich ein ungewöhnliches Denkmal – ein weißer Obelisk, eine symbolische Säule. Sie markiert die Grenze zwischen Europa und Asien. Legen wir doch eine Pause ein, lassen Sie uns einen gedanklichen Sprung nach Tscheljabinsk machen.

Tscheljabinsk

Mein Traum als Dokumentarfilmerin war, einmal eine „geschlossene" Stadt zu besuchen, in der streng geheime Atomforschungen durchgeführt werden. Ich reichte einen schriftlichen Antrag ein, der von zahlreichen Personen, darunter vom Parteisekretär und anderen Funktionsträgern, positiv beschieden werden mußte. Irgend jemand lehnte ihn ab, und so wurde mir der

Zugang zum berühmten geschlossenen Tscheljabinsk-70 verwehrt.

Entlang der Magistrale – fast hundert Städte

Entlang der Transsib liegen 89 Städte. Fünf Städte, nämlich Moskau, Perm, Jekaterinburg, Omsk und Nowosibirsk, haben mehr als eine Million Einwohner. Neun Städte zählen zwischen 300 000 und einer Million Einwohner. Es sind Jaroslawl, Kirow, Tjumen, Krasnojarsk, Irkutsk, Ulan-Ude, Tschita, Chabarowsk und Wladiwostok. 75 Städte zählen weniger als 300 000 Einwohner.

Für Schriftsteller, Wissenschaftsjournalisten und Dokumentarfilmer ist heute eine gute Zeit. Praktisch alles ist zugänglich. Sie dürfen ungehindert nach Arsamas-16 oder nach Tscheljabinsk-70 fahren, ohne ihren Besuch mit irgend jemandem abstimmen zu müssen. Es gibt jedoch auch heute noch Themen, über die man nicht berichten darf – ich nenne sie Tabuthemen. Hierzu gehört beispielsweise die Entseuchung eines Teils des Gebiets Tscheljabinsk (keine Angst, die Transsib ist von der Verseuchung nicht betroffen). Für die Entseuchung braucht man viel Geld, das allerdings nicht zur Verfügung steht. Also wird das Problem totgeschwiegen.

Es war die erste große Strahlenkatastrophe in der UdSSR, die sich am 29. September 1957 im Atomkraftwerk Majak in der geschlossenen Stadt Tscheljabinsk-40 (heute Osersk) ereignete. Sie gilt nach Fukushima und Tschernobyl als drittgrößter Unfall in einer kerntechnischen Anlage. Um 16:22 Uhr kam es an diesem Tag aufgrund eines Ausfalls in der Kühlanlage zu einer Explosion in einem 300 Kubikmeter fassenden Betonbehälter mit radioaktiven Abfällen. 20 Millionen Curie hochradioaktiver Stoffe, vor allem Strontium-90, Cäsium-137 und Ruthenium-106, wurden freigesetzt. Zehn Prozent der Radioaktivität stiegen in eine Höhe von einem Kilometer auf. Der radioaktive Fallout verseuchte riesige Flächen. Ein starker Südwest-Wind trieb die Radioaktivität tief in die Gebiete Swerdlowsk und Tjumen. Hunderttausende Menschen wurden in die Beseitigung der Folgen eingebunden. In Tscheljabinsk und Swerdlowsk wurden die Studierenden mobilisiert. Über die Gefahren klärte man sie nicht auf. Herangezogen wurden ganze Militäreinheiten. Den Soldaten wurde verboten über ihren Einsatz zu sprechen. Minderjährige Kinder aus den umliegenden Dörfern wurden zu angeblichen Erntearbeiten auf die Felder geschickt. Gulschara Ismagilewa aus dem Dorf Tatarskaja Karabolka berichtete: „Ich war neun Jahre und ging zur Schule, an einem Tag hat man uns versammelt, uns zum Arbeiten geschickt. Wir fanden es merkwürdig, daß wir die Ernte vergraben sollten. Und rund herum standen Milizionäre, die uns bewachten, damit niemand weglaufen konnte. Die meisten aus meiner Klasse sind an Krebs gestorben. Die, die noch leben, sind sehr krank. Die Frauen sind alle unfruchtbar. Die Sowjetmacht zog sogar Schwangere zu den Arbeiten heran. Im Gebiet Tscheljabinsk stieg die Sterblichkeit rasant. Die Zahl der Mißbildungen bei Säuglingen stieg. Ganze Familie starben aus."

Zweifellos gibt es heute weniger Geheimnisse, doch nichtsdestotrotz gibt es welche – und dies betrifft vor allem den Nuklearbereich.
Auch wenn die Bauteile einer Atombombe nur von außen gezeigt würden, kann dies einem fachkundigen Ingenieur und seinem Land Millionen Dollar sparen. Wird die Zerstörung eines Atomgefechtskopfes mit einer Videokamera aufgezeichnet, werden etwa 37 der insgesamt 43 Minuten geschnitten, das heißt, sie werden nicht gezeigt.
Ich habe nicht genau im Kopf, wie weit Tscheljabinsk von Moskau entfernt ist (in meiner Enzyklopädie heißt es, daß die Luftlinie von Tscheljabinsk nach Moskau 1 919 Kilometer beträgt). Während einer Reise mit der Transsibirischen Eisenbahn kam ich einmal mit jungen Wissenschaftlern ins Gespräch, die aus Tscheljabinsk nach Moskau zurückkehrten. „Kennen Sie das größte Geheimnis bei der Vorbereitung des sowjetisch-amerikanischen Sojus-Apollo-Fluges? Wissen Sie, warum man Angst hatte, Ausländer auf unseren Weltraumbahnhof zu lassen?" Es waren rhetorische Fragen. „Weil sie hätten sehen können, daß bei uns nicht alles sehr gut organisiert war", so die Antwort. Einer der Wissenschaftler erzählte eine ziemlich komische, eher tragikomische Geschichte, die vielleicht erklärt, warum sich die sowjetisch-französische Zusammenarbeit im Atombereich seinerzeit um fünf Jahre verzögert hatte. Ein französischer Minister kam nach Scheltyje Wody, um ein Uranwerk zu besuchen. Der Rückflug verzögerte sich, und der Minister mußte dringend auf die Toilette – doch es gab nur ein Plumpsklo. Stellen Sie sich das vor! Draußen, und im Winter. Der Minister kehrte eiligst zurück und sagte, daß er in seinem ganzen Leben nicht noch einmal hierher kommen werde.

In den Skizzen über Tscheljabinsk blätternd, fand ich ein bemerkenswertes Detail. Vor mehr als hundert Jahren setz-

Über die Krümmung von Kurven

Auf der Transsibirischen Eisenbahn gibt es viele Abschnitte mit sehr kompliziertem Streckenprofil. Einige von diesen möchte ich hier aufzeigen. Nach dem Krümmungsradius, der Länge und der Schönheit ist wahrscheinlich die Angassolka-Kurve auf der großen Rampe westlich des Baikalsees ungeschlagen. Ihre Gesamtlänge beträgt etwa sechs Kilometer, abgeschlossen wird sie von einem Tunnel. Hier hat die Transsib auch die stärkste Steigung zu bewältigen. Die Arteuschta-Kurve westlich von Mogotscha folgt auf Platz Zwei. Sie zieht sich über etwa fünf Kilometer hin, wobei der Schienenweg auf ungefähr zwei Kilometern in beiden Richtungen an den sich gegenüberliegenden Hangseiten verläuft. Auch sie endet in einem kurzen Tunnel. Andere Kurven mit einem kleineren Krümmungsradius und einer Länge von mehr als drei Kilometern sind die Medljanka-Kurve an der Baikalrampe, die Oblutschje- und Tarmantschukan-Kurven im Kleinen Hingan-Gebirge, die Kurve östlich von Bolschoi Newer, zwei Kurven östlich von Jerofej Pawlowitsch sowie zwei Kehren westlich von Krasnojarsk bei der Station Owinny und der Ob-Jenissej-Wasserscheide.

te die russische Eisenbahngesellschaft neben den normalen Personen- und Güterwaggons auch Spezialwaggons ein. Zumeist waren derlei Waggons für die höchsten Vertreter des Staates bestimmt; so gab es den Zug für den Zaren und besondere Waggons für die Minister. Daneben gab es aber auch noch Waggons ganz anderer Art, wie etwa einen Kirchenwaggon, der im Auftrag der orthodoxen Kirche gebaut und im Jahre 1897 an die Eisenbahn übergeben wurde.
Der Kirchenwaggon wurde in Westsibirien auf der Strecke Tscheljabinsk-Kriwotschenko eingesetzt und bot somit den Bewohnern weit abgelegener Dörfer die Möglichkeit, wenigstens ab und an den Gottesdienst zu besuchen. Im Waggon hatten bis zu siebzig Gläubige Platz. Im hinteren Teil stand ein Al-

Die Lok P36-0001, Typ 2-4-2 wurde ab 1950 für Personenzüge eingesetzt

Die Lok LW-0413, Typ 1-5-1 kam 1956 zum Einsatz

tar, die Wände waren mit Teppichen und Ikonen geschmückt. Es gab insgesamt drei Zugänge. Der Waggon hatte zudem drei Glocken, die wie in normalen Kirchen beim Gottesdienst geläutet wurden.

Die Stadt Tscheljabinsk liegt am Osthang des Südural, an den Ufern des Mias. Sie wurde 1736 gegründet und erlangte sofort große Bedeutung. An diesem Ort kreuzten sich viele Wege, die in die Städte des Ural und Sibiriens führten. Mit dem Bau des sibirischen Eisenbahnnetzes wurde die Stadt in den 90er Jahren des 19. Jahrhunderts zu einem wichtigen Verkehrs- und Handelszentrum, denn schließlich führte die Transsib ursprünglich über Tscheljabinsk nach Omsk, bevor sie dann über Tjumen geführt wurde.
Auf dem alten Stadtwappen von Tscheljabinsk aus dem Jahr 1782 ist ein Kamel abgebildet. Wie kommt ein Kamel in diesen Teil Rußlands, mögen Sie fragen? Das beladene Kamel auf dem Wappen stand schlichtweg dafür, daß „in diese Stadt ziemlich viele Menschen mit ihren Waren kommen."
1774 wurde die Tscheljabinsker Festung von den Scharen des berühmten Aufrührers Jemeljan Pugatschow eingenommen und zwei Monate lang besetzt. Alexander Puschkin zeigte großes Interesse für Pugatschow und ver-

faßte sogar einen Roman über ihn – „Die Hauptmannstochter". Rund um die Stadt entstand ein chaotisches Siedlungsnetz mit so vielsagenden Namen wie Grabilowka (Räuberviertel), Tschernyje Baraki (Schwarze Baracken) und Muchomorowka (Fliegenpilzdorf).

1899 wurde in Tscheljabinsk eine Zollstelle eingerichtet, über die jedes Jahr 1,5 Millionen Pud (24 577 Tonnen) Tee – zu jener Zeit eines der wichtigsten Importgüter – abgefertigt wurden. In der Stadt wurden vier riesige Teeabpackfabriken errichtet, damit belegte Tscheljabinsk nach Moskau den zweiten Platz in der teeverarbeitenden Industrie.

Gerade auf der Strecke Tscheljabinsk-Smodjanka wurden damals viele Verbannte und Häftlinge aus den sibirischen Zuchthäusern und Lagern eingesetzt, die Schwerstarbeiten ausführten. Die Arbeit wurde mit der Haft- oder Lagerzeit „verrechnet". Um die Häftlinge stärker zu motivieren, gab es verschiedene Anreize – den unter Beobachtung stehenden Häftlingen wurden beispielsweise die Ketten abgenommen, andere freuten sich über eine Verkürzung der Haftzeit.

Auf der Strecke Baikal-Kultuk hingegen war der Einsatz von Zuchthäuslern und Lagerhäftlingen grundsätzlich ausgeschlossen. Denn das Gelände war schwierig und oft mußte Sprengstoff benutzt werden. Das Lager befand sich

Tscheljabinsk am Ende des 19. Jahrhunderts

in der Senke Katorschanka, zwei Kilometer vom Baikalsee entfernt, und die Insassen wurden zur körperlichen Schwerstarbeit in die Steinbrüche geschickt.
Aus dieser Zeit sind viele gruselige Geschichten und Legenden überliefert. Hunderte Häftlinge rissen aus den Zuchthäusern aus. Sie wurden gefangen und vor Ort erschossen. Ein Menschenleben war in Rußland nie viel wert. Noch im Jahre 1861, das heißt vor gerade 140 Jahren (ist denn das eine Zeit?), konnte man einen Leibeigenen auf dem Markt wie ein Stück Vieh kaufen. Das Leben eines Zuchthäuslers aber kostete nichts.

Zur Sowjetzeit entwickelte sich Tscheljabinsk zu einer Stadt der Eisenmetallurgie und des Maschinenbaus. Vor allem aber wurden hier große Rüstungsunternehmen angesiedelt. Aus diesem Grund waren die Stadt und insbesondere die nahe gelegenen „geschlossenen Städte" für Besucher gesperrt. Diese Stadt ist ein Rätsel, diese Stadt ist ein Phantom, über das Sie kaum Lesestoff finden werden. Um die Größe, die Macht und die verborgene Kraft dieses sibirischen „Industriemonstrums" zu verstehen, muß man selbst dort gewesen sein.
In Tscheljabinsk gibt es ein ausgezeichnetes Glinka-Opernhaus, eine Philharmonie, Gemäldegalerien und Museen. Insbesondere möchte ich auf drei Denkmäler aufmerksam machen: das Denkmal „Orljonok" („Jungadler") wurde 1958 für die im Bürgerkrieg im Ural gefallenen jungen Helden errichtet; das Denkmal auf dem „Lyssaja gora" („Kahlberg") in der Siedlung Scherschni erinnert an ein Massengrab der Opfer der Stalinschen Repressalien und wurde 1989 erbaut; und schließlich das Denkmal „Die Sage vom Ural". Letzteres Denkmal steht auf dem Bahnhofsvorplatz und ist gleichsam die Visitenkarte der Stadt. Am 30. Dezember 2009 erhielt es ein „Neujahrskleid". Auf diese Idee war die Schülerin Dana Girko gekommen. Ihren Traum setzten eine private Internetfirma und die Stadtverwaltung um. Das Festkleid war ein riesiger Mantel von Väterchen Frost, der ins Buch der Rekorde Rußlands aufgenommen wurde.
Einer der beliebtesten Anziehungspunkte der Stadt ist die Kirow-Straße, die von den Bewohnern liebevoll Kirowka genannt wird. Der Tscheljabinsker „Arbat" kann mit einer Skulpturen-Galerie verglichen werden, die vornehmlich historische oder literarische Figuren darstellen. Am Eingang zur Kirowka trifft man auf einen gußeisernen Schutzmann, der einen Zarenerlaß vorliest. Unweit des Gebietsparlaments findet sich die Skulptur „Abgeordnete der Macht" und ein Stückchen weiter eine „Modepuppe", die sich selbstverliebt im Spiegel betrachtet. Ein bronzener Bettler hält seine Kappe hin, es finden sich ein Kaufmann, ein Saxophonist und der Volkskünstler Lewscha. Auch das Kamel – Symbol der Stadt und des Gebiets – fand seinen Platz auf der Kirowka.

Und eine besonders originelle Komposition ist „Liebessphäre". Das Bronzedenkmal in Form in sich verschlungener Bäume ist Lieblingsort aller Tscheljabinsker Jungvermählten.

Tjumen. Kilometer 2 144

Kehren wir zurück auf die heutige Transsib. Wenn Sie auf Tjumen zu fahren, achten Sie auf einen kleinen Fluß, der sich nahezu zwischen den Wäldern und Sümpfen verliert. Wenn ich dieses Flüßchen sehe, denke ich immer an ein besonderes Kapitel unserer Geschichte. Genauer aber an das Buch „Die Lebensgeschichte des Protopopen Awwakum". Es riecht hier förmlich noch nach dem Rauch des Scheiterhaufens, auf dem der Autor Awwakum – der

Das Theater der russischen Mode „Tatjana" aus Tscheljabinsk

ungestüme Anhänger des alten Glaubens und Streiter gegen die Kirchenreformen von Patriarch Nikon im 17. Jahrhundert – verbrannt wurde.

An diesem kleinen Fluß in Tjumen gingen der Pope Dometian, ein Freund und Nachfolger Awwakums, und 1 700 sibirische Altgläubige jeden Alters und aller Schichten freiwillig für ihren Glauben ins Feuer. Sie verbrannten lieber, als mit der Nikonschen Staatskirche Frieden zu machen. Können Sie

sich vorstellen, wie dieser schreckliche Scheiterhaufen loderte! Er war jedoch nicht so heiß, wie die flammenden Herzen der Christen, die den Glauben der Väter nicht aufgeben wollten und für ihren Glauben starben.
Im Volk lebt die Sage, daß der Tjumener Wald nicht einfach nur ein Wald ist. In den Bäumen, so erzählen die Menschen, leben die Seelen jener unbeugsamen Menschen. Dieser dichte Wald hinterläßt zu jeder Jahreszeit tiefe Eindrücke. Ganz besonders aber an nebeligen Regentagen, wenn im grauen Dunst die Details verwischen, die Umrisse der Äste zu ausgestreckten Armen werden, die Silhouette eines starken Baums die Gestalt des unbeugsamen Geistlichen Dometian annimmt, jagt uns der Wald einen Schauder über den Rücken.

Stellen Sie sich die Fläche Deutschlands, Frankreichs und Spaniens zusammen vor - dann haben Sie das Verwaltungsgebiet der Region Tjumen. Es erstreckt sich über 1,4 Millionen Quadratkilometer und ist das größte Gebiet Rußlands. Es zieht sich von Nord nach Süd durch die ganze Russische Föderation. Im Süden grenzt es an Kasachstan und im Norden wird es von den arktischen Meeren umspült.

Das Gebiet Tjumen zählt 3,37 Millionen Einwohner. Obwohl die Klimaverhältnisse insbesondere im Norden extrem sind und der Winter zehn lange Monate dauert, ziehen immer wieder Menschen zu. Nirgendwo sonst in Rußland sind die Verdienstmöglichkeiten besser und ist die berufliche Laufbahn planbarer. Das Pro-Kopf-Einkommen lag bereits zu Sowjetzeiten 220 Prozent über dem Landesdurchschnitt. Das Gebiet Tjumen gilt als Rohstoffbasis Rußlands. Es liefert zwei Drittel des Erdöl- und 92 Prozent des Erdgasaufkommens des Landes. Wissenschaftler geben der Region noch für mindestens dreißig Jahre sehr gute Perspektiven. Vielleicht sogar für länger. Das ist realistisch, denn erst vor kurzem wurden im Süden Tjumens neue Erdölvorkommen entdeckt, in denen schätzungsweise 1,5 Milliarden Tonnen Erdöl lagern.
Die Ressourcen des Gebiets beschränken sich jedoch nicht nur auf Öl und Gas. Seinen Reichtum machen auch die Wälder aus, die wasserreichen Flüsse Irtysch, Ob, Tobol und Tur sowie Zehntausende Seen mit ihrem reichen Bestand an Fischen, darunter Sterlet und Aland. Es gibt Rentier- und Pelztierzucht. Abgebaut werden Edelsteine und Braunkohle, gewonnen werden Torf, Eisen- und Manganerze.
Im Verwaltungsgebiet Tjumen existieren zwei autonome Bezirke – das Autonome Gebiet der Jamal-Nenzen sowie das Autonome Gebiet der Chanten und Mansen. Aus dem ganzen weiten Land zieht es junge Menschen dorthin, die Geld für eine Wohnung, ein Auto oder einfach „zum Leben" verdienen wollen. In den letzten dreißig Jahren „passierten" 25 Millionen Menschen das

Gebiet. Und alle brauchten Unterkunft, Licht, Wärme, Verpflegung, einen Arbeitsplatz und medizinische Versorgung. Die einen zogen zu, andere zogen wieder weg, aber über zwei Millionen Menschen ließen sich für immer hier nieder.

Ungeachtet der schweren Finanzkrise, die Rußland 1998 erschütterte, zeigen ausländische Investoren nach wie vor lebhaftes Interesse für Tjumen. Im Jahre 2000 wurden dort 172,5 Millionen Dollar ausländisches Kapital investiert. Die ausländischen Direktinvestitionen beliefen sich 2010 auf satte 918 Millionen Dollar. Vom gesamten Investitionsumfang entfielen 18,5 Prozent auf das Gebiet der Chanten und Mansen, 38,1 Prozent auf das der Jamal-Nenzen und 43,4 Prozent auf die Region Tjumen (ohne Autonome Gebiete). Zu den wichtigsten Investoren zählen Unternehmen aus den USA, Großbritannien, Zypern und Italien. Wundern Sie sich nicht über Zypern, heute fließt ausgeführtes russisches Schattenkapital wieder nach Rußland zurück und wird in die einheimische Wirtschaft investiert.

Die längste Bahnstrecke der Welt

Die faktische Länge der Transsibirischen Eisenbahn auf der im Personenverkehr befahrenen Hauptstrecke beträgt 9288,2 Kilometer. Damit ist sie nach diesem Kriterium die längste Strecke der Welt. Für die Berechnung der Fahrpreise werden allerdings 9298 Kilometer angesetzt, also knapp zehn Kilometer mehr. Seit etwa siebzig Jahren markiert der Jaroslawler Bahnhof in Moskau den Ausgangsbahnhof, Endbahnhof ist der Bahnhof von Wladiwostok, der sich unmittelbar am Ufer der Bucht des Goldenen Horns des Japanischen Meeres befindet.

Die Erfolge bei der Erschließung des Erdinnern, die Investitionen und die daraus folgenden Perspektiven sind natürlich überaus wichtig. Um sich aber ein Urteil über das Leben im Gebiet zu bilden, sollte man auch einen Blick auf die Lebensmittelpreise, die Zahl der Einkommensschwachen beziehungsweise Armen und die medizinische Versorgung – nicht für die Nomenklatura, sondern für die einfachen Bürger – werfen.

In Tjumen gibt es ein Gebietskrankenhaus mit Intensivstation. Neunzig Prozent der Baukosten stammten aus dem Gebietshaushalt. Das Krankenhaus ist mit modernsten Geräten – insbesondere Diagnosegeräten – ausgestattet. Es verfügt über ein einmaliges ingenieurtechnisches Zentrum zur antibakteriellen Luftaufbereitung in den Operationssälen. Nicht einmal das Kreml-Krankenhaus soll sich in bezug auf die Ausrüstung mit dem in Tjumen messen können. Entscheidend aber ist, daß dies kein privates, sondern ein staatliches und für jeden zugängliches Krankenhaus ist.

Die Lebensmittelpreise in Tjumen sind mit denen in den benachbarten Gebieten vergleichbar. Ein Kilogramm Fleisch kostete im Jahre 2001 42 bis 43

Rubel, für einen Liter Milch bezahlte man bis zu sieben Rubel, für einen Liter Pflanzenöl neunzehn bis zwanzig Rubel. Das Einkommen der Bevölkerung ist jedoch doppelt so hoch wie in Jekaterinburg, Kurgan oder Tscheljabinsk. Und zur Armut: 320 000 Einwohner des Gebiets leben offiziell unter dem Existenzminimum. Dies bedeutet in Tjumen, daß sie von der Gebietsverwaltung unterstützt werden.
Neben den Jamal-Nenzen sowie den Chanten und Mansen leben Ewenken, ein kleines vom Aussterben bedrohtes Volk, in der Region Tjumen. Viele Errungenschaften der Zivilisation haben den urstämmigen Völkern und Völkerschaften des Nordens geschadet. Die Kinder wachsen entfremdet von der traditionellen Lebensweise auf und verlieren das Interesse am traditionellen Gewerbe ihres Volkes. Trotz günstiger Naturbedingungen verliert die Rentierzucht, die Existenzquelle der Vorfahren, weiter an Boden. Die „Zivilisation" vernichtete die Weiden, die riesigen Jagdreviere und die Fischfanggebiete. Ohne Rentier kann aber der Ewenke nicht leben. Die Verwaltung Tjumens entschied sich daher für eine unkonventionelle Maßnahme: die Kinder erhalten ihre Grundschulbildung in Internaten. Dann kehren sie zu ihren Familien zurück und werden im traditionellen Gewerbe unterwiesen. Wer weiter lernen will, kann die eigens in den Siedlungen der Ewenken eingerichteten sogenannten Wanderschulen besuchen, die von der Gebietsverwaltung organisiert und finanziert werden.

Die ersten Siedler kamen im Jahre 1586 nach Tjumen. Es waren 300 Kosaken und Strelitzen. Im Jahre 1624 zählte man bereits 318 Höfe mit etwa

Im riesigen Gebiet Tjumen leben 2,2 Menschen auf einem Quadratkilometer

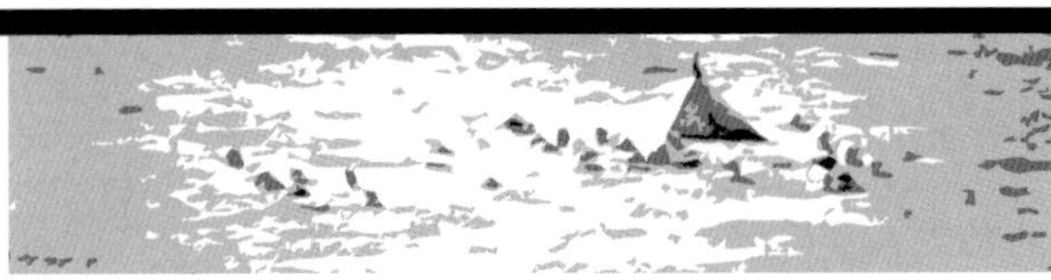

2 000 Einwohnern. 1838 wurde dort der erste sibirische Dampfer gebaut. Das Wappen Tjumens, das 1875 genehmigt wurde, verweist in seinem unteren Teil bereits auf die Wichtigkeit der Flußschiffahrt: Auf blauem Hintergrund

Im Gebiet Tjumen gibt es zwei autonome Bezirke

Unberührte Natur verbindet man ebenso wie Umweltverschmutzungen mit Tjumen

liegt auf einem silbernen Fluß ein flaches Flußschiff mit goldenem Mast. Im 19. Jahrhundert entwickelten sich in der Stadt der Schiffbau, die Holzwirtschaft und die fischverarbeitende Industrie. Die Kaufleute aus Tjumen trieben Handel in der ganzen Welt. Am 20. Juli 1898 wurde erstmals die berühmte Tjumener Messe ausgerichtet. Mit einem Umsatz von 4,5 Millionen Rubel war sie eine der größten in Sibirien. Als ich vor kurzem wieder einmal in alten Nachschlagewerken blätterte und dabei auch über die sibirischen Messen las, staunte ich über die originellen Berufe. Was glauben Sie, wie am Messetag ein Mann in einem langen, weiten Mantel mit einem Kupfertopf in der Hand sein Geld verdiente? Er war Toilettenmann! Heute sieht man das in Tjumen natürlich nicht mehr.
Doch es gibt in Tjumen heute noch viele andere Sehenswürdigkeiten. Das Dreifaltigkeitskloster, die monumentale Dreifaltigkeitskirche mit ihren fünf Kuppeln – sie wurde 1709 bis 1715 errichtet – und die Snamenski-Kathedrale, errichtet 1768 bis 1801, sind mit ihren wellenartigen Fassaden wunderbare Beispiele des sibirischen Barocks.
Mir gefallen in Tjumen besonders die Holzbauten aus dem 19. Jahrhundert. Es sind einstöckige Holzhäuser mit weit vorstehendem Sims und wundervoll geschnitzten Fensterbrettern – „Vorhänge" werden sie genannt – sowie zweistöckige Häuser, die reich mit dekorativer Einkerbungs- und Reliefschnitzerei verziert sind.
Solche Schönheit finden Sie nur in Sibirien!

Und Tjumen weist noch eine Besonderheit auf. Dort wird nämlich die ausgezeichnete Zeitschrift „Tjumen literaturnaja" herausgegeben. Wenn wir die Literaturszene Moskaus betrachten, stellen wir fest, daß gerade aus der Provinz neue Literaturtalente in die russische Hauptstadt kamen und kommen. Viele derjenigen, die wir heute „Moskauer" Schriftsteller nennen, stammen aus der Provinz. Sergej Jessenin kam aus den Weiten Rjasans in die russische Metropole, Wladimir Majakowski zog aus dem Kaukasus zu, Juri Kusnezow aus dem Kubangebiet, Wassili Schukschin aus dem Altai und Nikolai Rubzow aus Wologda. Und wie steht es mit den besten Prosaikern der Gegenwart – mit Below, Rasputin und dem vor kurzem verstorbenen Astafjew? Viktor Astafjew lebte und Valentin Rasputin lebt in Sibirien, Wassili Below in Wologda. Der Nobelpreisträger Michail Scholochow lebte bis zu seinem Tod in einer Staniza am Don. Vielleicht gibt gerade in diesem Moment ein künftiger russischer Literaturnobelpreisträger sein erstes Manuskript in der Redaktion der „Tjumen literaturnaja" ab.

Und noch. Die Literaturzeitschrift blickte im Jahre 2012 auf ihr 40jähriges Jubiläum zurück, doch der Tjumener Schriftstellerverband, der sie herausgibt, beging Ende März 2013 bereits sein 50jähriges Bestehen. Von den gerade mals sechs Schriftstellern – echte Enthusiasten –, die den Verband einst gründeten, lebt keiner mehr. Doch, so Nikolai Denissow, Vorsitzender des Verbandes seit 2005, Chefredakteur der „Tjumen literaturnaja", Schriftsteller und Dichter, werde die Erinnerung an sie bewahrt. Zum Jubiläum wurde der Film „Tschestnaja stroka" gedreht.

Tjumen liefert zwei Drittel des Erdöl- und 92 Prozent des Erdgasaufkommens

Omsk. Kilometer 2 716

Einmal begegnete ich in Omsk einem nicht mehr jungen italienischen Bildhauer, der eigens aus Neapel gekommen war. „Ich bin in der San Carlo-Straße in Neapel groß geworden", stellte er sich vor. „Dort steht vor dem Palazzo eine großartige Skulptur aus Bronze: vier Pferde, die von schönen Jünglingen mit Mühe zurückgehalten werden. Diese Plastik ist so schön, daß ich schon als Kind beschloß, Bildhauer zu werden und immer damit beschäftigt war, Tiere und Menschen zu formen, am liebsten aber Pferde. Ich träumte davon, einmal eine genauso schöne Skulpturengruppe zu schaffen, erhaben im Stil, ausdrucksvoll und meisterhaft. Ich zweifelte nicht daran, daß der Schöpfer meiner Lieblingsskulptur ein italienischer Bildhauer war, und meine Überraschung war groß, als ich erfuhr, daß im Jahre 1842 der russische Zar Nikolai I. diese Skulptur Sizilien geschenkt hatte. Einen zweiten Abguß schenkte er dem preußischen König. Sie befindet sich vor einem alten Schloß in Berlin. Der Name dieses russischen Bildhauers, den ich mein ganzes Leben lang anbeten werde, ist Peter Klodt von Jürgensburg (1805 bis 1867). Sie können mir glauben, daß es auf der Welt nur wenige Künstler gibt, die so umfassende Kenntnisse von den Formen des Pferdes haben und zudem die Fähigkeit besitzen, seinen Charakter einzufangen und die Besonderheiten der jeweiligen Rasse herauszuarbeiten. Dies zeigt sich vor allem in der Fähigkeit, die Bewegung realistisch und malerisch zugleich wiederzugeben. Ich bin selbst Bildhauer und weiß, was das bedeutet. Bereits damals beschloß ich, einmal in die Heimatstadt des berühmten Bildhauers zu reisen – nach Omsk, wo er geboren wurde und seine Jugend verbrachte. Klodt war Offizier, als Bildhauer aber Autodidakt, wurde dann Professor an der Petersburger Aka-

Auf den Bahnhöfen wird an die Reisenden Proviant verkauft

Omsk ist nach Nowosibirsk die zweitgrößte Stadt Sibiriens

demie der Künste. Von Omsk fahre ich weiter in die Stadt an der Newa. Ich will mir alle seine Werke ansehen und beginne mit der Anitschkow-Brücke über die Fontanka, wo seine berühmte Pferdegruppe aufgestellt ist."
Dann erzählte er noch von seinen Eindrücken von Omsk: „Ich finde, daß Omsk eine sehr malerische Stadt ist. Nie zuvor habe ich so freundliche Menschen getroffen wie in Rußland. Mein Wagen blieb irgendwo bei Omsk hängen. Die Dorfbewohner halfen mir ganz uneigennützig."
Der Zug fährt an. Die Landschaft gibt ein offenes Geheimnis preis: Das russische Volk ist unendlich müde. Es ist beinahe überfordert. Es hat nicht einmal die Zeit, das Stück Land vor seinem Haus zu bestellen. Der Transsib-Rei-

Der Generalgouverneur des Generalgouvernements der Steppe, eine Verwaltungseinheit des Russischen Reiches im nördlichen Zentralasien Ende des 19. Jahrhunderts, hatte seinen Sitz in Omsk

sende sieht die natürliche Landschaft von ihrer Kehrseite. Vor dem Fenster ziehen schiefe Zäune, Katzen, Wäsche, Müllplätze und Schrott – Berge rostigen Eisens – vorbei. Die Seele steigt auf in die abendlichen Weiten über den sibirischen Kirchen, Flüssen, Brücken, Wäldern, und kehrt in den Zug zurück.
Und wieder vernachlässigte Betriebe, leere Getreidespeicher, die bis zum jüngsten Tag vergessen zu sein scheinen. Nur die gelbe Fahne flattert in der fest gedrückten Hand der Bahnwärterin, die auf unserer langen Strecke stillgestanden steht.

Ich verbrachte so viele Jahre im Norden, und reiste so häufig auf dieser Bahn! Als wir noch jung waren, gingen meine Freundin und ich öfter zu den Tanzveranstaltungen in die Panzerhochschule Omsk – die einzige ihrer Art in Rußland. Sie war nicht nur aufgrund ihrer sympathischen Offiziersschüler berühmt, sondern auch dadurch, daß dort viele Zwillinge studierten. Viele Jahre später erhielt ich einen Brief aus Omsk: „Erinnerst du dich an die Panzerhochschule? Heute besucht meine Tochter die Tanzveranstaltungen. Weißt du, in diesen Jahren erlebt die Hochschule eine richtiggehende Zwillingsinvasion! Und noch eine Neuigkeit. Die dreifache deutsche Judomeisterin Julia Mathis ist eine der unsrigen. Sie stammt aus Omsk – und hat mit meiner Tochter

Den Feierabend genießt man angelnd an einem der zahlreichen Seen

Vom Zugfenster aus eröffnen sich die endlosen sibirischen Weiten

an der Sporthochschule studiert. Dort lernte sie auch ihren späteren Ehemann Eduard Mathis kennen, mit dem sie dann nach Deutschland auswanderte. Sie soll Heimweh nach Omsk haben."

Was also ist Omsk? Omsk ist zunächst einmal ein großer Flußhafen am Irtysch. Nach der Einwohnerzahl (mehr als 1,2 Millionen) ist es nach Nowosibirsk die zweitgrößte Stadt Sibiriens. Omsk wurde 1716 als Grenzfestung gegründet, um die Einfälle der Nomaden abzuwehren. Das Stadtwappen wurde 1785 angenommen. Im oberen Teil des Schildes ist das Wappen von Tobolsk abgebildet. Im unteren Teil ist in einem silberfarbenen Feld ein Teil einer Befestigungslinie dargestellt, denn an der Sibirischen Linie war Omsk die Hauptfestung zur Abwehr der Kirgisen. Omsk ist mit dem Namen Fjodor Dostojewski verbunden. Gerade waren seine Werke „Die weißen Nächte" (1848) und „Netotschka Neswanowa" (1849) erschienen, als seine literarische Tätigkeit tragisch unterbrochen wurde. Dostojewski war Mitglied des Petraschewski-

Kreises, in dem sich Anhänger des französischen utopischen Sozialismus zusammengefunden hatten. 1849 wurde der Schriftsteller aufgrund seiner Mitgliedschaft in diesem Zirkel verhaftet und zum Tode verurteilt. Die Strafe wurde auf dem Hinrichtungsplatz in vier Jahre Zuchthaus und Verbannung nach Sibirien, und zwar nach Omsk, umgewandelt. Dostojewski lebte zwischen 1850 und 1854 in der Verbannung in Omsk. So erklärt es sich, daß es in der Stadt ein Dostojewski gewidmetes Literaturmuseum gibt.

Mit Omsk ist auch der Name Michail Wrubel – ein Genie mit tragischem Schicksal – verbunden. Die Gemäldegalerie ist nach dem großen Maler benannt. Tatsächlich sind die Omsker sehr stolz darauf, daß Michail Wrubel in ihrer Stadt geboren wurde. Und sie tun eine Menge, um die Erinnerung an den Künstler lebendig zu halten und die Liebe zu ihm an die künftigen Generationen weiterzugeben. Am 20. Juni 2006 wurde auf dem Platz vor dem Wrubel-Museum für bildende Kunst feierlich das erste Denkmal für den Künstler enthüllt. Das Omsker Museum ist heute das einzige Museum jenseits des Ural, das Werke des Künstlers zeigt, so etwa das Triptychon „Blumen" („Rosen und Lilien", Chrysanthemen", „Gelbe Rosen"). Um den 150. Geburtstag des Malers zu würdigen, wurde damals auch die Ausstellung „Wrubel – nie verblassende Magie der Bilder" vorbereitet, die Ausgaben aus dem Fonds seltener Bücher des Museums und der Wissenschaftlichen Puschkin-Gebietsbibliothek präsentierte. Das zentrale Exponat – und von unschätzbarem Wert in der Geschichte der russischen Buchkunst – war ein Kunstband mit Zeichnungen Wrubels für verschiedene Werke Lermontows. Es war eine Faksimile-Reproduktion des Poems „Der Dämon", der östlichen Erzählung „Ismail-Bej", des Romans „Held unserer Zeit" und zu einer Gedichtsammlung. Die Zeichnungen waren 1891 zum 50. Todestag des Schriftstellers und Dichters entstanden.

Die meistbefahrenen und die schnellsten Abschnitte

Der Abschnitt mit der höchsten Verkehrsdichte liegt zwischen Omsk und Nowosibirsk (1985, als die sowjetische Wirtschaft noch mit voller Kraft arbeitete, hatte dieser Abschnitt übrigens eines der höchsten Güteraufkommen der Welt). Gleichzeitig ist dieser Abschnitt einer der schnellsten, allerdings auch der langweiligsten: nur Steppe und Salzseen. Schnelle Abschnitte, was im Personenverkehr eine Geschwindigkeit von bis zu 140 Kilometern pro Stunde bedeutet, führen auch durch das Westsibirische Tiefland: Karbyschewo I (westlich von Irtysch) – Nasywajewskaja – Jalutorowsk – Wojnowka – Schartasch (eine Station in Jekaterinburg) – Bogdanowitsch – Tjumen. Kürzere schnelle Abschnitte gibt es zudem westlich von Chabarowsk, nämlich die Strecke Birobidschan – Priamurskaja, im Amurgebiet von Belogorsk nach Bureja, westlich von Kirow von Kotelnitsch I bis Scharja und bei Moskau von Alexandrow nach Jaroslawl.

Zu den sehenswerten Bauanlagen des 19. Jahrhunderts gehören die Nikolai-Kosakenkirche (errichtet 1840) und der ehemalige Palast des Generalgouverneurs (gebaut 1861). Architektonisch interessant ist die riesige moderne Eisenbahnbrücke, die die Ufer des Irtysch verbindet.

Nowosibirsk. Kilometer 3 343

In irgendeinem Frühjahr, ich war auf der Fahrt nach Osten, konnte ich aus dem Fenster meines Abteils bei Nowosibirsk eine lange Kette fliegender Graugänse beobachten, die sich über den ganzen weiten Horizont zog! Ein solches Schauspiel sieht man nur in Sibirien! Irgend jemand sagte einmal treffend: „Wir ziehen die am Himmel fliegenden Gänse allen Fernsehprogrammen der Welt vor."

Im Frühjahr kommen die Vögel aus dem warmen Süden über riesige Entfernungen zurück in ihre Heimat, nach Sibirien. Riesige Vogelschwärme kehren zurück. Lange Vogelkarawanen am Himmel. Sie kehren in ein Land unerwarteter Kälteeinbrüche und zurückhaltender Menschen – ja, die Menschen sind zurückhaltend wie der nördliche Himmel – zurück, um dort ihre Brut zu zeugen und großzuziehen.

Im Gebiet Nowosibirsk mit seinen zahlreichen Seen und Sümpfen richten sich Enten, Rebhühner und Schwäne ein. Schwäne erfreuen sich bei den Russen von jeher großer Achtung. Die Orthodoxen jagen sie nicht. Ein erlegter Schwan, so sagt man bei uns, bringt Unheil. Die Ehefrau kann sterben, der Sohn ums Leben kommen oder der Jäger selbst vor seinem vierzigsten Geburtstag aus dem Leben scheiden. Es scheint Aberglaube zu sein, doch wurden derlei Todesfälle immer wieder nach erfolgreicher Jagd auf einen Schwan verzeichnet. Aber heißt es nicht auch, daß, wenn man ein Unheil erwartet, es auch eintreten wird? Hat man einen Schwan erlegt, so kann man nicht anders, als auf sein Unglück zu warten. Also, versuchen Sie das Schicksal nicht.

Die ebenste Strecke

Der längste ebene Streckenabschnitt der Magistrale erstreckt sich zwischen Ob und Irtysch, genauer gesagt zwischen den Stationen Moskowka östlich von Omsk und Nowosibirsk Sapadny. Etwa 610 Kilometer geht es auf ebener Strecke immer geradeaus – ohne Kurve, ohne Steigung oder Gefälle.

Der Schwan hat keine natürlichen Feinde. Weder ein Fuchs noch ein Polarfuchs noch ein Wolf wird es wagen, an sein Nest zu schleichen. Der einzige Feind des Schwanes ist der Mensch mit seinem Gewehr.

In Rußland dürfen Schwäne nicht gejagt werden. Aber im Iran, wo die Mehrzahl der Zugvögel an der südlichen Küste des Kaspischen Meeres überwintert, wird in den Fabriken Enten-, Gänse- und Schwanenfleisch zu Geflügelkonserven verarbeitet. Die Vögel werden mit kilometerlangen Netzen gefangen und mit Schrotkanonen getötet. Pastete aus Schwanenfleisch soll übrigens auch exportiert werden, unter anderem nach Rußland. Haben Sie derlei Pastete schon einmal probiert? Schade um diese schönen Vögel, die immer seltener anzutreffen sind und vielleicht sogar vom Aussterben bedroht sind.

Aus meinem Notizbuch „Transsibirien-Expreß“: „Der Mittwoch brach an. Wir hatten Jekaterinburg passiert und Nowosibirsk erreicht. Aufgrund einer Störung hatte der Zug schon mehrere Stunden Aufenthalt. Und weil wir standen, waren die Kühltruhen im Speisewagen abgetaut. Aber auf der Transsib kann man nicht verhungern. Bis nach Wladiwostok werden auf jedem Bahnhof direkt am Zug eingelegte Pilze, heiße Pelmeni, frische Piroggen – ganz nach Geschmack mit Kohl, Fleisch oder Eiern gefüllt –, herrlicher geräucherter Fisch und Zedernnüsse verkauft. Kurz vor Wladiwostok findet sich zudem ein origineller frischer Salat aus den Stielen des Adlerfarns im Angebot."

An einem Juliabend des Jahres 1941 fuhr von Moskau ein ungewöhnlicher Zug mit verplombten Waggons ab. In den Waggons befanden sich die wertvollsten Bilder der Tretjakow-Galerie. Es waren so viele Bilder, daß man zum Entladen in Nowosibirsk mehr als zwei Tage brauchte. Die Gemälde wurden im Nowosibirsker Opernhaus gelagert.

Der Hauptbahnhof von Nowosibirsk ist der größte in ganz Rußland

Ich möchte Ihnen die Erzählung einer Aufseherin nicht vorenthalten: „Wieviel Kraft brauchten wir, um all diese Kostbarkeiten zu bewahren! Wir leisteten rund um die Uhr Wachdienst. Kennen Sie das Theater in Nowosibirsk? Mit den Bauarbeiten wurde Anfang der 30er Jahre begonnen. Die riesigen Säle und die Drehbühne – alles sollte eigentlich bereits vor Ausbruch des Krieges fertig sein. Die Sibirjaken erhielten jedoch ihr langersehntes Theater nicht. Denn es wurde in eine Art Evakuierungsstelle für die größten Museen des Landes umfunktioniert. Unter anderem nahm es die Sammlungen des Ethnographischen und des Artilleriemuseums in Leningrad auf, auch die aus Zarskoje Selo und Pawlowski. Die Kustoden und wissenschaftlichen Mitarbeiter – es waren vornehmlich Frauen, viele von ihnen Mütter und Ehefrauen von Frontsoldaten – wurden ebenfalls dort untergebracht. Sie ‚wohnten' in ihren Arbeitsräumen. Das Theater verwandelte sich in eine Kaserne. Der erste Sommer war trocken und heiß. Die Geräte zeigten an, daß der Feuchtigkeitsgrad in den Räumen viel zu niedrig war. Wer dienstfrei hatte oder seinen Dienst irgendwie unterbrechen konnte, näßte Tücher in Eimern, brachte aus seinem Kämmerchen Laken und Bettbezüge. Die nassen Tücher

Die wertvollsten Bilder der Tretjakow-Galerie wurden 1941 nach Nowosibirsk gebracht und im Opernhaus gelagert

wurden auf hohen Stangen aufgehängt. Im Winter hingegen hatten wir mit anderen Problemen zu kämpfen. Bei sibirischem Frost waren die kalten Heizkörper mit vereisten Wasserflecken überzogen. Es mangelte schlicht an Brennstoff. Die Zuteilungen reichten für das riesige Gebäude nicht aus, dabei sollte die Temperatur ständig zwischen fünfzehn und achtzehn Grad liegen. Dazu kamen Hunger, Krankheiten, Tod. Wissen Sie, wer die Kriegs-Tretjakow-Galerie als erster besuchte? Es war Dmitri Schostakowitsch. Kurz nach der Uraufführung seiner 7. Sinfonie in Leningrad ist er zu uns gekommen. 1944 kehrten die Bilder nach Moskau zurück. Ich mußte leider aufgrund meiner Krankheit in Nowosibirsk bleiben. Wenn Sie in Moskau sind, dann grüßen Sie Peter I. von mir. Er ist im Saal 27 ausgestellt. Gerade der ‚Peter' war mein Exponat."

Aus dem Fenster meines Abteils sehe ich Wald, Wald, Wald. In Sibirien wird der Wald „Taiga" genannt. „Taiga" („Taigaa") ist ein burjatisches oder mongolisches Wort und bedeutet buchstäblich „dichter Bergwald". Die riesigen Taigagebiete sind in der Tat bergig. Beim Wandern wird man schnell müde und die Beine wollen einem versagen. Die Sibirjaken bezeichnen allerdings mit diesem rauhen und zugleich berauschend süßen Wort „Taiga" auch die kleinen Flachlandwälder. Die Taiga versorgt die Menschen seit eh und je. Die traditionellen Beziehungen des Menschen zur Taiga werden heute jedoch durch neue und für die Taiga nicht ungefährliche Faktoren gestört. Längst schon hat sich die holzverarbeitende Industrie mit riesigen Zellstoff-, Karton- und Papierfabriken breitgemacht. Die Taiga wurde zur materiellen Basis der Kultur des 20. Jahrhunderts. Sie selbst vermochte aber bislang nicht, das kulturelle Niveau der Menschen so weit zu heben, daß diese die Wohltaten der Natur schätzen lernten.

Die Taiga nimmt zwei Drittel des Territoriums Sibiriens ein. Sie ist das größte Waldgebiet der nördlichen Hemisphäre.

Der südliche Taigagürtel erstreckt sich von der mongolischen Grenze bis zu den Gleisen der Transsibirischen Eisenbahn. Pausenlos verkehren Züge, als würden sie an dieser grünen Waldkette patrouillieren. Waldinseln sind in der Steppe und der Waldsteppe verstreut, sie liegen in tiefen Tälern und ziehen sich hoch bis zu den Wasserscheiden, den Naturschutzgebieten und den Bergspitzen, von denen aus der Ob, der Irtysch und der Jenissej als schüchterne Bächlein in die Täler fließen. Die Flußtäler, Geröllflächen und Sandbänke sind mit Sanddorn bewachsen. Im Herbst sieht man in der Region Minusinsk, im Tunkantal, entlang der Flüsse Kitoi, Temnik und Dschida sowie in vielen anderen Gegenden Sanddornsträucher, deren von mandarinengelben Kugeln schwere Zweige sich tief zu Boden neigen. Beim ersten Frost pflücken Frauen mit Flaumtüchern um den Kopf und riesigen Körben vor der Brust die

Sanddornbeeren von den hohen Sträuchern. Duftender Sanddorn wird tonnenweise an pharmazeutische Unternehmen geliefert. Gewonnen wird daraus ein wertvolles Heilmittel, nämlich Sanddornöl.
Die Burjaten bereiten Sanddornsaft zu. Er schmeckt wie eine Mischung aus Ananas- und Zitronensaft, hat jedoch einen wesentlich höheren Vitamingehalt als beide Säfte zusammen. Gefrorene Sanddornbeeren werden auf den sibirischen Märkten gehandelt: Berge goldfarbener Beeren türmen sich neben gefrorenen Milchscheiben und Flaschen mit Bärenfett. Und was wäre schon Kissel (Obst- oder Beerenbrei unter Zusatz von Stärke) ohne Sanddornbeeren? In Gläsern und Schüsseln werden die Beeren in den Kellern bis zum Sommer gelagert.

In den Tannen- und Lärchenwäldern der Taiga knattern die Motorsägen. Von den sanften Berghängen ziehen schwere Traktoren Langholz hinab und zerstören dabei die Humusschicht. Holzschläge gibt es in der Taiga glückli-

Viele Flächen sind zu Wasser- und Naturschutzgebieten erklärt worden

cherweise nicht überall. Viele Flächen sind zu Wasser- und Naturschutzgebieten erklärt worden. Dies bedeutet, daß an den Fluß- und Seeufern, in den Zirbelnußzonen und den Erholungsgebieten nicht in die Natur eingegriffen werden darf. Im Einzugsgebiet des Baikalsees erstrecken sich die Wälder über 13,8 Millionen Hektar: zu neunzig Prozent sind es Nadelwälder, es gibt aber auch Laubbäume – Espen und Strauchbirken. Um den Baikal herum zieht sich eine etwa fünfzig Kilometer breite Zone, in der das Holzfällen streng verboten ist. Welch malerische Landschaft bietet sich dem Auge! Die südlichen Wälder sind bis heute noch wenig erforscht. Zwar wurden sie aus der Luft aufgenommen, vermessen und untersucht, aber damit lassen sich natürlich nur sehr allgemeine Daten erheben.

Nördlich und in einigen Abschnitten auch südlich der Transsibirischen Eisenbahn beginnt die jahrhundertealte Taiga mit ihren feuchten, oft versumpften Böden. Hier findet man nur mit Mühe seinen Weg – durch starke Windbrüche und vorbei an halbverfaulten Baumstämmen steigt man langsam in der finsteren Feuchte und angespannten Düsterheit auf. Altes, fauliges Moos hängt in Fetzen von den Zweigen, ein feines Gewebe liegt über den wuchernden Pflanzen. Es streicht, durch die Bewegung gestört, kühl über Stirn und Wangen.

Die Bewohner der hiesigen Waldsiedlungen sammeln hier Preiselbeeren, Himbeeren, Moosbeeren, Blaubeeren und Schwarzbeeren. Die Sibirjaken servieren ihren Gästen gern mit Beeren gefüllte Pasteten. Örtliche Feinschmecker backen aus Faulbeermehl wunderbare Torten. Das vitaminreiche Mehl aus dem Mark der Faulbeerkerne gibt dem Teig eine schokoladenfarbige Farbe. Die Faulbeere selbst hat einen fruchtigen, aber etwas bitteren Geschmack, ähnlich wie die Wildkirsche. 2012 wurde Faulbeermehl erstmals auf der „Biofach" in Nürnberg angeboten.

Auch Pilze gibt es in großer Vielfalt – Dörnlinge, Reizker, Rotklappen, Birkenpilze. Nur Steinpilze wird man in der Taiga kaum finden.

In Sumpfgebieten werden die grünen Blätter der Tscheremscha gepflückt – das ist eine Art wildwachsender Lauch mit starkem Knoblauchgeruch. Zu Frühjahrsanfang wird der wilde Lauch säckeweise auf die Märkte in Irkutsk, Tschita, Ulan-Ude und Krasnojarsk gebracht. Die Städter kaufen ihn gern als einfache Gemüsebeilage. Echte Sibirjaken kennen ihren Lauch jedoch besser und werden Ihnen vielleicht verraten, wie man das vitaminreiche Gewächs mit seinen Heileigenschaften am besten konserviert: Es wird gesalzen und in großen Fässern wie Kohl gesäuert. Mit Tscheremscha wird auch Wodka angesetzt. Natürlich wird der Wodka auch getrunken, vor allem findet er jedoch als Heilmittel bei Rheuma und Fieber Verwendung. Für mich ist eine mit gesalzenem Wildlauch belegte Scheibe Roggenbrot die schmackhafteste Speise der Region!

In dieser ausgedehnten Mittelzone, in der das Auge immer wieder auf blaue Flußbiegungen trifft, sind die wichtigsten Waldressourcen Sibiriens konzentriert. Holz wird vor allem in der Region Krasnojarsk und im Gebiet Irkutsk geschlagen. In Ostsibirien befindet sich ein Drittel der Waldressourcen Rußlands. Kein Wunder also, daß dort Holzfällerkolonnen mit ihrer Hochlei-

stungstechnik im Einsatz sind. Im Einzugsgebiet der Angara sind Holzmühlen und Hydrolysewerke angesiedelt. Noch zu Sowjetzeiten wurden dort Holzindustriekomplexe und -kombinate errichtet, die Zellstoff, Pappe, Holzspan- und Holzfaserplatten produzieren. Rund- und Sägeholz werden per Eisenbahn in die Steppengebiete Zentralasiens, nach Westsibirien und in den Ural verschickt. Über den Flußhafen Igarka wird das sibirische Holz nach Europa exportiert.

Nowosibirsk entstand 1893 als Nowaja Derewnja im Zuge des Baus der Eisenbahnbrücke für die Transsibirische Eisenbahn über den Ob. Das Wappen, das 1993 genehmigt wurde, zeigt ein von zwei Zobeln gehaltenes Schild, darüber eine aus Ziegeln gefertigte Krone, darunter ein Bogen mit zwei gekreuzten Pfeilen. Umrahmt wird dies alles vom Alexanderband. Der Schild wird diagonal durch eine blaue Flußlinie in eine grüne und eine weiße Fläche geteilt, die durch eine goldene Brücke verbunden sind.

Geographische Ausdehnung der Transsib

Westlichste Station: Moskau – 3 (55°45' nördlicher Breite, 37°34' östlicher Länge), Östlichste Station: Chabarowsk – 2 (48°31' nördlicher Breite, 135°10' östlicher Länge), Südlichste Station: Wladiwostok (43°07' nördlicher Breite, 131°53' östlicher Länge), Nördlichste Station: Kirow (58°36' nördlicher Breite, 49°38' östlicher Länge).

Heute ist Nowosibirsk das größte Industrie- und Forschungszentrum im Osten Rußlands. In der Gemäldegalerie befindet sich die mit sechzig Gemälden größte Sammlung der Werke des Malers Nikolai Roerich. In der Stadt gibt es ein Museum der Geschichte und Kultur der Völker Sibiriens, ein Geologisches und ein Zoologisches Museum sowie ein Landeskundliches Museum. Aber das sind längst nicht alle. In den letzten Jahren wurden einige neue Museen eröffnet. So zum Beispiel das Museum für moderne Birkenrindenkunst, das eine einzigartige Sammlung der dekorativ-angewandten Kunst aus Birkenrinde von Künstlern und Volkskunstmeistern Sibiriens zeigt. Auch das Museum der Sonne kennt weltweit nichts seinesgleichen. Der Bestand – und es sind mehr als 2 000 Exponate – basiert auf der Privatsammlung des Holzbildhauers und Museumsgründers W. Lipenkow. Es finden sich Darstellungen der Sonne, des Sonnensystems, der Sonnengötter, der Sonnensymbole in den Höhlenmalereien der Urvölker, originelle Stücke der angewandten Kunst, die mit dem „Sonnenthema" verbunden sind. Zudem gibt es Arbeiten aus Indien und Nepal. Auch die alte Rus ist mit zahlreichen Werken vertreten. Das Museum des russischen Liedes wurde am 12. Februar 2012 eröffnet – und findet sich in einer der ältesten und schönsten Straßen der Stadt: Woschod 5. Die Straße hieß vormals Susunski-Straße. Man erzählt, daß die ersten Bewohner aus Susun stammten, das bekannt war für seine Kupferhütte und seine Münzprägeanstalt. Wieviele Lieder sind in diesem historischen Teil der Stadt gesungen worden. So ist es folgerichtig, daß das Stammpersonal des Museums das Ensemble „Sudaruschka" ist. Und dann haben wir in Nowosibirsk noch das einzige Spielzeugmuseum hinter dem Ural, das mehr als 2 000 Spielzeuge, darunter auch viele sibirische, zeigt. Der Stolz des Museums ist die Matrjoschka-Sammlung mit Exponaten aus allen Regionen Rußlands. Und schön ist, daß man im Museum tatsächlich mit den Ausstellungsstücken spielen kann. Angeboten werden zudem Meisterklassen in der Spielzeugherstellung.

Das Gebäude des Sibrevkom (Sibirisches Revolutionskomitee), erbaut von 1925 bis 1926, beherbergt heute das Städtische Kunstmuseum

Am Ufer des Ob wurde von Maria Dolnikowa die Kirche des Heiligen Erzengels Michail, der als Beschützer der sibirischen Kosaken gilt, errichtet. 1996 begann man mit dem Bau, und im Jahre 2000 wurden die Kuppeln aufgesetzt. Viele Gläubige waren zu diesem Ereignis gekommen. Unvermutet tauchten sieben große blaue Vögel am Himmel auf. Sie kreisten über dem Gotteshaus, hatten keine Angst vor all der Technik. Und im Moment des Aufsetzens beider Kuppeln riß der Himmel auf, die Wolken schwanden und die Sonne ließ die Goldkuppeln leuchten. Die Vögel zogen noch eine Runde über der Kirche und verschwanden. Die Gläubigen sagten, daß die Vögel die sieben Erzengel waren, die der Herr geschickt hatte, um die Kuppel zu segnen.

Maria Dolnikowa ist die Witwe des bekannten sibirischen Wissenschaftlers Juri Dolnikow. Ende der 1980er Jahre gründete der Professor und Doktor der

Veterinärwissenschaften ein Unternehmen für die Produktion neuer veterinärmedizinischer Präparate. Das Geschäft blühte, doch die Familie lebte bescheiden. „Wir sind gläubige Menschen, wir brauchen keinen Luxus", war bei ihnen stets zu hören. 1994 starb Juri Dolnikow – und Maria Dolnikowa begann die Kirche zu bauen. Und heute ist diese Kirche die am meisten besuchte der Stadt. Maria Dolnikowa erzählte: „Ich habe mich oft an meine frühe Kindheit erinnert. In der Wosnessenki-Kathedrale konnte damals nicht einmal ein Apfel auf den Boden fallen, so voll war es. Frauen, Kinder, Alte knieten nieder, weinten, flehten – der Feind war vor den Toren Moskaus. Es

Archäologische Ausgrabungen an vielen Orten in Sibirien ...

bringen immer wieder neue Zeugnisse alter Kulturen ans Licht

war schrecklich. Und damals habe ich Gott geschworen: Wenn wir den Sieg erringen, verspreche ich, eine Kirche zu bauen. Und so ist es geschehen."
28 Kilometer südlich von Nowosibirsk liegt am Ufer des Nowosibirsker Stausees ein einmaliges Städtchen – es ist Akademgorodok, ein riesiger Komplex von Wissenschafts- und Forschungsinstituten mitten im Wald.
Über zwei Begegnungen, die mich dort stark beeindruckt haben, möchte ich gerne berichten.
Die erste war die mit Professor Lew Nepomnjaschtschich, Direktor des Forschungsinstituts für regionale Pathologie und Pathomorphologie der Sibirischen Abteilung der Russischen Akademie der Wissenschaften. Ich bin alles andere als eine Wissenschaftlerin und war überrascht, wie plausibel der Wis-

senschaftler mir das Wesen seiner Entdeckung erläutern konnte. Jeder weiß, was ein Herzinfarkt ist. Unser Herz birgt heute noch viele Rätsel. Mit der Erklärung für den bisher unbekannten Entstehungsprozeß eines Infarktes lüfteten die Nowosibirsker Wissenschaftler eines der Geheimnisse. Diese Forschungen werden helfen, Herzkrankheiten besser zu diagnostizieren und zu heilen. Hunderte führende Wissenschaftler unseres Landes arbeiten in Akademgorodok – eine Zahl, die mich immer wieder beeindruckt.

Nun aber zur zweiten Begegnung. In Akademgorodok ist bereits seit Jahren ein einzigartiges Kinderfilmstudio angesiedelt, das in ganz Rußland nichts Vergleichbares kennt.

Die Schüler des Filmstudios „Pojisk" („Suche") brachten 1990 sieben Auszeichnungen des 6. Internationalen Festivals für Kinder- und Jugendfilme „Peterburgski ekran" nach Nowosibirsk, darunter den Grand Prix für den Animationsfilm „Mein Traum", den der neunjährige Andrej Danilin gedreht hat.

Das Studio „Pojisk" wurde im Jahre 1973 gegründet, damit ist es das älteste Filmstudio in Rußland. Heute kommen 300 Kinder hierher, um Filme zu drehen, zu zeichnen, zu basteln und Theater zu spielen. Die jüngsten sind gerade zwei Jahre alt. Mit den Kindern arbeiten 37 Fachkräfte. Insgesamt entstehen rund fünfzig Filme im Jahr. Das Studio nutzt für seine Produktionen das 35-Millimeter-Format und nimmt an den bekanntesten Filmfestivals „Rossija" („Rußland") in Jekaterinburg, „Solotaja rybka" („Goldfisch") in Moskau und „Belyje notschi" („Weiße Nächte") in Sankt-Petersburg teil. Die Kinder von „Pojisk" belegen in der Regel die ersten Plätze. Sie sind sehr stolz auf den Grand Prix, den sie bei „Solotaja rybka" in der Kindernominierung errangen. Seit dem Jahr 2004 führt das Studio das offene Meisterklassen-Festival „Feuervogel" durch. Es bringt junge Animateure mit Lehrern aus der ganzen Welt zusammen. Es lehren auch bekannte russische Regisseure.

Der größte Bahnhof

Das größte Bahnhofsgebäude befindet sich in Nowosibirsk. Der Nowosibirsk Glawny Woksal (Hauptbahnhof) wurde im Jahre 1940 kurz vor dem Ausbruch des Krieges errichtet.

Viele Filme sind das Ergebnis gemeinschaftlichen Schaffens: Die Kinder arbeiten an den Sujets der Filme, zeichnen, vertonen und drehen. Freunde, Eltern, Brüder und Schwestern werden in die Arbeit einbezogen.

„Mein Traum" von Andrej Danilin ist ein Autorenfilm, obwohl der junge Autor natürlich unterstützt wurde – von seiner Lehrerin Jelena Tichonowa, seiner älteren Schwester, seiner Mutter und sogar seiner Großmutter. Aber eben Andrej entwickelte die Idee des Films. Er verfolgte und realisierte sie mit großem Eifer über einen Zeitraum von zwei Jahren. Der Film handelt von einem Traum – einem Treffen mit einem Albatros.

Jetzt will Andrej einen Film über eine reale Begegnung mit einem Albatros drehen. Er will Traum und Realität vergleichen. Dafür muß er bis zum Meer kommen. Der Grand Prix wird ihm dabei kaum helfen. Denn der Sieg beim Festival bringt zwar Prestige, aber keine materiellen Vorteile. 2001 erhielt „Pojisk" einmal einen Geldpreis – er wurde vom Magistrat am Tag der Stadt vergeben.

Der Speisewagen der Transsibirischen Eisenbahn

Die bekanntesten hier entstandenen Filme sind „Feuervogel", „Feuerwerk in den Bergen", „Meine Geschichte oder die Geschichte des Weißen Pferdes", „Herbst, wie eine rote Katze" und „Mein Vater der Außerirdische". Auf zwei weitere Filme, die mich begeistert haben, will ich noch eingehen: „Irgendein 2000" und „Bravo, Puschkin" sind Gemeinschaftsproduktionen. Ersterer Film ist eine Phantasie zum Thema Neujahr – im Film kommt das Neujahr als fliegender Rowdy und Frechdachs daher. „Bravo, Puschkin" ist eine anmutig-komische Geschichte über unseren berühmten Vorfahren – einen Farbigen. Es ist eine Kurzbiographie aus Kindersicht, in der Puschkin als Spitzbube auftritt. Jedes Kind des Filmkollektivs zeichnete seinen Helden so, wie es ihn versteht, wie er ihm nahe ist, und zusammen machten sie sich dann an die Dreharbeiten und die Vertonung.
Nun, Reisender, wenn das sibirische Land solche Filme hervorbringen kann, lebt es.

Und wieder fliegen draußen sibirische Landschaften vorbei: Ebenen, kleine Wälder, waldbewachsene Bergkämme, Bahngleise, eine raupenähnliche Elektritschka zuckelt am Horizont vorbei, die weißen Türme der Getreidesilos ragen steil auf, ein Düsenjäger hinterläßt am Himmel eine weiße Spur.
Die zurückhaltende Schönheit Sibiriens bezaubert besonders aus der Ferne. Richtet man den Blick gen Himmel, scheint die Natur von süßer Vollkommenheit erfüllt.
Ein Fluß. Kein Anzeichen von Menschen ringsumher. Blaue Weiten. Glätte. Wolken. Der Geist vergeht vor Entzücken. Man möchte ins kühle, sonnengesättigte Wasser stürzen.
Sibirien ist weiter Raum vom Uralgebirge bis fast zum Pazifik. Seit alters her war er mit Orotschen, Eskimos, Nenzen, Chakassen, Niwchen, Korjaken, Itelmenen und Nganassanen besiedelt.

Die Russen kamen nicht erst im 16. Jahrhundert mit dem Kosakenhetman Jermak in dieses Gebiet. Den nördlichen Teil Westsibiriens erschlossen die Nowgoroder bereits im 11. Jahrhundert und nannten ihn „Jugra-Land". Die ersten Hinweise auf eine russische befestigte Siedlung im Jugra-Land findet man in einer Chronik aus dem Jahr 1445 – damals war das Fürstentum Nowgorod dem Fürstentum Moskau noch nicht angeschlossen. Wir werden wohl nie erfahren, wo genau diese Siedlung lag. Mitte des 16. Jahrhunderts nahm Rußland diplomatische Beziehungen zu den Herrschern des Sibirischen Khanats auf. Ende des 16. Jahrhunderts wurden die Nördlichen Gebiete an Rußland angeschlossen. Der russische Staat verfolgte eine intensive Umsiedlungspolitik, so daß es nach hundert Jahren bereits doppelt so viele Zuwanderer wie Ureinwohner gab. Die Zuwanderung ging auch später nicht zurück. Allein zwischen 1871 und 1916 erhöhte sich die Einwohnerzahl Sibiriens durch Zuwanderer um neun Millionen. Sibirien wurde nicht nur für Russen zur Heimat. Dort wurden auch Litauer, Deutsche und Polen – Gefangene aus den russisch-livländischen Kriegen – sowie Schweden, die bei Poltawa gefangengenommen worden waren, angesiedelt. Sibirien ist multinational und homogen zugleich. Die Zuwanderer nannten sich bereits im 18. Jahrhundert voller Stolz Sibirjaken, für sie stand nicht ihre „primäre" Volkszugehörigkeit im Vordergrund.
Interessant ist, daß es in Sibirien nie zwischenethnische Konflikte oder anders begründete Auseinandersetzungen gab. Dies hat natürlich auch damit zu tun, daß die Menschen gemeinsam arbeiteten und sich vergnügten.

Ach ja. Vergnügen, das bedeutet auch reichliches Essen. Piroggen nehmen in der sibirischen Küche einen besonderen Platz ein. Sie können aus Sauerteig oder aus ungesäuertem Teig unter Hinzufügung von Butter auf der Ofensohle gebacken werden. Gefüllt werden sie mit Fleisch, Fisch, Gemüse, Quark

oder Grütze. Piroggen werden auch in der Fastenzeit gebacken. Dann nimmt man statt Butter Pflanzenöl.
Piroggen werden in der Regel zu warmen Speisen gereicht. Traditionell ist für jedes Gericht eine Pirogge mit besonderer Füllung vorgesehen: zur Fischsuppe gibt es Piroggen mit Karotten, zu Nudeln werden Fleischpiroggen, zur Kohlsuppe Piroggen mit Buchweizenbrei und zur Sauerkrautsuppe die mit gepökeltem Fisch angeboten.

Pelmenis sind aus der Küche Sibiriens nicht wegzudenken

Gäste wurden stets gerne mit Tee bewirtet. In Sibirien gab es sogar eine besondere „Teeregel“: der Gast durfte eine Tasse Tee, der Lakai zwei Tassen und ein Verwandter oder naher Freund drei Tassen genießen.
Der sibirische Hausherr – auch das war eine Regel – sollte seinen Gästen seinen Reichtum und seine Freigebigkeit auf jede erdenkliche Art und Weise vor Augen führen; von den Gästen wurde erwartet, daß sie dem Gastgeber ihren Respekt bekundeten und ihre gute Erziehung zeigten.
Wo Tee getrunken wird, gibt es auch Samoware. Zu Beginn des 19. Jahrhunderts entwickelten Meister aus der russischen Stadt Tula besondere Teebereiter, die Samoware, die sich im ganzen Land schnell durchsetzten. Tula wurde zur „Hauptstadt der Samoware“. Samoware gab es in den verschiedensten Ausstattungen und Formen: runde und ovale, vier- und vieleckige. Es gab auch Schultersamoware, die wie ein Rucksack auf dem Rücken getragen wurden. Den vielleicht ungewöhnlichsten Samowar aber entdeckte ich

im Heimatkundemuseum von Wischni Wolotschek. Er sieht wie eine Dampflok aus. Sobald das Wasser im Kessel kocht, beginnt der Samowar zu pfeifen und setzt sich auf dem Tisch in Bewegung, wobei er nicht nur heißes Wasser bringt, sondern auch gleich die Zuckerwürfel.
Die Russen haben eine besondere Einstellung zum Tee und zur Teebereitung. Dies erklärt sich dadurch, daß Tee seit alters her importiert wurde und folglich teuer war. Im Registerbuch der Herbergen in Jenisseisk heißt es, daß die Räume mit Verpflegung vermietet wurden, wobei die aufgelisteten Nahrungsmittel stets die gleichen waren: Der Reisende wurde mit Gries, Kohl, Salz und Kwas versorgt, das heißt mit einheimischen Nahrungsmitteln. Gewürze, Süßigkeiten und Tee wurden in riesigen Mengen importiert.
Somit bildete sich in Sibirien über die Jahrhunderte ein eigenes Verpflegungssystem heraus, das mit dem in anderen Regionen Rußlands nur in Teilen übereinstimmte. Die sibirische Ernährung ist einfach und nicht sehr raffiniert, aber bedenken Sie, daß die Sibirjaken vor allem aufgrund ihrer Gesundheit berühmt sind. „Sibirische Gesundheit" ist längst sprichwörtlich. Und: Ein urstämmiger Sibirjake kann zu jedem beliebigen Zeitpunkt Gäste bewirten, es ist immer etwas im Haus.

Was essen die Sibirjaken nun also besonders gerne? Natürlich sibirische Pelmenis! Diese überall in Rußland beliebte Speise kommt ursprünglich aus dem Gebiet der Komi. Sie werden dort Pel-Njan – „Brotohren" – genannt.
In Sibirien und im Ural wurde die Zubereitung von Pelmenis gleichsam zu einem besonderen Ritual. Zubereiten dürfen die Teigwaren übrigens nur Frauen, die bereits Kinder geboren haben. Sie ziehen dann ihre schönsten Trachten an und singen bei der Zubereitung leise und gedehnt alte Lieder.
Der Sibirjake wird nie sagen „Pelmenis zubereiten". Er benutzt das Wort „strjapat" („formen"). Sie werden zu Hunderten „geformt", gefroren und in Säcken gelagert, die in kalten Vorratskammern aufbewahrt werden. In Sibirien müssen die Pelmenis nach der „Formung" etwa 24 Stunden lang an der frischen Luft gefroren werden. Je klarer und „aromatischer" die Luft, desto besser schmecken die Pelmenis. Zahlreiche „Verwandte" unserer Pelmenis kennt man in vielen Ländern der Welt. In Tschechien sind es Knödel, in Polen Knel und in Italien Ravioli.

Und noch eine kleine Geschichte, die mit Sibirien verbunden ist. Zur Hochzeit der Perestroika, im Jahre 1987, schaute ich in der Redaktion der Zeitschrift „Ogonjok" vorbei. Ich wollte zum 70. Jahrestag der Oktoberrevolution eine Reiseskizze über die Transsib schreiben. „Ogonjok" war mit mehr als 4,5 Millionen Abonnenten die populärste Zeitschrift in der Sowjetunion. In letzter Minute mußte ich die Reise dann aber absagen, da ich meinen Dokumentarfilm beenden mußte. Das hat mich gerettet. An meiner Stelle fuhr

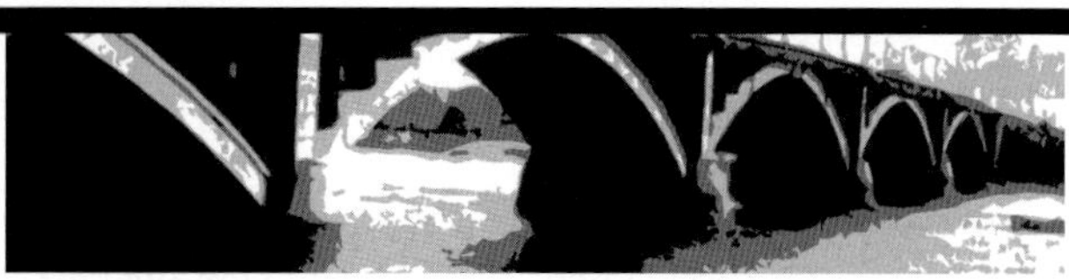

Dmitri Birjukow, ein junger Journalist und Mitarbeiter des „Ogonjok", zusammen mit Jeff Trimblom, dem Korrespondenten des amerikanischen Wochenblattes „US News and World Report". Sie sollten zusammen mit der Transsib fahren und von ihrer Reise jeweils eine Skizze aus unterschiedlichem Blickwinkel mitbringen. Der Beitrag von Birjukow wurde in der Feiertagsausgabe zum 7. November veröffentlicht. Die Skizze zeigte, wie sehr sich Sibirien verändert hat und daß die von Gorbatschow eingeleitete Perestroika „voranschreitet und siegt". Nun, es war eine interessante Skizze, sie wies allerdings einen Absatz auf, in dem es hieß, daß nach Umfragen sibirischer Wissenschaftler sechzig Prozent der sibirischen Bevölkerung die Perestroika unterstützen. In seiner Jubiläumsrede, die ebenfalls in dieser Ausgabe publiziert wurde, hatte Gorbatschow jedoch erklärt, daß die ganze Sowjetbevölkerung die Perestroika unterstützt. Ein Chaos brach aus, das der Chefredakteur des „Ogonjok" Vitali Korotitsch in seinem Buch „Über die erste Person" beschrieb: „Ich erhielt sofort einen Anruf von Alexander Jakowlew, demjenigen in der Partei, vor dem ich den größten Respekt hatte. Er gab Anweisung, den Autor des Beitrages Dmitri Birjukow zu kündigen und eine Strafe gegen ihn zu verhängen. Die Diskrepanz zwischen dem einfachen Parteimitglied und dem Generalsekretär sei offensichtlich. Natürlich hat niemand die Glaubwürdigkeit der Daten überprüft. Sofort wurde eine Kommission des ZK nach Nowosibirsk entsandt, die feststellen sollte, wie die Menschen dort tatsächlich denken. Jakowlew erzählte mir später, daß Gorbatschow ihn am frühen Morgen nach Durchblättern des ‚Ogonjok' angerufen und etwas von einer sibirischen Verschwörung gebrüllt habe. Ein Jahr lang habe ich Birjukow in der hintersten Ecke der Informationsabteilung versteckt gehalten und seine Beiträge unter Pseudonym veröffentlicht, um ihm seinen Arbeitsplatz zu bewahren. Vor zehn Jahren hätte man so einen Birjukow selbstverständlich gefaßt und ihm ohne Recht auf weitere Beschäftigung gekündigt. Vor vierzig Jahren jedoch wäre er wohl erschossen worden."

Krasnojarsk. Kilometer 4 104

Aus meinem Tagebuch „Transsibirischer Expreß": „Donnerstag: Wir erreichten Krasnojarsk, überquerten den berühmten Fluß Birjussa, den wir in unserer Jugend besungen hatten. Eine Art Rettungsanker in der Fülle der Eindrücke bieten die wahnsinnig schöne Landschaft, die am Fenster vorbeifliegt, die gastronomischen Überraschungen und natürlich die interessanten Reisegefährten. Die Menschenpalette im Zug ist einfach phantastisch. Ein junges Paar, das die ganze Fahrt über miteinander flüstert; ein temperamentvoller georgischer Geschäftsmann; ein Landarzt aus der sibirischen Provinz; die Tochter eines Priesters; eine achtzigjährige blinde Greisin; ein Offizier mit einer stark geschminkten, vollbusigen Frau mit wasserstoffgebleichtem Haar und einer Zigarette zwischen den Lippen; eine Gruppe älterer Schulkinder aus Nowosibirsk in modisch löchrigen Jeans und mit Ringen in den Ohren. Eine bunte Vielfalt unterschiedlichster Dialekte, Geschichten und Lebensbeichten.

Das Literaturmuseum in Krasnojarsk befindet sich in einem historischen Holzgebäude

Und ganz verschiedene Charaktere: aufdringlich aggressive, ruhige, aufgedrehte, wohlwollende, finstere und freundliche. Es finden sich Umhergestoßene und Gutsituierte. Der eine schweigt, ein anderer redet, der dritte streitet nur, der nächste vertraut seinem Gegenüber seinen Kummer an, ein anderer wiederum berichtet von seinem Glück."

Geredet wurde im Zug auch stets darüber, wieviel Jahre man brauchte, um im Gebiet Krasnojarsk Erdöl und Erdgas zu entdecken! Sie sehen aus dem Fenster eine prähistorisch anmutende Landschaft mit ihren jungfräulichen grünen Sümpfen, seltenen Bäumen, ovalförmigen stillen Seen. Man denkt zwangsläufig, daß dort immer noch Ichtyosaurier oder anderes Urgetier aus der Jurazeit existieren könnten. Dort wurden Bäume gefällt, scheinbar unpassierbare Moraste mit Reisigbündeln belegt und Bohrtürme errichtet, die Neugier und Besorgnis bei den örtlichen Jägern auslösten, die mit ihren Hun-

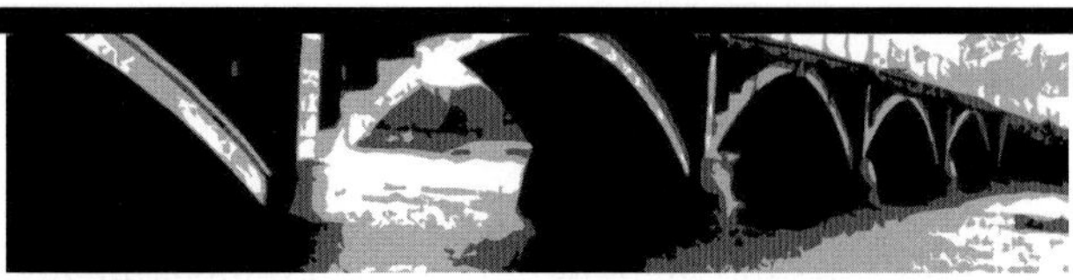

den und Rentieren auf den alten Waldpfaden vorbeizogen. Über die großen Flüsse brachten Lastkähne Ausrüstungen heran, legten an und lagen oft den ganzen Winter über an öden Ufern, wenn ein Unwetter die Rückreise unmöglich machte. Dann steckten die Kähne in Schnee und Eis wie Mammuts, die mit ihren starken Rücken den Dauerfrostboden aufbrachen. Eine der größten Sumpfebenen der Welt mit einer Fläche von mehr als zwei Millionen Quadratkilometern (fünfmal so groß wie Frankreich!) verschlang wie ein Moor immer neues Geld, und war doch nach kurzer Zeit wieder mit einem reinen Moosteppich überzogen. Mehrmals wollte den Beobachtern, der Geduldsfaden reißen. Dann erklang über den Torfsümpfen und Binnenseen das Echo der Kabinettsdiskussionen: „Es reicht jetzt, das Geld des Volkes zu verschwenden!"

Eine Geschichte aus dem Gebiet Tjumen will ich hier einfügen. Ende Sommer 1953 fuhr auf dem Ob eine Karawane von Lastkähnen zum Ort einer neuen Bohrung. Aufgrund des niedrigen Wasserstandes blieben die Lastkähne bei der Siedlung Berjosowo im Gebiet Tjumen stecken.

Die Schiffer loteten die Tiefe mit Stangen aus, Hoffnung konnten sie den Geologen jedoch nicht machen. Die Karawane würde für neun bis zehn Monate ausharren müssen. Dem Gruppenchef Bystrizki wurde befohlen, keine Zeit zu verlieren, Werkzeug, Maschinen und Gerät abzuladen, die Arbeitskräfte in der Siedlung unterzubringen und einen Bohrturm zu errichten. Auch der Bohrpunkt wurde bezeichnet. Bystrizki wanderte mit seinen Freunden durch die Siedlung Sumgut-Wosch (Birkenstadt), rief sich die Bücher, die er gelesen hatte, ins Gedächtnis und suchte nach Spuren des alten Ostjaken-Lagers, wo es zum Aufstand der Wogulen und Ostjaken gegen die zaristischen Steuereintreiber gekommen war, und des niedrigen Hauses, in dem der verbannte Menschikow, Liebling Peters I., Held der Schlacht von Poltawa (1709) und „halbmonarchistischer Herrscher", mit seinen Töchtern gelebt hatte. Doch fand er keine Anzeichen der lange zurückliegenden Geschichte. Es war eine ganz normale Siedlung, zwischen Seen und Sümpfen, und genauso verloren wie alle anderen. Und doch: es war ein Rayonszentrum – zwei Ziegelsteinbauten, ein Fischkonservenkombinat, ein Glaswerk und eine Ziegelei, 4 000 Einwohner. Der bezeichnete Bohrpunkt gefiel den Geologen nicht: zu nahe am Krankenhaus, monierten sie, zudem in einem malerischen Birkenhain gelegen, den abzuholzen, schade gewesen wäre. Und Bystrizki entschied sich für einen anderen Ort, hinter dem Glaswerk, näher zum Fluß Wogulka, was auch den Vorteil hatte, daß die Ausrüstung nicht so weit über Land transportiert werden mußte.

Im September kam es im Bohrloch in Berjosowo zu einem starken Gasausbruch. Über der Siedlung stand ein pausenloses Dröhnen. Die Gas- und Wassereruption verursachte einen solchen Lärm, daß er im Umkreis von zehn Kilometern zu hören war. Die Bewohner der angrenzenden Straßen mußten evakuiert werden. Über Monate hinweg wurde die Eruption totgepumpt. Der Winter kam mit Eis und Schnee. Der Bohrturm wurde zu einem riesigen vierzig Meter hohen Eiszapfen, der immer noch tobte und gefährlich war. Erst im Frühjahr gelang es, die Eruption einzudämmen. Nicht die Prognose von Wissenschaftlern und Geologen, sondern ein Zufall hatte zur Entdeckung des Erdgasvorkommens Berjosowo geführt. Wäre Bystrizki den Anordnungen gefolgt, hätte man die Entdeckung nicht gemacht, so wie man in Westsibirien überall dort kein Öl und Gas gefunden hat, wo die überaus teuren Forschungsbohrungen „planmäßig" durchgeführt wurden.
Im Gebiet Krasnojarsk wurden die reichen Erdölvorkommen sieben Jahre nach den Gaslagern entdeckt. Das ist aber schon eine andere Geschichte ...

Zu Krasnojarsk fällt mir eine romantische Liebesgeschichte ein. Haben Sie von der Liebesgeschichte eines russischen Offiziers und eines Mädchens aus San Francisco gehört? Sie führt uns in das frühe 19. Jahrhundert.
Nikolai Resanow wurde 1764 in einer bescheiden bemittelten Adelsfamilie im Gouvernement Smolensk geboren. Er war Offizier und gründete später die Russisch-Amerikanische Gesellschaft. Um die Handelsbeziehungen zwischen Rußland und Amerika zu verbessern, reiste er im Jahre 1806 mit zwei Schiffen –

Die Kommunale Brücke über den Jenissej in Krasnojarsk

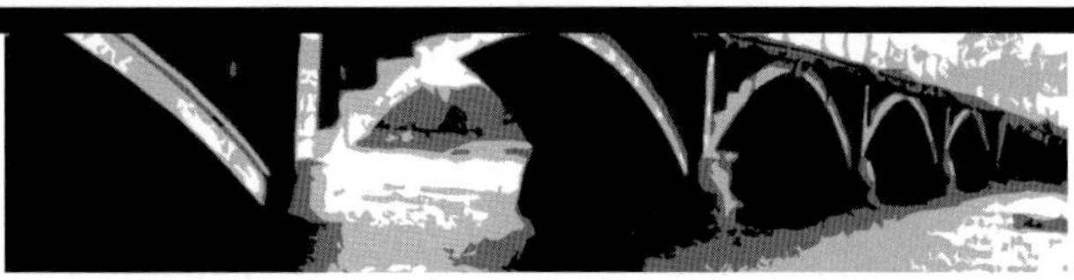

„Junona" und „Awos" - nach Kalifornien. Dort lernte er Conchita, die sechzehnjährige Tochter des Gouverneurs von San Francisco kennen. Resanow und Conchita verliebten sich ineinander und wollten heiraten. Die Eltern des Mädchens waren jedoch dagegen. Sie wollten nicht, daß ihre Tochter Resanow in das ferne Rußland folgte. Sie protestierten aber auch, weil sie Katholiken und Resanow orthodoxer Christ waren. Nikolai Petrowitsch und Conchita ließen sich trotz aller Widerstände trauen. Resanow mußte nach Rußland zurückkehren. Conchita versprach, auf ihn zu warten. Sie wartete mehr als dreißig Jahre - von ihrem 16. bis zu ihrem 52. Lebensjahr. Conchita erfuhr nämlich nicht, daß Resanow auf seiner Rückreise nach Krasnojarsk krank geworden und gestorben war.

Unser Dichter Andrej Wosnessenski erzählte über diese ungewöhnliche Liebe in seinem Poem „Awos". Später schrieb der Komponist Alexej Rybnikow mit „Junona und Awos" das erste russische Musical. Dies wird seit Jahren im Moskauer Theater Lenkom aufgeführt, es wurde auf Gastspielreisen im Ausland gezeigt. Diese traurig-schöne Geschichte über Menschen, die vor 200 Jahren lebten und sich liebten, gefällt der heutigen russischen Jugend.

Krasnojarsk wurde, wie viele alte sibirische Städte, als Ostrog - hölzerner Vorposten - gegründet, um die russischen Grenzen in Sibirien vor den Nomaden zu schützen. 1628 wurde an der Mündung des kleinen Flusses Katscha in den Jenissej eine Festung errichtet. Im 18. Jahrhundert wurde durch die Festung die Straße aus Moskau weitergeführt. Sie verband Rußland mit den Handelsplätzen im Fernen Osten. Dies bestimmte die wirtschaftliche Entwicklung der Stadt in vielerlei Hinsicht. Mit dem Bau der Sibirischen Eisenbahn, die 1895 durch Krasnojarsk verlegt wurde, entstanden für die damaligen Verhältnisse gigantische Unternehmen, nämlich die Eisenbahnreparaturwerkstätten. Die Eisenbahnbrücke über den Jenissej wurde im Jahre 1899 vom Ingenieur Jewgeni Knorre nach einem Entwurf des Ingenieurs Lawrent Proskurjakow gebaut. Sie wurde 1990 in Paris mit einer Goldmedaille als „Höchste Errungenschaft des technischen Gedankens" ausgezeichnet.

In der Schule beschäftigten wir uns mit dem Lebenslauf Lenins. Und so wußte wir, daß die zaristische Regierung Lenin eben dorthin (in das ehemalige Gouvernement Jenisseisk) verbannte und daß eben dort, in Krasnojarsk, auf dem Jenissej das Dampfschiff „Swjatitel Nikolai" auf ewig vor Anker liegt, mit dem Lenin 1897 zu seinem Verbannungsort geschickt wurde.

In der Sowjetzeit entwickelte sich Krasnojarsk zum größten Industriestandort und zum kulturellen Zentrum Ostsibiriens. Während der ersten Fünfjah-

respläne wurden Industriebetriebe und Werften angesiedelt. Gegründet wurden die Forsttechnische Hochschule, später das Sibirische Technologische Institut, eine der größten Hochschulen Sibiriens. Von hier aus starten die Polarluftlinien in den Hohen Norden.
Großzügig wurden und werden die Industrie und die Kultur gefördert sowie Wohnhäuser gebaut. Die Eisen- und Stahlindustrie, die Buntmetallurgie, der Schwermaschinenbau, die Strom-, Holz- und Bauindustrie, die Lebensmittel- und Leichtindustrie – damit ist die Liste der Produktionsbereiche in Krasnojarsk noch nicht vollständig. In vielen Winkeln Rußlands werden die in Krasnojarsk hergestellten Maschinen und Ausrüstungen eingesetzt. Die Erzeugnisse des Krasnojarsker Seidenkombinats gewannen Goldene Medaillen auf internationalen Messen.
Das Krasnojarsker Wasserkraftwerk am Jenissej ist eine wichtige Zentrale des gesamten Energiesystems Sibiriens.
Es arbeiten Dutzende von Forschungs- und Projektinstituten. Die Staatliche Universität, die Hoch- und Fachschulen der Stadt bilden Spezialisten für verschiedene Zweige der Volkswirtschaft aus.

Das kulturelle Leben ist reich. Es gibt eine Philharmonie, fünf Theater, den Zirkus und Bibliotheken. Seit 2003, dem 375. Gründungsjahr, wird in Krasnojarsk am Tag der Stadt Karneval gefeiert. Die Stadt entwickelt sich und wird immer schöner. Es wurden moderne Wohngebiete geschaffen, neue Straßen gebaut, Parks und Grünanlagen angelegt. Drei Brücken führen über den Jenissej. Neben der Eisenbahnbrücke sind es die Kommunale Brücke, die 1961 über den Fluß geschlagen wurde, und die Oktoberbrücke, die 1987 freigegeben wurde. Eine Abbildung der Kommunalen Brücke ziert übrigens unseren 10-Rubel-Schein. In der Altstadt sind eindrucksvolle Bauten entstanden. Neu wurden das Rathaus, das Opern- und Balletttheater, der Orgelsaal, der Städtische Pionierpalast und Hotels gebaut. Ins Stadtbild fügen sich die rekonstruierte Ausstellungshalle, das Kunstmuseum und der Surikow-Gutshof harmonisch ein. Viele Touristen besuchen das einmalige Naturschutzgebiet Stolby am Stadtrand.
In malerischer Landschaft wurden Sportanlagen errichtet. Krasnojarsk war bereits zwei Mal – 1982 und 1986 – Austragungsort der Winterspartakiaden der Völker der Sowjetunion. Und die Stadt bewirbt sich um die Internationale Winteruniversade 2019. Rund 13 000 Sportler aus 170 Ländern der Welt werden in 27 Sportdisziplinen antreten. Vergeben werden sollen mehr als 300 Medaillensätze – ein absoluter Rekord in der Geschichte der Universade. Die Spiele sollen in 64 Sportanlagen stattfinden, 36 davon sollen speziell für die Spiele gebaut werden. Austragungsorte sind unter anderem die Stadien „Jenissej" und „Metallurg", die Biathlon-Akademie, die Arena

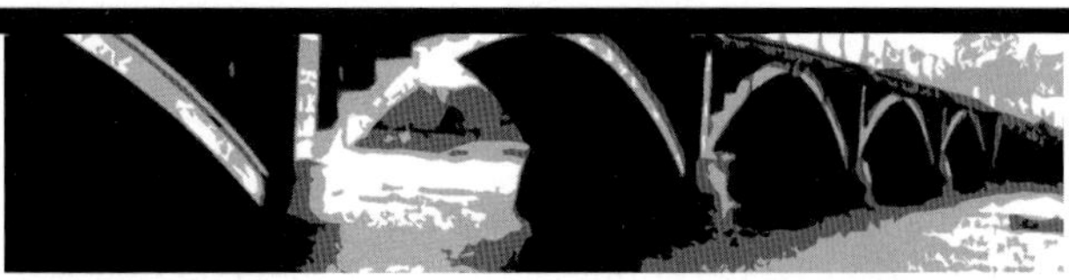

„Sewer" und die Eishalle in Aschinsk. In Krasnojarsk sind Sportarten wie Felsklettern, Ringen, Rugby, Eishockey, Alpiner Ski, Biathlon (weltbekannt sind die Namen der Europa- und Weltmeister Olga Pylewa und Pawel Rostowzew), Gewichtheben, Paragliding, Snowkiting und Sportgymnastik entwickelt. Das Potential ist also da.

Bereits traditionell werden in Krasnojarsk das Fest des russischen Winters, Konzerte der musikalischen Elite aus Moskau und Petersburg, der Musikwettbewerb „Sajanisches Feuer", das Fest der bildenden Künste Rußlands, die Surikow-Tage gefeiert.

Wenn Sie eine kleine Erinnerung an Krasnojarsk mitnehmen wollen, schauen Sie doch, ob Sie Postkarten, Bildbände oder Abbildungen der Werke des talentierten Malers Wassili Surikow (1848 bis 1916) finden. Er schuf so berühmte Gemälde wie „Die Eroberung Sibiriens durch Jermak", „Die Bojarin Morosowa", „Die sibirische Schönheit" und „Einnahme des Schneestädtchens". Surikow stammte aus einer Kosakenfamilie, die bereits im 16. Jahrhundert vom Don nach Sibirien gezogen war. Krasnojarsk prägte die Wahrnehmung des Malers, hier entstanden seine ersten Werke. Das Sibirien des 19. Jahrhunderts möchte ich als lebendige Geschichte bezeichnen. Denn die wichtigsten Merkmale der Lebensweise, Sitten und Bräuchen, wie sie für das 17. Jahrhundert charakteristisch waren, waren hier unberührt erhalten geblieben. Auch gab es keine Leibeigenschaft in Sibirien. Aber: Sibirien war weit vom Zentrum Rußlands entfernt. Dies veranlaßte die zaristische Regierung, die ganze Region in ein Gefängnis für politische Gegner zu verwandeln, die für ihr freies Denken und ihre Proteste verbannt wurden. Unter diesen widersprüchlichen Verhältnissen formte sich die rauhe und kräftige Gestalt des Sibirjaken heraus, der sich durch ein ausgeprägtes Selbstwertgefühl, durch Energie, durch Selbstachtung und Würde auszeichnet. „Sie waren kräftige Menschen, stark im Geist, voller Elan", so schreibt Surikow.

Denkmal für den Maler Wassili Surikow

Surikow lebte bis zu seinem 20. Lebensjahr nur in Sibirien. Er hatte eine feine Beobachtungsgabe und ein phantastisches visuelles Gedächtnis: Was er

einmal gesehen hatte, behielt er sein ganzes Leben lang. Und der wertvolle Bestand an „sibirischen" Eindrücken war ihm unversiegbare Quelle für sein weiteres Schaffen.
Seine besten Werke befinden sich heute in der Tretjakow-Galerie in Moskau. Wenn ich dort bin, stehe ich immer lange vor seinem frühen Aquarell „Die Minussinsker Steppe" aus dem Jahre 1873. Das Bild erinnert mich an die Aussicht, die sich aus dem Fenster meines Abteils bietet. Surikow hat es verstanden, nicht nur die äußeren, sichtbaren Merkmale der Landschaft wiederzugeben, sondern deren Wesen einzufangen. Er sah in der Steppe vor allem die Erhabenheit endloser Weite und ihre freie, herbe Schönheit.
Nur drei Kilometer vom südwestlichen Stadtrand Krasnojarsks entfernt findet sich ein einzigartiger Ort, eine Perle der sibirischen Natur. Es ist das Naturschutzgebiet „Stolby", das sich am rechten Jenissej-Ufer entlang der nordwestlichen Ausläufer der Ostsajanberge erstreckt. Hier, in der Taiga, erheben sich auf einer Fläche von 47000 Hektar insgesamt etwa hundert Felsen. Die emporstrebenden Steinriesen sind rosabraunes Kristallgestein – Granit – beziehungsweise Syenithärtlinge. Die höchsten Felsen ragen bis zu hundert Meter in den Himmel. Regen und Wind, Frost und Sonne formten über Millionen Jahre bizarre Figuren. Die Menschen gaben ihnen Namen wie „Großvater", „Großer Königsadler", „Löwentor", „Lämmergeier" und „Federn". Das Revolutionskomitee des Gouvernements Jenisseisk beschloß im Jahre 1920, das Holzfällen und den Steinbruch im Raum „Stolby" zu verbieten und erklärte das Territorium zum Schutzgebiet. Bis heute wird hier eine umfassende Forschungsarbeit geleistet. Untersucht werden Naturprozesse und die Beziehungen zwischen den einzelnen Elementen in natürlichen Ökosystemen. Die Wissenschaftler des Reservats erarbeiten Methoden zur Aufforstung von Zedern in den sibirischen Wäldern, zur Erfassung des Zobelbestandes und zur Bewertung von Jagdrevieren. Experimente zur Zähmung und vor allem zur Erhaltung zahlreicher Tier- und Vogelarten werden durchgeführt. Unter natürlichen Bedingungen leben hier mehr als hundert charakteristische Vertreter der sibirischen Tierwelt.
Wunderbare, beeindruckende Natur! Vom Aussichtsplatz aus bietet sich ein atemberaubendes Panorama: bizarre Birkenspitzen, wie geschnitzt wirkende Zweige der Ebereschen, imposante Felsen, mit Nadelwäldern bewachsene Hügel. Riesige vom Blitz gespaltene Lärchen und Zedern tragen zu einer ganz besonderen Atmosphäre bei. An den Hügelhängen und in den Flußtälern wachsen exotisch schöne Blumen – Scharki, aber auch Vergißmeinnicht und Weidenröschen. Der Maler Surikow sagte einmal: „Ich sah die schweizerischen und die italienischen Alpen, nirgendwo aber habe ich solche Schönheit gesehen wie hier bei uns in Sibirien!"
Das Krasnojarsker „Stolby" lockt jedes Jahr Hunderttausende Touristen an. Im Winter zieht es die alpinen Skisportler hierher. Mit den „Stolby", dies be-

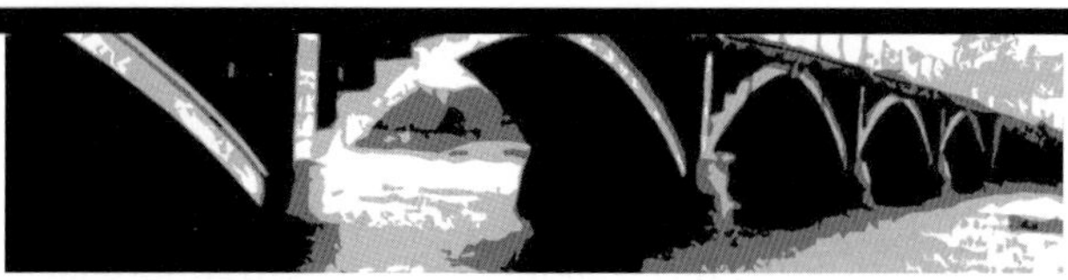

deutet einfach „Säulen", hängt jedoch natürlich noch eine Sportart zusammen – das Felsenklettern.
Die steil aufragenden, phantastisch geformten Felsen ziehen die Kletterer magisch an – von Anfängern bis hin zu den Profis der Klettermannschaften, die dort trainieren. Die „Säulensteiger", die Woche für Woche aus Krasnojarsk kommen, haben das „Klettern" in eine Lebensweise verwandelt. Krasnojarsk ist ohne diese Enthusiasten nicht denkbar. Was sie einem staunenden Publikum an

Im Naturschutzgebiet „Stolby" am rechten Jenissej-Ufer erheben sich ...

auf einer Fläche von 47 000 Hektar insgesamt etwa hundert Granitfelsen

den Felsen vorführen, ist schlichtweg faszinierend. Wettklettern an fast senkrecht aufragendem Fels – ohne Sicherung und bei jedem Wetter. Sie „steigen" mit dem Kopf nach unten in einen engen Spalt zwischen zwei Felsen, sie bremsen ab, indem sie ihren Rücken oder ihre Beine an die Felswände pressen – „Hautschinderei" nennt man dies. Das alles ist für die „Säulen" ganz normal. Für Anfänger findet sich immer ein einfacher Felsen wie der „Kleine Elefant" oder die „Erste Säule". Und für alle anderen Besucher gibt es die Seilbahn, von der aus sich ein beeindruckendes Panorama bietet.

Ich träumte davon, zwei Reportagen über die Region Krasnojarsk zu machen. Nur eine wurde vollendet. Ich beginne mit der Reportage, die ich dann doch nicht gemacht habe.
Irgendwo im entlegenen Walddorf Bachta, in der Region Krasnojarsk (1150 Kilometer vom Regionszentrum entfernt) lebt ein Mann, in den ich mich aus der Ferne verliebt hatte. Er ist gebürtiger Moskauer, Neffe des berühmten Filmregisseurs Andrej Tarkowski und Enkel des bekannten Dichters Arseni Tarkowski. Sein Name – Michail Tarkowski. Ihm wollte ich ein Filmporträt widmen. Denn er hatte die russische Hauptstadt verlassen, weil er nicht im Lichte des fremden Ruhms seiner berühmten Verwandten leben, sondern sein Leben selbst gestalten wollte. Wie gesagt, Michail Tarkowski lebt bereits seit zwanzig Jahren in diesem sibirischen Walddorf. Er arbeitet als Jäger und schreibt Gedichte und Prosa – mit großem Erfolg. Leider wurde aus dem Filmprojekt dann doch nichts.
Ich reiste schließlich nach Krasnojarsk, um eine Reportage über den nördlichsten Punkt Rußlands zu machen. Fast jeder in Rußland glaubt, daß mit dem Hohen Norden Jakutien gemeint ist. Nichts dergleichen. Der Hohe Norden ist der „Scheitel" der Region Krasnojarsk, nämlich die Landzunge Tscheluskin (77°43` nördlicher Breite) auf der Halbinsel Taimyr im Autonomen Bezirk der Dolganen und Nenzen. Dieser Bezirk gehört zur Region Krasnojarsk. Der Krai ist derart groß, daß sich auch der Mittelpunkt Rußlands dort befinden soll. Worüber übrigens immer noch viel gestritten wird. Denn einige Geographen behaupten, daß der Mittelpunkt eher im Gebiet Irkutsk zu finden ist, andere orten ihn irgendwo im Gebiet Tjumen, wo er direkt in einem Sumpf liegt.
Der April ist in Krasnojarsk normalerweise wärmer als im östlichen Sibirien. Die Wärme kommt jedoch langsam und nur zögerlich und es weht stets ein frischer Wind. In der Regel wird die Siedlung Worogowo im Rayon Turuchansk im Frühjahr von einer Überschwemmung heimgesucht – die Male, daß Worogowo verschont blieb, lassen sich zählen. Die Siedlung liegt direkt an der schmalsten Stelle des Jenissej. Kommt das Hochwasser, versinken die Häuser bis zum Dach in den Fluten, danach aber werden in den Pfützen Störe gefangen. Es heißt, daß man im Norden nicht leben sollte. Das Klima und die Bedingungen seien der Gesundheit abträglich, der Organismus verschleiße schnell. Nichtsdestoweniger gibt es in der Region Krasnojarsk 126 Langlebige, das heißt Menschen, die älter als hundert Jahre sind!

Taischet. Kilometer 4 522

In Taischet beginnt die Baikal-Amur-Magistrale (BAM), die nördlich der Transsib auf einer Länge von 3 400 Kilometern bis zum Pazifik führt.

Am 29. September 1984 wurde der „silberne Schienennagel" eingeschlagen. Damit wurde offiziell die Fertigstellung des „Vorhabens des ganzen Volkes", „des Schwerpunktprojekts der Komsomolzen der UdSSR" gefeiert. Dem Jubel folgte alsbald bittere Enttäuschung. Entlang der Eisenbahn, an der länger als fünfzig Jahre gebaut worden war (die Bauarbeiten wurden noch vor dem Großen Vaterländischen Krieg auf persönliche Anweisung Stalins begonnen und dann im Krieg ausgesetzt, wobei die bereits verlegten Gleise wieder abmontiert und auf wichtigeren Strecken neu verlegt wurden), lagen unerschlossene Gebiete. Die Bauarbeiten fügten der Umwelt schwere Schäden zu und störten das ökologische Gleichgewicht. Die Bauarbeiter und die Bahnbetreiber hatten keine Wohnungen, denn niemand hatte an die Menschen gedacht, alle starrten nur auf die Planziffern.

Wie früher die Frontberichte wurden die Meldungen über den Bau der Baikal-Amur-Magistrale täglich auf den ersten Seiten der unionsweit erscheinenden Zeitungen veröffentlicht. Über die BAM wurden Lieder gesungen und Gedichte verfaßt. Zur BAM reisten Jugendliche aus allen Teilen der Sowjetunion. Dann geriet die BAM in Vergessenheit. Man munkelte: „Braucht man diese Eisenbahn überhaupt?"

Die Gouverneure der Föderationssubjekte, durch die die BAM verläuft, mochten die Frage der Journalisten nicht, ob man das stillgelegte Projekt nicht wieder aufnehmen solle. Alle verstanden, daß Rußland diese Eisenbahn braucht, daß sie wichtig ist, um Frachtgut von einem Ende des Landes zum anderen zu befördern. Das Problem war nur, daß das Geld für die Bauarbeiten nicht zur Verfügung stand, und auch niemand wußte, wann Mittel verfügbar sein werden.

Ohne viel Aufhebens machte sich das Eisenbahnministerium auf die Suche nach Geld. Man sammelte das Geld buchstäblich rubelweise. Am 30. März 2001 ging die Meldung über den Ticker: „Um 7.16 Uhr Moskauer Zeit wurde auf der Baikal-Amur-Magistrale der Tunnel Sewero-Muiski durchbrochen."

In der Flut der Berichte über Flugzeugentführungen und die Verluste in Tschetschenien wurde die Meldung zwar zur Kenntnis genommen, allerdings nicht ausreichend gewürdigt. Was der Durchbruch des Tunnels tatsächlich bedeutet, kann nur derjenige beurteilen, der die Baugeschichte im Detail kennt. Die Querung der Sewero-Muiski-Bergkette (der Wasserscheide zwischen dem Baikalsee und dem Fluß Witim) war der komplizierteste Abschnitt bei der Projektierung der BAM. Die Bergkette erstreckt sich über 300 Kilometer und einzelne Bergspitzen ragen bis zu einer Höhe von 2 500 Metern empor. Die geologische Struktur der Bergkette war bei Aufnahme der Bauarbeiten un-

zureichend erforscht. Satellitenaufnahmen zeigen, daß die Projektentwickler gelinde gesagt nicht die optimalste Strecke gewählt hatten.
Es war eine überaus schwierige Arbeit. Im Bauprozeß türmten sich laufend unerwartete Hindernisse auf. Einmal sackte die Strecke unvermittelt ab. Die Bruchstelle war, wie sich herausstellte, ein altes Flußbett voller Wasser, Sand und Geröll. Vor zwei Jahren kam es zu einem schrecklichen Unglück. 8 000 Kubikmeter Bergmasse brachen ein. Man benötigte ein Jahr intensiver Aufräumarbeiten und reger Bautätigkeit, um wieder auf den Stand von vor dem Unfall zu kommen. Insgesamt gab es in der Baugeschichte des Tunnels vier große Unfälle, die 51 Todesopfer forderten.
Bereits 1988 war gefordert worden, das Bauvorhaben einzufrieren. Die Finanzierung aus dem föderalen Haushalt wurde eingestellt. Dann aber stellte sich

In Taischet treffen die Transsibirische Eisenbahn und die BAM zusammen

heraus, daß der Baustopp mehr kosten würde als dessen Vollendung. So beschloß also das Eisenbahnministerium, den Tunnelbau unter seine Schirmherrschaft zu stellen. Mit großer Mühe warb man wieder Spezialisten an und sicherte die Lieferung von Baustoffen und Ausrüstungen zu.
Man nutzte bei diesem Bauvorhaben nun die neuesten Technologien. Nur die russischen Baufachleute wissen, wie die tektonischen Brüche im vorhinein mit Impulsen elektromagnetischer Felder der Erde ermittelt werden können und wie der Boden im Bereich der Brüche mit chemischen Stoffen gefestigt werden kann. Ja, das ist russisches Know-how. Und so wurde der Tunnel Sewero-Muiski durchbrochen. Er ist mit 15,343 Kilometern der längste Tunnel in Rußland und der fünftlängste der Welt.

Viele Eisenbahnfreunde und Reiselustige stellten immer wieder die gleiche Frage: Wann können wir auf der grandiosen Magistrale reisen? Am 5. Dezember 2003 war es denn endlich so weit: der Bau der BAM war vollendet, der Tunnel wurde für den regulären Betrieb übergeben. Die Inbetriebnahme erlaubt die Nonstop-Fahrt schwerer Güterzüge auf der BAM. Die Reisezeit auf diesem Abschnitt verkürzte sich von 2,5 Stunden auf 25 Minuten.
Und noch: In naher Zukunft wird im Fernen Osten ein neues Megaprojekt verwirklicht werden. Es wird wieder an der BAM gebaut. Genauer gesagt, bis 2025 wird beendet, was die ersten Erbauer nicht abgeschlossen hatten. Es ist das Projekt BAM-2. Wo die BAM eingleisig verläuft, wird sie zweigleisig ausgebaut. Die ganze Strecke soll zu einer Schnellfahrstrecke werden. Und vor allem wird eine durchgängige Infrastruktur für Elektroloks geschaffen. Mit den Arbeiten an der BAM-2 hat man bereits begonnen. Im Sichote-Alinski-Gebirge ist der Tunnelbau in vollem Gang. Für die Rekonstruktion der gesamten Magistrale wird man nach Einschätzung von Fachleuten allerdings nicht nur zehn Jahre, sondern Jahrzehnte brauchen. Aber die BAM wird zur Belebung der russischen Wirtschaft beitragen. Es ist vermutlich das einzige Bauvorhaben in Rußland, das tatsächlich in die Zukunft gerichtet ist. Im Umfeld der Strecke ist nämlich das gesamte Periodensystem der chemischen Elemente konzentriert. Hier lagert ein Drittel der Naturschätze Rußlands!

Irkutsk. Kilometer 5 191

In den 60er und 70er Jahren war ich in der jakutischen Kleinstadt Lensk als Musiklehrerin beschäftigt. Meine Tochter Jana kam im Winter zur Welt – die Temperaturen fielen auf minus fünfzig Grad Celsius. Um unsere Tochter zu baden, nahmen wir eine Schüssel mit Wasser, gossen Spiritus darüber und zündeten ihn an. Der brennende Spiritus wärmte das Wasser, und wir konnten unser Baby baden. Es war eine erstaunliche Zeit. Jeden Sommer in den Schulferien fuhr ich mit meiner Tochter in den Urlaub. Zunächst einmal ging es natürlich nach Moskau. Aus Lensk mußte man das Flugzeug nach Irkutsk nehmen, von dort reisten wir dann weiter mit der Transsibirischen Eisenbahn in fünf Tagen bis in die Hauptstadt. In Irkutsk blieb ich immer einige Tage, denn hier lebte die Familie Lawrow – eine alte russische Familie. Professor Michail Michailowitsch Lawrow war Geologe und ein ausgezeichneter Literaturkenner. Sein Urgroßvater war Herausgeber der „Russkaja mysl" („Russische Idee"), und mit Tschechow und Gilarowski befreundet. Michail Lawrow besaß eine einmalige Sammlung von Gedichten, die zu jener Zeit nicht veröffentlicht werden durften: Mandelstam, Zwetajewa, Gumiljow. In seinem Haus herrschte eine ganz besondere Atmosphäre. Dieser grauhaarige, schlanke, hochgewachsene und dabei erstaunlich kräftige Mann war erhaben in seinen Taten und Gedanken. Wir lernten alle bei ihm. Die ersten Samisdat-Bücher las ich in dieser Familie. Michail Michailowitsch war einer meiner ersten literarischen Lehrmeister in Sibirien. Die Welt wird ärmer ohne solche Menschen, die uns, Kinder einer anderen Generation, zum herzlichen Gespräch einluden. Wir waren jung, liebten den alten Professor sehr und verstanden gut, was er uns mit auf den Weg geben wollte: „Versucht stets, euch selbst zu finden und eurem Anliegen zu folgen!" Als ich an diesem Buch arbeitete, erinnerte ich mich wieder an meinen alten Lehrmeister. Im Jahr 2001 gedachten wir des 110. Geburtstages des Dichters Ossip Mandelstam. Mandelstam war einer der ersten, der für jeden verständlich ausdrückte, was der Hunger, die Kolchosen und später auch Jossif Stalin bedeuteten. Er begriff sehr wohl, was für Folgen all dies nach sich ziehen würde. Vor gerade zehn

Straßenszene in Irkutsk, das vor etwa 350 Jahren gegründet wurde

Jahren wurde in Wladiwostok ein Massengrab entdeckt, in dem neben Hunderten Häftlingen auch Mandelstam begraben ist.

Aus meinem Tagebuch will ich eine kleine Geschichte anfügen, die mich damals sehr bestürzt hat.

In Irkutsk setzte sich mir gegenüber auf den freigewordenen Platz eine sympathische Frau mittleren Alters. Eine Jakutin und von Beruf Expertin für Dauerfrostboden. Sie erzählte folgendes:

„Ich arbeite am Institut für die Erforschung des Dauerfrostbodens in Jakutsk. Ich liebe meine Arbeit sehr. Aber manchmal passieren bei uns so schreckliche Dinge, daß ich am liebsten alles hinwerfen möchte. Aus Jakutien werden in letzter Zeit ganz legal, nämlich mit einer staatlichen Genehmigung für den Handel mit paläontologischem Material, einzigartige Dinge ausgeführt. Früher, in den 70er Jahren, kannte man dies nur aus der Mongolei, die die Hälfte ihrer Deviseneinnahmen durch den Verkauf von Saurierskeletten und -eiern erzielte. Ein Saurierei kostete damals 1 500 Dollar. Ich absolvierte damals ein Praktikum in der Mongolei und weiß, wovon ich spreche. Und heute? Heute werden Urzeitskelette aus Jakutien ausgeführt. Und wenn es nicht auf legalem Weg geht, werden sie gestohlen. Unser jakutisches Mammutmuseum ist in der vierten und fünften Etage des Museums für Archäologie und Ethnographie untergebracht. Aus unserem Museum wurde ein rund 20 000 Jahre altes Skelett einer seltenen und längst ausgestorbenen Nashornart gestohlen. Können Sie sich das vorstellen? Das Skelett ist 600 000 Dollar wert. Das Mammutskelett unseres Museums wird auf 100 000 Dollar geschätzt. Ich denke dauernd: Wie konnten die Diebe das beinahe 200 Kilogramm schwere Nashornskelett durch das Fenster bringen und wegschleppen? Kurz zuvor hatten junge Rowdies das Mammutdenkmal auf dem Gelände unseres Instituts zerstört. Dabei war dieses Denkmal eine Art Visitenkarte Jakutiens."

Das Mammutdenkmal vor dem Institut für die Erforschung des Dauerfrostbodens in Jakutsk

Am Fenster ziehen erstaunliche Bäume vorbei – Zedern. Die Zeder ist der wertvollste Baum Sibiriens.

Die russischen Bauern rodeten schon in alten Zeiten den Wald. Die Zeder aber, die sie „Brotbaum" nannten, rührten sie nie an. Die Früchte der Zeder, die Zirbelnüsse, sicherten den Bauernfamilien mehr als die Hälfte ihres Einkommens. In einigen Dörfern der Region werden die Zirbelnüsse wie Sonnenblumenkerne gepreßt, dabei entsteht ein hellgelbes, beinahe durchsichtiges, schmackhaftes, kalorienreiches Öl, das sich mit den berühmtesten Olivenölen messen kann. Die Waldbewohner bewirten ihre Gäste auch mit Zirbelnußmilch: Das Herstellungsverfahren ist im Grunde genommen einfach. Die Kerne werden in einer Schüssel zerstampft, mit heißem Wasser übergossen und stehengelassen. Und schon ist die Zirbelnußmilch fertig, die hinsichtlich ihres Fettgehalts die beste Kuhmilch übertrifft.

Was für ein Erlebnis, in aller Ruhe auf einem Waldpfad unter Zedern zu gehen. Wie Adlerflügel breiten sich ihre Zweige aus, und ihre prächtige fürstliche Nadelbefiederung betrachte ich stets in ehrfurchtsvollem Schweigen. Einige dieser sibirischen Riesen sind 600 bis 630 Jahre alt, aber immer noch stark und im Saft. Ziehen Sie nur eine Nadel aus dem Harzklumpen und zerreiben Sie diesen zwischen den Fingern – Sie werden Schwindel fühlen wie im betäubenden Rausch der Sonne. Zederngeist galt immer als gesund. Aus Zedern wurden Häuser für die Ewigkeit gebaut und Truhen und Kisten für teure Kleidung angefertigt, um sie den Enkeln und Urenkeln gut erhalten übergeben zu können.

Der Publizist W. Dmitrijew, ein Zeitgenosse Puschkins, pries auf den Seiten des „Sibirski westnik" die majestätische Zeder: „Was für eine Majestät strahlt dieser Baum aus, welch heiliger Schatten herrscht in der Dichte seiner Wälder, die die hügeligen Ufer des erhabenen Stroms Ob kleiden, der seine seltenen Naturschönheiten gleichsam in einem von den blauen Katunbergen umgebenen Amphitheater aus dem Zusammenfluß des sein Wasser zornig tragenden Flusses Bija mit dem stillen Gewässer der Katun sammelt. Treten Sie ein in die schattigen Zedernwälder. Dort empfängt sie die Schläfrigkeit der Waldbewohner. Die von Früchten schweren Zedernzweige werden vom flinken Zobel, vom springfreudigen Eichhörnchen und vom gestreiften Erdhörnchen, die durch einen vom Bogen eines Jägers abgeschossenen Pfeil aufgescheucht wurden, in Bewegung gebracht – und rauschen." „Der Reichtum der sibirischen Zedernwälder ist von vielfältigem Nutzen für den Staat", auch das merkte Dmitrijew an. „Er ist für den Binnen- und möglicherweise auch für den Außenhandel bedeutsam."

Diese Gedanken sind auch heute – 150 Jahre, nachdem sie niedergeschrieben wurden – noch aktuell. Die Zeder heißt in Wahrheit sibirische Zirbelkiefer. Im riesigen Waldmeer der Sowjetunion von 680 Millionen Hektar nahmen die Zedernwälder nur 37 Millionen Hektar ein. Immer schon liebten die Bauern diesen Baum und pflanzten junge Bäume vor ihre Häuser. In den Waldsiedlungen sind heute noch ganze Zederngärten anzutreffen. Dann kam jedoch der Mensch mit seinem Beil. Die Möbelfabriken und Schiffswerften

bestellten das harte schöne Holz. Zedernholz wurde zudem für Zupfinstrumente genutzt, denn es weist beste Klangeigenschaften auf. Die Bleistifte in der Sowjetunion wurden aus sibirischen Zedern hergestellt. Jahrhunderte hatten die Bäume überdauert, der Motorsäge hatten sie jedoch nichts entgegenzusetzen. Man hätte Verständnis, wenn die Zedern nur für den tatsächlichen Bedarf und entsprechend den Vorgaben der Forstwissenschaft gefällt, besonders wertvolle Waldungen nicht angegriffen und vor allem die Flächen aufgeforstet würden. Aber die Natur des russischen Menschen kennt keine Grenzen: Er schmaust und arbeitet extensiv. Wie auch das Holz extensiv gefällt wird.

Haben Sie jemals etwas vom Eisenbaum gehört? Wenn nicht, müssen Sie sich unbedingt die 300 Jahre alten Holzhäuser in Irkutsk genauer ansehen. Versuchen Sie einmal, in dieses Holz mit der Axt eine Kerbe zu schlagen! Ich versichere Ihnen, Ihre Axt wird zerbrechen. Festungen, Wohnhäuser und andere Bauanlagen errichteten unsere weisen Vorfahren nämlich aus im Winter gefällten sibirischen Lärchen. Im Winter behält der Baum alle seine Säfte. Und er ist wie Eisen: Das Holz fault nicht, sondern wird härter, je feuchter es ist. Aus Sicherheitsgründen wird heute empfohlen, beim Hausbau besondere Verankerungen anzubringen. Aber niemand hat wohl je versucht, mit einer Axt in ein Holzhaus in Irkutsk hineinzuschlagen! Nein, früher wurden keine Antiseptika verwendet. Das Holz wurde auch nicht mit Fluornatrium, Kreosotöl oder Bitumen behandelt. Aber diese Häuser stehen seit 300 Jahren!
Warum sollten die Stromleitungen über Träger aus Metall oder Stahlbeton geführt werden, wenn wir doch sibirische Lärchen haben? Die Russen bauten erstmals Ende der 60er und Anfang der 70er Jahre eine über Masten aus Lärchenholz geführte 110-Volt-Stromleitung von Bratsk bis Kotschunicha. Dieser Baum wurde seitdem als Träger für viele Oberleitungen in Ostsibirien verwendet. Fährt man mit dem Zug eine Schneise entlang, scheinen uns diese an altslawische Buchstaben erinnernden Pfeiler zu mahnen: Denkt an die Erfahrungen eurer Vorfahren, nutzt das einfache und preiswerte Material auch im Zeitalter der modernen Baustoffe!

Irkutsk selbst existiert seit mehr als 350 Jahren. Das Stadtwappen wurde 1790 angenommen. Es zeigt einen laufenden schwarzen Tiger mit einem roten Zobel im Maul.
In dieser sibirischen Stadt mit ihren spitzen Kirchtürmen wurde vor 200 Jahren die sibirische Intelligenz groß. Dort trafen sich Kreise und Gesellschaf-

ten, deren Mitglieder den Reichtum eines Hauses nicht nach Zobelfellen, sondern nach dem Umfang der Büchersammlungen maßen. In Irkutsk arbeitete bereits 1789 eine ausgezeichnete öffentliche Bibliothek, die zweitbeste nach Tula, die vier Jahre zuvor ihre Türen geöffnet hatte.
In der Stadt versammelten sich regelmäßig in privaten Zirkeln die Dekabristen, Petraschewzen und andere politische Verbannte sowie alteingesessene aufgeklärte Bewohner. Bücher und Periodika kamen aus Sankt-Petersburg, Moskau und vielen anderen europäischen Städten. Man kann den al-

An den Bahnhöfen, wie hier in Irkutsk, werden Speisen und Getränke verkauft

Die Holzhäuser in Irkutsk sind teils schon 300 Jahre alt

ten Quellen glauben, in denen die Besucher aus Zentralrußland ihre Gedanken darlegten. Sie staunten darüber, wie sehr man in Sibirien „die Literatur liebt, wie offen man über die verschiedenen literarischen Tendenzen diskutiert und auch die Nachrichten aus Europa nicht verschmäht." Die bücherreichste Stadt Sibiriens war eben Irkutsk.

In der über 350jährigen Geschichte der Stadt hat sich ein einzigartiger Bestand von Denkmälern der Holzarchitektur herausgebildet – Meisterwerke der Architektur, die des Schutzes bedürfen. Als im Jahre 2009 das Konzept des Wiederaufbaus und der Sanierung des 130. Quartiers – eines der größten historischen Viertel der Stadt – bekanntgegeben wurde, war klar, daß die Wiedererschaffung eines solchen Ortes, wo die Vergangenheit auf die Moderne trifft, eine schwierige und zugleich herausfordernde Aufgabe ist. Die Grundidee ist, eine solche Atmosphäre zu schaffen, daß die Menschen hier das Gefühl der Zugehörigkeit zu gemeinsamen kulturellen Werten erfahren. Der Spaziergang durch die Sloboda Irkutsk kann als Promenade durch

die alte Stadt und ihre Geschichte charakterisiert werden. Den Geist des Alten atmet die ganze Stadt. Die Wiederherstellung der alten Höfe und einzigartigen Holzhäuser wird ergänzt durch das Milieu, das historische Viertel weltweit zu einzigartigen Orten macht. Übrigens wurde von der Stiftung „Irkutsker Sloboda" das 450 Seiten starke Buch „Stadt und Holz, Architektur und Handwerk" herausgegeben. Bis ins Detail sind hier alle Schmuckelemente der alten Architektur der Angara-Hauptstadt erläutert. Das Buch ist reich an Illustrationen, die ein umfassendes Bild von der Vielfalt unseres kulturellen Erbes zeichnen.

Das Dekrabistenmuseum in Irkutsk

Eine schöne, moderne Stadt ist Irkutsk. Wenn man mich jedoch bittet, über die Stadt selbst zu erzählen, drängen sich andere Bilder in mein Gedächtnis. So tritt ein verschneites kleines Walddorf an der Angara in den Vordergrund. Wir waren mit dem Hubschrauber unterwegs, der notlanden mußte. Ein Zufall brachte mich also in dieses Dorf sibirischer Fischer und Jäger. Die Piloten kamen bei ihren Bekannten unter, und ich wurde von einem alten Ehepaar in ihr Holzhaus gebeten. Die beiden hatten flache Gesichter und waren einander ähnlich wie Bruder und Schwester. Wir redeten den ganzen

Abend beim schwachen Licht einer Kerosinleuchte. Kerosin wurde nur einmal im Jahr in das Dorf geliefert – man mußte es also sparsam verwenden. Ich blätterte im Familienalbum, entdeckte zwei Jungen mit ebenso flachen Gesichtern unter den Matrosenkappen. Matrosen der Ostseeflotte, die im Krieg gefallen waren. Zwei weitere Söhne und drei Enkelkinder hatten das Dorf ebenfalls verlassen, hatten sich den Erkundungstrupps angeschlossen, waren zu den Topographen und Geologen gegangen – „immer mit den Pferden", wie die Hausfrau sagte. Im Dorf gebe es schon keine Jugendlichen mehr, klagte sie. Sogar die Alten meldeten sich als Führer für die „Forschungstrupps". In der Umgebung wird Eisenerz, Kohle und Erdöl erschlossen.
Ich erinnere mich gut an jene Nacht, an die am Ofen sitzende kleine alte Frau, die alles für die Industrialisierung Sibiriens hingegeben hat. Ich halte das Bild und ihre Worte kommen mir in den Sinn: „Die Jungen haben die Alten vergessen. Sie schreiben nicht ... Finden sie aber das, was sie suchen? Ich bete ständig, daß sie es finden und gesund und lebendig zurückkehren."
Ich denke oft an die Menschen, die dort den Boden bestellen, Schafe in der Steppe hüten, zur Jagd in die Taiga gehen, Nutzholz flößen, Geologen begleiten, Strommasten errichten, Boote mit Heu und Lebensmitteln durch die Stromschnellen lotsen, Zugezogene in ihren Häusern unterbringen und ihre kräftigen Jungen in die Städte und zu den Baustellen ziehen lassen. Sie haben keine Ansprüche. Sie haben sich mit dem Gedanken abgefunden, daß die „vorderste Linie" vielleicht irgendwo in der Nähe verläuft, sie aber abseits oder vielleicht sogar dahinter leben. Aber mußten nicht gerade sie die größten Schwierigkeiten bei der Erschließung der neuen Gebiete meistern und überwinden?
In der Umgebung von Irkutsk lernte ich ein Ehepaar aus dem Norden kennen – beide waren Meteorologen. Diese Begegnung hat mir die Geschichte mit dem Eisbären geschenkt.

„Hast du jemals einen Bären gesehen?" werde ich immer wieder von meinen Freunden gefragt. Ich war seinerzeit neugierig und wollte immer alles von meinen Bekannten – es waren Polarflieger - wissen, deren Erzählungen ich sorgfältig aufzeichnete: Realität und Erfindung waren bei ihnen stets eng verflochten. In diesen Erzählungen ging es immer um irgendwelche riesengroße Walrosse, die einsame Reisende angriffen, und um menschenfressende Eisbären, die auf der Suche nach verirrten Meteorologen waren. Das Leben im Norden birgt viele Überraschungen, und von einem ungewöhnlichen Ereignis möchte ich gerne erzählen. Es war auf der Halbinsel Tschukotka. Wenn Sie auf der Landkarte den Hafen Pewek finden, sehen Sie gleich daneben so eine Art blauen Tropfen. Das ist die Bucht Tschaunskaja. Sie ist 150 Kilometer lang und hundert Kilometer breit. An den Küsten

dieser Bucht befinden sich mehrere Polarstationen, und in einer von ihnen arbeiteten Freunde von mir – eben jenes junge Ehepaar, das ich in Irkutsk kennengelernt hatte. Im Winter 1971 besuchte ich sie einmal.

Über Pewek tobte ein Schneesturm. Unser Flugzeug kreiste über der Tschaunskaja Bucht. Was für ein Schauspiel – tief unter uns wurden Tonnen von Schnee gleichsam lebendig, wurden zu einem rasenden Strom, der uns an einen reißenden Bergfluß denken ließ. Nichts ließ sich in diesem Schneegewoge erkennen. Die Piloten suchten nach ihrem Orientierungspunkt, nach dem dicken schwarzen Rauch, der aus einem Faß mit ölgetränkten brennenden alten Lappen aufstieg. Der Qualm zerschnitt wie ein gerader Strahl das Weiße ringsumher. Von hoch oben konnten wir das Feuer im Faß nicht erkennen. Der Qualm hingegen war weithin sichtbar und wies uns zu unserem Landepunkt. Die Piloten setzten praktisch direkt neben dem Faß auf. Von allen Seiten strömten Menschen herbei. Wir wurden von der gesamten kleinen Station empfangen. Natürlich gab es zunächst einmal etwas zu essen und zu trinken – das ist in Rußland immer so. Dann wollten mir meine Freunde das kleine Häuschen, in dem sie arbeiteten, zeigen. Die meteorologische Station befand sich auf der gegenüberliegenden Seite des riesigen Hofs. „Es sind nur zehn Minuten zu Fuß", erklärten sie. Es wurde jedoch immer stürmischer, und aus den zehn Minuten wurde eine Dreiviertelstunde. Der Schneesturm wütete mit solcher Kraft, daß wir den Boden unter den Füßen nicht mehr spürten. Wir zogen uns an einem dicken Seil entlang, das über den Hof gespannt war. Ich hatte den Eindruck, daß ich ohne Seil in dieser kalten, stechenden, glühenden Weiße einfach hätte verschwinden können. Ich stürzte mehrmals und kroch weiter. Meine Freunde schrien mir aufmunternd zu: „Nur Mut! Es bleibt nur ein Stückchen, wir schaffen es!"

Auf einmal tauchten aus dem Weiß undeutliche Umrisse auf. Ganz in meiner Nähe erkannte ich einen riesigen Eisbären. Er bewegte sich seitwärts und stob mit seinen Pfoten Schnee auf. Vor lauter Angst fiel ich hin, kauerte mich zusammen, als ob ich mich in einen Schneehaufen verwandeln wollte. Der Bär richtete sich auf. Er kam immer näher. Ich war erstarrt. Da aber griff meine Freundin den Bären mit einer Hand am Ohr und schlug ihm mit der anderen ziemlich respektlos in den Nacken. Ich hörte ihre Stimme: „Geh weg! Stör uns nicht! Geh weg! Weg!"

Ich kam mir vor wie in einem Traum, wie in einem seltsamen Fieberwahn. „Träume ich denn?" fragte ich mich, als der Bär hinter dem Schneevorhang verschwand. Ich konnte weder Beine noch Arme bewegen. Meine Freunde stürzten zu mir, halfen mir hoch, und ich hörte sie durch den heulenden

Schneesturm lachen: „Hast du dich erschrocken? Hast du wirklich gedacht, daß sich irgendwelche wilden Bären hier auf der Station frei bewegen können? Wußtest du nicht, daß es hier schon seit Jahren keine Bären mehr gibt. Der Lärm und die Menschen trieben sie fort auf die Inseln. Das war doch unser Bär. Wir fanden ihn als drei Monate altes Junges allein auf einer Insel und nahmen ihn mit auf die Station. Es ist Mischka, unser zahmer Bär."
Es war gut, daß all dies unweit der Wetterstation passierte. Ich war völlig schlapp und konnte mich von dem Schreck kaum erholen: „Warum habt ihr mich denn nicht im voraus gewarnt?" Sie antworteten: „Du hast uns doch nach Bären gefragt. Da wollten wir dir eine Überraschung bereiten."
Dann zeigten und erläuterten sie mir ihr kompliziertes meteorologisches Gerät, und ich wurde langsam ruhig. Plötzlich aber schlug krachend die Tür auf, und an der Schwelle stand der Bär. Ich wußte, daß er zahm und ungefährlich ist, aber trotzdem verging mir beim Anblick dieses über und über mit Schnee bestäubten Riesen mit seinen schwarzen Augen, den gelben Reißzähnen und den breiten Tatzen der Atem. Es war ein furchterregender Anblick.

Die Freunde riefen: „Na, Mischka, da bist du ja schon wieder! Langweilst dich vermutlich ohne uns, streunst durch die ganze Station. Na, komm mal her! Zeig unserem Gast unser Lieblingsspiel!"
Das „Spiel" verlief wie folgt: Einer nach dem anderen steckte seinen Arm fast bis zum Ellbogen in den schwarz-rosafarbenen Rachen des Bären, dann preßte Mischka vorsichtig die Kiefer zusammen. Auf der Haut blieben kaum sichtbare Druckstellen zurück, die schnell verschwanden.
Meine Freunde ließen mir keine Ruhe, bis auch ich dem Bären meinen Arm in den Rachen steckte. „Hast du jetzt Angst?" fragten sie. „Sieh doch, es ist ein ganz zahmer Bär!" Aber glauben Sie mir: Dieses Spiel machte mir kein Vergnügen. Denn der riesige Rachen des Bären machte mir einfach Angst.
Dann rollte sich der Eisbär auf die Seite und „forderte" uns auf, ihn unter den Achseln zu kraulen. Er lag und wartete. Also taten wir ihm den Gefallen – einer nach dem anderen. Der Bär brummte vor Vergnügen!
Fast zwei Wochen konnte ich den Bären beobachten. Die Hunde der Station waren längst an ihn gewöhnt und blieben ganz ruhig. Die Welpen und jungen Hunde liebten es, mit ihm zu spielen.
Der Bär hatte nur vor einem Tier Angst, nämlich vor einer Katze, die auf den Namen Madame hörte. Madame war eine große, langsame, dabei wichtigtuerische und selbständige Katze, vor der sogar die Hunde Angst hatten. Selbst die Schlittenhunde der Tschuktschen hatten Respekt vor ihr. Wenn Madame – das Fell gesträubt und den Schwanz in die Höhe gestreckt – auf sie zukam, liefen die Hunde auseinander. Madame ging auf die Jagd und ernährte sich selbst. Selten besuchte sie den Speisesaal. Nur wenn ihr der Duft nach frischen Gurken in die Nase stieg, kam sie gelaufen, bekam ihre

Gurkenscheibe - und entfernte sich würdevoll. Auch grüne Erbsen aus der Dose liebte sie. So lebte diese Katze, die vor nichts zurückschreckte.
Als der Bär noch klein war, so erzählten meine Freunde, versuchte er einmal, sich an die an der Tür schlafenden Katze heranzuschleichen. Er wollte das merkwürdige Tier beschnuppern, es vielleicht sogar berühren. Madame öffnete jedoch unvermittelt ein Auge und schlug das Bärenjunge leicht mit der Pfote auf die Schnauze. Nur ein kleiner Kratzer. Der Bär winselte, sprang davon und steckte die Schnauze in einen Schneehaufen, um sie zu kühlen. Seither beobachtete er Madame, dieses kleine, unbekannte und, wie ihm schien, gefährliche Tier, immer nur aus respektvoller Entfernung.
Ebenso gefährlich wie die Katze schien dem Bären der Traktor. Solange dieser irgendwo stand, beschnupperte ihn der Bär von allen Seiten und versuchte sogar, an ihm zu lecken. Sobald er aber angelassen wurde, versteckte sich der Bär im Schneehaufen hinterm Haus. Man sah nur noch die herausstehenden und sich bewegenden Ohren, die wohl erkundeten, ob das unverständliche knurrende Wesen schon „weggelaufen" war. Erst dann kletterte er wieder aus seinem Schneehaufen heraus.
Etwa ein Jahr später bekam ich Post von meinen Freunden: „Erinnerst du dich an unseren Bären? Wir haben ihn in diesem Sommer an einen Zoo gegeben. Die ganze Station trauerte beim Abschied."

Der Baikalsee. Kilometer 5 273

Erblickt man den Baikalsee zum ersten Mal, so überwältigt er den Fremden mit seiner majestätischen Würde. Eingebettet in einen Ring aus Bergen, bedeckt mit dem vielfarbigen Laub der Taiga atmet der blau schimmernde Recke frei und läßt seine Wellen gemächlich an die Ufer schlagen. Hinter dieser Bedächtigkeit spürt man die verborgene Urkraft, der Gelassenheit und Ruhe zu eigen sind.
Der Baikal ist unendlich wandlungsfähig – stets neu, stets anders: Kaum verziehen sich die Nebel, kaum ändert sich ein wenig die Färbung des Himmels, kaum kräuselt Wind die Oberfläche des Sees und schon verdrängt Rauheit die majestätische Ruhe, der Rauheit folgt Wehmut – und dann ergießt sich festliches Licht über das Wasser. Das ist die Sonne, die die Wolken beiseite geschoben hat. Das von Lichtbündeln entzündete Wasser flammt auf, als ergieße sich aus feurigen Himmelsöfen glühendes flüssiges Metall in die steinerne Pfanne – den Baikal. Dunst entzieht dem Auge des Betrachters die ge-

genüberliegenden Ufer, das erhitzte Wasser scheint in der Luft zu stehen, und die Wildheit des Lichts läßt uns den Atem stocken.
Dann gleitet das Feuer in die Tiefe, die Oberfläche nimmt schwere, dichte, tiefschwarze Farbe an, doch die verborgenen Flammen erleuchten das Wasser von innen, machen es lebendig und geheimnisvoll zugleich. Miteins teilt sich der Dunst, klar tritt das gegenüberliegende Ufer hervor und scheint so nahe, daß man jede Gebirgsfalte, jeden Baum meint mit der Hand berühren zu können. Nur schwer mag man glauben, daß es bis zu jener kleinen Kiefer am anderen Ufer vierzig oder gar fünfzig Kilometer sind. Die klare durchsichtige Luft ist wie ein Vergrößerungsglas, sie bringt die Ferne zu uns heran. Das gegenüberliegende Ufer wirkt aquamarinblau, durchsichtig fast, mit bläulichen Feldern ewigen Schnees auf Firnen und in Schluchten.
Auf dem dunklen Wasser schwimmen vereinzelt Fischerboote, weiße Dampfer wiegen sich auf den Wellen, rote und graue Motorboote knattern und lassen bogenförmige weiße Streifen auf der Wasseroberfläche zurück. Die Streifen verschwinden nicht gleich, sie verlöschen allmählich. Dann wälzt sich der See in seinem Bett und schlägt mit harten Wogen, die in einem Feuerwerk von diamantenen Spritzern zersplittern, gegen die Uferfelsen.
Man kann einen ganzen Tag, kann sein ganzes Leben am Baikalsee stehen, doch wird er sich einem nicht zweimal auf dieselbe Weise darbieten. Beobachtet man seine endlosen Wandlungen, versteht man plötzlich, warum die Bewohner an seinen Ufern voller Achtung von ihm sprechen – als sei er ein lebendiges Geschöpf, gar fürchten, ihn zu kränken oder zu verdrießen, wenn

Der Baikalsee erstreckt sich von Süden nach Norden über 636 Kilometer

sie ihn „See" nennen. Die Sibirjaken sprechen vom Baikal ausschließlich als vom Meer. Und nicht von ungefähr beginnt das uralte Lied mit den Worten: Herrlicher Baikal, du heiliges Meer.

Nachdem Nikolai Spafari, Gesandter von Zar Alexej Michailowitsch, den Baikal überquert hatte, kündete er der Welt als einer der ersten von dem sibirischen Wunder. Er schrieb im letzten Viertel des 17. Jahrhunderts: „Man mag den Baikal ein Meer nennen, weil er in Länge, Breite und Tiefe von unfaßbarer Größe ist. See aber mag man ihn nennen, weil er kein Salzwasser, sondern Süßwasser führt. Er muß ungeheuer tief sein. Wir versuchten viele Male, den Grund zu messen, kamen dabei auf hundert Saschen (213 Meter) und tiefer, doch der See war nicht auszuloten ... Das Wasser ist so klar, daß man den Grund viele Saschen tief zu erkennen vermag, und das Wasser hat heilende Kraft, so daß es sich empfiehlt, es zu trinken."

Und in einem der schönsten russischen Bildbände über den Baikal heißt es: „Die Nachfahren haben sowohl die Länge gemessen – 636 Kilometer von Süden nach Norden, was der Entfernung zwischen Moskau und Leningrad (die Stadt war damals noch nicht umbenannt – Anm. d. Autorin) entspricht –, als auch die breiteste Stelle – 81 Kilometer –, und sie haben die tiefste Stelle ausgelotet – 1 620 Meter. Sie haben festgestellt, daß er ein Fünftel der Süßwasservorräte unseres Planeten birgt, und seine Entstehung erklärt."

Sonnenuntergang am Baikalsee

Am Baikal wird heute das Projekt „Globale Umwelt- und Klimaveränderungen in Zentralasien auf Basis der Untersuchung des Sediments des Baikals" durchgeführt. Ablagerungen, die sich vor 25 Millionen Jahren gebildet haben, bergen Informationen über die Natur- und Klimabedingungen, unter denen sie sich angesammelt haben. An dem Projekt sind Wissenschaftler aus Rußland, Japan und den USA beteiligt.
Die Mir-Expeditionen im Baikal begannen 2008. Die russischen Mini-U-Boote Mir-1 und Mir-2 erkundeten den See auf der Suche nach unbekannten Arten der Flora und Fauna und zugleich der tiefsten Stelle. 2008 sank die Mir-1 zu Methanhydratvorkommen (Methan, das in erstarrtem Wasser eingelagert ist), aber damals gab es kein Spezialschiff, das die vorbereitenden Arbeiten zur Kartierung des Abschnitts durchführen konnte. Erst 2009 konnten Wissenschaftler auf einem Spezialschiff die genaue Lage der Brennstoffe bestimmen.

Auf der Fahrt nach Wladiwostok blieb ich die ganze Nacht wach, um den Baikalsee zu sehen. Das war 1985. Damals hielt der Zug traditionell für eine Minute gegenüber dem Baikalsee an. Es war vier Uhr nachts, der Zug ruckte und hielt. Eine vielschichtige Wand von Finsternis schien draußen zu stehen. Irgendwo dort brandete in der Dunkelheit der Baikalsee. Ich vermeinte, ein Licht zu sehen, das durch die dichte Finsternis dringt. Seitdem war ich leider nicht mehr in jener Gegend. Aber mein ganzes Leben lang habe ich Sagen über den Baikalsee, über Sibirien und den Ural gesammelt.
Wenn ein Volk kein Gedächtnis, kein Epos hat, löst es sich im Steindschungel der Städte oder in der grünen Natur auf, wo es gleich den Vögeln, Pflanzen und Tieren existiert. Seinerzeit gingen so die Skythen unter – ein großes und denkwürdiges Volk. Die Skythen schufen kein Epos, sie speicherten nicht das historische Gedächtnis, zeichneten ihre Sippschaften nicht auf. Und: Sie tranken wochenlang Wein, den sie von den Griechen gekauft hatten. Die Bewohner ganzer Siedlungen betteten sich um die Lagerfeuer – und tranken Wein. Der Wein hat überdauert. Die Skythen sind ausgestorben.
Mit den Völkern des Nordens und Sibiriens, aber eigentlich in ganz Rußland, geschieht Ähnliches. Entweder kämpfen sie um ihr historisches Gedächtnis oder es wird über kurz oder lang nur noch eine entvölkerte Taiga mit Möwenkolonien an verlassenen Eisküsten zurückbleiben.
Eine große Tat hat Jessugej Syndujew vollbracht, der sich des Epos angenommen hat. Aber wer glaubt, daß der Kampf um das historische Gedächtnis nur für kleine Völker gilt, irrt gewaltig. Vor dieser Herausforderung stehen heute alle Nationen: Europa verkittet jeden Ritz in seinen alten Bauwerken, um sie zu erhalten.
Das „Große Britannien" brauchte keine Archive, da es große, ja globale Sorgen hatte, Hegemon auf den Meeren und dem Festland war, die Neue und

die Alte Welt verwaltete. Dann aber kam William Shakespeare und begann, die britischen Chroniken zu schreiben – über die Könige und die Schlachten, über die Helden und die Verräter. Ein einfacher Bürger nimmt die Mühe eines Archivars, Wissenschaftlers, Forschers und Goldgräbers auf sich, der nach den Körnern der Geistigkeit sucht. Er gereicht Britannien mehr zum Ruhm als alle seine Flottillen und alle seine Freibeuter.

In den alten Büchern über den Baikalsee fand ich vier erschütternd schöne Sagen, die ich Ihnen nicht vorenthalten möchte.

Über den Ursprung des Baikals erzählten die Alten früher wie folgt: *Es gibt auf unserem Planeten gar nicht so viel Erde. Jeder weiß: Hebt man eine Grube aus, so stößt man gleich auf allerhand Sand, Lehm, Steine und weitere Gesteinsschichten. Je tiefer man gräbt, desto weniger Erde und um so mehr Steine und Untergrund, den man auf der Oberfläche nicht antrifft. Noch tiefer liegen nur noch Steine, unter denen wiederum Wasser ist. Verschiedene Arten von Steinen liegen im Boden, darunter auch solche, die Wasser, wenn es mit ihnen in Berührung kommt, aufkochen lassen und dann von selbst zerfallen. In den Tiefen der Erde finden sich viel mehr solche Steine als an der Oberfläche. Vor etwa tausend Jahren ereignete sich Folgendes: Tief in der Erde stießen Wasser und Stein aufeinander. Beim Aufeinandertreffen kochte das Wasser auf und zerfiel der Stein. Wo aber sollte der Dampf hin? Er breitete sich nach den Seiten hin aus, verschob die Gesteinsschichten, die sich wellenartig zu bewegen und immer stärker zu schaukeln begannen. So brodelte es in den Erdtiefen. Plötzlich brachen Wasser und Dampf an einer Stelle heraus. Wasser bedeckte die Niederungen, doch konnte es nicht abfließen, da ringsumher Berge waren. So entstand der Baikal. Sein Pegel sinkt nie, da er von unten immer mit Wasser aus dem Erdinneren gespeist wird. Dieses Wasser soll auch ins Eismeer fließen. Früher erzählten die Alten, daß, wenn ein Boot auf dem Baikal beim Sturm zerschellt war, man die Bruchstücke im Eismeer fand. Und umgekehrt: Bootsteile aus dem Eismeer kamen an der Oberfläche des Baikals hoch.*

Eine zweite Legende über den Baikal lautet so: *Es ist vermutlich so lange her, daß vielleicht viele Millionen Jahre vergangen sind. Vielleicht existierte der Mensch damals noch nicht, vielleicht aber doch. Es ereignete sich Folgendes: Auf die Erde stürzte ein riesiger Stein. Der Stein schlug in der Nähe der Sajanberge tief in den Boden ein. Im Fallen hatte er sich erhitzt. Es kam*

ein Regenguß vom Himmel herunter. Und in den Trichter floß das Wasser und traf auf den heißen Stein. Der Boden, der Stein und das Wasser kochten auf. Ringsumher tauten Eis und Schnee. Ein Riß war infolge des Aufpralls entstanden, und es gab so viel Wasser, daß es sich einen Weg suchen mußte. Das Wasser sickerte durch den Riß in die Tiefe, es kochte dort wieder auf und brach in einer Eruption hervor. Auf der Erde überschwemmte das Wasser alles. So entstand das Meer.
Mein Großvater erzählte, daß der Baikal entstand, als an dieser Stelle ein langer Blitz einschlug, der die Erde bis zum Grundwasser aufriß. Das Grundwasser stieg und stieg, überschwemmte die Senken und Berge – und das Meer entstand.

Der Baikalsee birgt ein Fünftel der Süßwasservorräte unseres Planeten

Auch über die Insel Olchon gibt es eine Legende: *Nicht alles, was in den Sagen erzählt wird, ist wahr. Früher hieß es, daß Gott alles geschaffen hat. Der eine glaubte es, ein anderer nicht. Häufiger glaubten die Menschen solcherlei Märchen aber nicht. Die Geistlichen ärgerten sich darüber, und sprachen eine Verfluchung aus. Aber ohne Erfolg: Eine Verfluchung ist kein Rauch und ätzt die Augen nicht. Nehmen wir unseren Olchon, der Insel genannt wird. Woher kommt er? Gott ist nicht so stark, als daß er ihn vom Himmel hätte herablassen können. Folglich kam er nicht vom Himmel, sondern entstand aus der Natur selbst.*
Als der Baikal entstand, war alles Land überschwemmt. Es gab keine einzige Insel in diesem riesigen Meer. Eine Million Jahre vergingen. Der Wasser-

stand stabilisierte sich. Im Baikal tauchten Fische auf. Ringsumher begannen die Wälder zu rauschen. Kurzum: richtiges Leben begann. Dann aber blies auf dem Baikal ein derart starker Wind, daß der ganze See wie Wasser in einem Kessel kochte. Die Wellen schlugen auf den Grund und wirbelten von dort Sand und Gestein auf. Die Steine wurden aber nicht ans Ufer gespült, sondern blieben an einem Felsen unter Wasser hängen. Die Wellen gingen Jahr um Jahr und wirbelten immer mehr Sand und Steine auf. So wurde an diesem Unterwasserfelsen ein Berg aufgeschwemmt, wurde im-

81 Kilometer ist der Baikalsee an seiner breitesten Stelle breit

mer breiter und länger. Andere Wellen aber unterspülten den Berg. So entstand die Insel Olchon. Die Alten sagen, daß Olchon sich mitunter hebt und mitunter senkt. Sie erklären dies dadurch, daß Olchon auf einem Felsen steht. Wird der Fels unterspült, senkt sich die Insel ein wenig. Hat sich unten viel Wasser angesammelt, hebt sie sich ein Stück. Zunächst dachten die Alten, daß dort eine magische Kraft wirke. Dann schienen sie überzeugt, daß alles mit der Kraft des Windes zusammenhinge. Und heute soll man den Popen glauben, daß die Insel von Gott geschaffen wurde! Warum aber hat er dann die Insel nicht in der Mitte des Baikal geschaffen, da wo kein Fels ist? Darauf geben die Popen keine Antwort. In der Heiligen Schrift findet sich ebenfalls keine Erklärung. Wer sagt, daß Gott alles in einer Woche geschaffen hat, der will nicht nachdenken oder nutzt den Schwindel aus.

Eine schöne Erzählung gibt es auch über den Jenissej: *Es war vor vielen, vielen Jahren. In den Sajanbergen lebte ein großer und schrecklicher Schamane. Alles unterstand seiner Macht. Die Vögel und Tiere hörten auf sein Wort. Der Wald rauschte nicht, wenn er sich auf die Reise ins „Jenseitige" machte. Der Kuckuck schwieg, wenn er schlief. Der Schamane beherrschte alle Natur. Seine Wünsche waren Gebot. Ihm unterstellt waren einige Diener, die den Schamanen nie sahen. Sie hörten ihn jedoch, wo immer sie waren. Der Schamane war so reich und habgierig, daß er keinen einzigen Vogel, nicht einmal eine Elster, aus seinem Besitz entlassen wollte.*

Allen ging es schlecht unter seiner Herrschaft. Einmal kamen die Vögel und Tiere zum Schamanen und baten flehentlich, daß er ihnen doch gestatten möge, zum Baikal zu ziehen und Wasser zu trinken. Wie ärgerte sich der Schamane über seine Vögel und Tiere! Er befahl seinen Dienern, an den Grenzen seines Reiches Berge zu errichten, zu hoch, als daß Tiere und Vögel sie hätten überwinden können. Die Diener taten, wie ihnen befohlen war. Seither erheben sich dort die Sajanberge bis in den Himmel. Der Schamane blickte auf seine Berge und freute sich: „Fliegt Vögelein, lauft ihr Tiere zum Baikal, um kaltes Wasser zu trinken." Die Tiere und Vögel wurden traurig. Der Wald beugte sich. Ach, die Berge waren so hoch, daß auch die Sonne nicht zu sehen war. Der Schamane freute sich und prahlte mit seiner Zauberkraft.

Ein einzigartiger See auf halbem Weg zum Stillen Ozean

Auf insgesamt 207 Kilometern verläuft die Transsibirische Eisenbahn entlang des Baikalsees. Dieser einzigartige See ist mit 1 637 Metern der tiefste Binnensee der Welt und zugleich das größte Süßwasserreservoir der Erde (der Baikal birgt ein Fünftel der Süßwasservorräte der Erde) – allein die Wasseroberfläche beträgt 31 500 Quadratkilometer. Ufer und Umgebung des Baikalsees beeindrucken durch ihre Schönheit: schneebedeckte Gipfel, erstaunlich klares Wasser und viele, viele Natursehenswürdigkeiten. Kommt man mit dem Zug von Westen, erhascht man hinter dem Andrianow-Paß bei Kilometerstein 5 276 den ersten Blick auf den Baikal. 28 Kilometer weiter kurz vor Sljudjanka II erreicht der Schienenweg den See und verläuft an seinem Ufer. Hinter Bojarski bei Kilometer 5 499 biegt die Transsib vom Ufer ab in Richtung Osten, und zum letzten Mal kann man das Wasser bei Kilometer 5 518 durch die Bäume schimmern sehen.

Viel Zeit verging. Das Reich des Schamanen lag im Sterben. Der Schamane erkannte, daß er schon bald allein sein würde. Er rief seine Diener und befahl ihnen, den Weg für einen Bach freizumachen. Die Diener taten, wie ihnen befohlen war. Sie verschoben einen riesigen Felsen, und das Wasser floß. Die Vögel wurden wieder lebendig, die Tiere liefen umher, der Wald rauschte, er sang. Schnell bildete sich neben dem großen Felsen ein See. Das Wasser schwoll an. Der See wurde Jenissej genannt.

Aber schon nach wenigen Tagen wurde es dem Jenissej zu eng. Er schaute sich nach einem Ausgang um und fand ihn mit großer Mühe. Das Wasser strömte in die Senke hinab. Da befahl der Schamane seinen Dienern: „Schließt

den Jenissej ein, damit er mir nicht entkommt." Die Diener taten, wie ihnen geheißen war. Sie setzten dem Jenissej Felsen in den Weg und rückten die Berge zusammen. Der Jenissej stockte, er kam nicht weiter. Er dachte nach. Da kam ein kleiner Vogel geflogen und flüsterte: „Sei nicht traurig, Jenissej. Wir werden dich befreien. In der Nähe wachsen deine Brüder heran. Sie zeigen dir den Weg. Sie helfen dir."

Der Jenissej gab keine Antwort. Er blickte den Vogel an – und bewegte sich. Und der Wind erhob sich und gab dem starken Jenissej noch mehr Kraft. Der Jenissej drückte gegen die Felsen – doch keinen Millimeter gaben sie nach. „Meine Kraft reicht also nicht", murmelte der Jenissej vor sich hin und sein Widerstand schwand.

Lange lag er so und seine Gedanken irrten umher, bis sich ein jüngerer Bruder – ein namenloser - zu ihm durchgeschlagen hatte. Da dachte der böse Schamane, daß der Reichtum zu ihm selbst fließe. Der jüngere Bruder forderte Jenissej auf, seine Kräfte zu sammeln. Gemeinsam wollten sie dem bösen Schamanen entkommen. Der Jenissej erhob sich, streckte sich und begann, die Felsen zu zerstören und die Berge zu unterspülen. Aber trotz aller Anstrengungen konnte er die Felsen nicht stürzen. Da wurde er mutlos und traurig. Schmerzhaft lagen die Steine auf seiner Brust. Es gab keinen Ausgang für seine Kraft. Der böse Schamane sah zu, wie sich der Jenissej mühte, wie er sich erregte, so von allen Seiten umlagert von riesigen Felsen.

„Du wirst mir nicht entkommen", sagte der Schamane. „Zu ewigen Qualen habe ich dich verdammt. Gib auf, bleib in meinem Reich! Wagst du den Ausbruch, nehme ich Tropfen um Tropfen von deiner Kraft und verstecke dein Wasser im Boden."

„Du wirst mich nicht bändigen können", antwortete der Jenissej. „Ich werde dir entkommen, böser Schamane, egal, wie du mir auch drohen magst. Ich habe keine Angst vor deiner schrecklichen Kraft."

Die jüngeren Brüder auf der anderen Seite der Berge hörten den Streit und suchten ihren Weg zum Jenissej. Und der Jenissej wuchs und wuchs und wurde immer kräftiger. Er hob seine Brust, sie wurde weiter und weiter, und dann fiel er mit solcher Wut über die Felsen her, daß sie zusammenbrachen. Der Schamane und alle seine Diener wurden taub vom Gedröhne der zusammenbrechenden Felsenmassen. Als sie sich erholt hatten, war der Jenissej schon weit entfernt vom Reich des Schamanen. Die Diener und der Schamane selbst liefen ihm nach, um ihm erneut den Weg zu versperren. Aber es war schon zu spät.

Gemeinsam mit dem Jenissej verließen auch die Tiere und die Vögel die Sajanberge. Das Reich des bösen Schamanen überzog sich mit Eis und Firn.

Und eine weitere schöne Legende über die Angara möchte ich anfügen: *Das ist lange her, so lange, daß man sich an die vorzeitlichen Menschen, die damals lebten, gar nicht mehr erinnert. Ganz Sibirien war mit Eis und Schnee bedeckt. Die Menschen wanderten damals über kleine Inseln und hatten Mühe, Nahrung zu finden. Dann taute das Eis und schmolz der Schnee. Es bildeten sich Inseln, die zusammenwuchsen. So entstand die Erde.*
Jahr für Jahr wurde es in Sibirien wärmer. Die Kälte wanderte weiter zum Eismeer. Die Menschen verspürten große Erleichterung. Früher hatten sie

Eines der zahlreichen Dörfer am Baikalsee

sich nur von Fisch ernährt, den sie in den Seen zwischen den Inseln fingen. Nach der Eiszeit vermehrten sich die Vögel und Tiere. Der Mensch begann, auch Fleisch zu essen.
Mitten in Sibirien entstand in einer großen Senke ein See, der Baikal genannt wurde. Der See existierte aus sich selbst heraus. Kein Fluß mündete in den Baikal, keiner verließ ihn.
Langweilig war dem See. Traurig war er, so ganz ohne Gesprächspartner. Was ist das auch für ein Leben? Selbst die Felsen stehen eng beieinander. Vergnüglich geht es bei ihnen zu. Der Baikal wurde immer trauriger, seine Kraft ließ nach und langsam trocknete er aus. In den Bergen hatte sich aber ungemein viel Wasser angesammelt, denn jahrelang waren Eis und Schnee

geschmolzen. Das Wasser sammelte sich an einer Stelle und hatte es ebenfalls satt, stillzustehen. Dann kam es zu einem Erdbeben. Und das Wasser brach aus den Bergen heraus, stürzte von waldlosen Felshängen hinunter zum Baikal und hob dessen Wasserspiegel gewaltig. Die Kraft des Wassers war so stark, daß Berge unterspült und Senken ausgewaschen wurden. Seitdem fließen durch die Senken Flüsse und Bäche zum Meer.

Der Baikal lebte auf und ihm wurde fröhlich zumute. Die Wellenkämme lächelten bei schönem Wetter. Das Meer atmete tief aus der Brust. Es hätte jetzt friedlich leben können. Aber der Baikal war solche Ruhe nicht gewöhnt. Unvermittelt begann er zu toben, zügellos wie ein Riese, und bereitete allen Ärger. Er unterspülte die Felsen, die in sich zusammenbrachen, entwurzelte Bäume, nahm sie zu sich, nahm von den Ufern und legte seinen Grund

Die Menschen am Baikalsee leben vom Fischfang

Die Idylle wird bedroht durch die Umweltbelastungen

mit weicher Erde aus. Die kleinen Flüsse und Bäche versuchten, ihn zu besänftigen, damit er allen anderen nicht noch mehr Schaden zufüge. Aber der gebieterische graue Greis hörte nicht auf sie. Da sammelten die Flüsse und Bäche all ihre Kräfte, sammelten Tropfen für Tropfen das ganze Wasser in den Bergen. Sie griffen den Alten an, daß er ihnen Freiheit und Zugang zu anderen Meeren und Ozeanen gewähren möchte.

Die Bäche und Flüsse erwiesen sich als stärker als der Baikal. Er schichtete Felsen an den Ufern auf und errichtete eine hohe Waldwand, konnte sie jedoch nicht aufhalten. Das Wasser der zufließenden Bäche und Flüsse sickerte tief in den Grund des Baikals, tiefer und tiefer bis zu den weißen Steinen. Und die Steine kochten wie Kalk auf, durchbrachen das Ufer und zerstörten die Felsen. Das Wasser strömte gewaltig ins Tal hinunter und suchte sich seinen eigenen Weg.

Der alte Baikal sah, daß ihm sein Reichtum davon strömte, er ärgerte sich und schleuderte einen Stein in die Senke, um das Wasser aufzuhalten. Die Senke verschluckte den Stein. Der Greis schleuderte einen noch größeren Felsen, aber auch dieser verschwand im Wasser. Dann schleuderte er einen letzten Stein, hatte damit aber seine ganze Kraft aufgezehrt. Er war entkräftet und still. Der Alte verstand, daß er nun nichts mehr unternehmen konnte, und fügte sich. Das Wasser floß weiter durch die Senke und fand seinen Weg zum Ozean. Der Stein aber ragt noch heute aus dem Wasser. Die Flüsse und Bäche spürten den Kummer des Greises und riefen ihm zu: „Sei nicht traurig, Vater. Solange wir lebendig sind, wirst auch du kräftig sein." Viel Zeit ist seitdem vergangen. Am Baikalufer siedelten sich die Burjaten an. Sie nannten die Senke Angara. Und so heißt auch der Fluß, der durch die Senke strömt, heute noch Angara.

Am Baikal lernen wir ein Meisterwerk der russischen Ingenieurtechnik kennen – die berühmte Baikal-Ringeisenbahn, mit der Sie auch fahren können. Die Eisenbahn im Nationalpark Baikalsee wurde 1902 bis 1904 nach einem Projekt von Ingenieur Sawrimowitsch erbaut – und bis heute ist sie eines der teuersten Eisenbahnprojekte der Welt. Insgesamt gibt es 39 Tunnel auf der Strecke, und für jeden Tunnelkilometer verbrauchte man einen ganzen Waggon Sprengstoff. Wie auch immer. Heute arbeitet die Baikal-Eisenbahn nur noch als Touristenobjekt.
Abschließend noch eine Notiz zum Baikal aus meinem alten Tagebuch: „Slawa Schalaschow, ein Fischer aus der Baikalsiedlung Listwennitschnoje, brachte mich mit einem Motorboot zur Quelle der Angara, die genau an der Stelle, an der die Spitze eines Unterwasserfelsens aus dem Wasser herausragt, den Baikal verläßt. Das ist der Schamanenstein. Es wird erzählt, daß früher Menschen, die eines Verbrechens bezichtigt wurden, aus Listwennitschnoje mit Booten zum Schamanenstein gebracht und auf dem Stein inmitten der bleifarbenen Wellen, die im Sturm stöhnten, ausgesetzt wurden. Der Wind zauste ihnen das Haar, riß ihnen das Hemd von den schon schwachen Schultern. Die Wellen stürzten auf den Stein, und drohten, den an ihn geketteten Menschen wegzuspülen. Nur wenige hielten der Probe stand: Die meisten gestanden ihr Verbrechen."

Ulan-Ude. Kilometer 5 647

Ulan-Ude ist die Hauptstadt Burjatiens. Sie liegt in Transbaikalien, im Tal der Selenga, 75 Kilometer vom Baikalsee entfernt. Die Stadt wurde 1666 von Kosaken als Winterlager gegründet, und die Ewenken und Burjaten hatten hier ihre Abgaben an das Zarenreich zu entrichten. Das Wappen aus dem

Jahr 1790 wiederholt in seinem oberen Teil das Motiv des Wappen von Irkutsk. In unteren Teil sind auf goldenem Feld der Stab des Hermes und ein Füllhorn abgebildet.

Die Burjaten sind stolz auf ihre Hauptstadt. Seit 1990 findet sich Ulan Ude auf der Liste der wertvollsten Städte Rußlands. Mehr als 200 Denkmäler der Geschichte, Kultur, Architektur und des Städtebaus finden sich hier. Die Städter streiten sich, welches die Hauptattraktion ist. Die einen sagen, es sei das 1949 von den Bolschewiki errichtete Opern- und Balletttheater, das majestätischste Gebäude Ostsibiriens und des Fernen Ostens. Andere verweisen auf den größten Lenin-Kopf der Welt, der auf dem Zentralen Platz steht. Er wiegt zwölf Tonnen und ist 13,5 Meter hoch.

Aus meinem Tagebuch: „In Ulan-Ude stieg eine große Gruppe russischer Buddhisten aus. Sie wollten zum berühmten Naturtempel in Alchanai, wohin nach einer alten Sage ‚Buddhas Fuß trat'. Dort steht, so erzählten sie, der berühmte Bogen von Alchanai. Anschließend wollten sie noch ins Museum der Geschichte Burjatiens in Ulan-Ude, das eine einmalige Sammlung buddhistischer Kunst und Kultgegenstände besitzt. Die burjatische buddhistische Malerei zeichnet sich durch erstaunliche Schönheit, einen monumentalen Charakter, Ganzheitlichkeit der Komposition und harmonische Farben aus."

Und weiter hatte ich in meinem Tagebuch notiert: „Ich war erstaunt zu erfahren, wie die Burjaten Filz herstellen: Schafswolle wird mit Stöcken geschlagen, dann flach auf einem alten Koschma (Filzteppich) auf dem Boden ausgebreitet und mit Wasser begossen. Dann wird der Filzteppich auf einen langen Stock gewickelt, am Sattel befestigt und durch die Steppe ‚gerollt'."

Von den burjatischen Speisen möchte ich Ihnen vor allem Urme (die dicke, leicht angetrocknete oberste Schicht, die von gekochter Milch abgeschöpft wird), Arul (getrocknete, aufgefädelte Quarkstücke) und Salamat (in Sauerrahm gekochtes Mehl) empfehlen.

Ich interessierte mich in Ulan-Ude besonders für das Schamanentum. Es gibt bei den Burjaten weiße und schwarze Schamanen. Die schwarzen Schamanen wenden sich an die untere Welt – die Hölle.

In der burjatischen Schamanenjurte fielen mir unter den Kultgegenständen Zeichnungen auf Brettern auf, die an menschliche Gestalten erinnern. Es sind Ongone. Sie versinnbildlichen die Geister und Seelen der Verstorbenen. Auf der Kultkleidung des Schamanen ist in Brusthöhe eine kupferne Sonnenscheibe befestigt, zudem sind zahlreiche Stoffstreifen, kleine Glöckchen und irgendwelche symbolischen Anhänger an die Kleidung angenäht. Auf dem Kopf trägt er einen eisernen Reifen mit Hörnern.

Um sich in Trance zu versetzen, essen manche Schamanen rote Fliegenpilze. Bei den burjatischen Schamanen ist dies jedoch ganz anders. Sie sagen, daß man mit diesem Verfahren nur subjektive Ergebnisse erzielen könne. Ein echter Schamane darf nach ihrer Meinung 24 Stunden lang vor einer Prophezeiung nichts essen, er darf nur an Wasser, in dem ein wenig Baumharz aufgelöst ist, nippen, muß in bestimmten Abständen ins Ofenfeuer sehen und die Pelze verschiedener Tiere walken, die für den rituellen Zweck getötet wurden. Harz, Feuer und Tiere, so sagen die Burjaten, verleihen der Prophezeiung Kraft. Kein Tier wird aber helfen, wenn der Schamane sieben Monde vor der Prophezeiung gesündigt hat. Als Sünden gelten böse Gedanken ge-

Der Iwolginsker Datsan bei Ulan-Ude ist das Zentrum der Buddhisten in Rußland

gen konkrete Menschen, das Essen des Fleisches der Tiere, deren Fell der Schamane für die Prophezeiung nutzen will, und sogar der direkte Blick in die Sonne. Sexualität gilt nicht als Sünde, im Gegenteil, sie wird sogar begrüßt, wenn der Schamane in einem Alter ist, in dem man häufig Sex haben kann: Der Samenabfluß fördert Gedanken und Gefühle.

Über die jakutischen Schamanen habe ich in meinen früheren Büchern geschrieben. Aber die jakutischen Schamanen unterscheiden sich in vielerlei Hinsicht von den burjatischen. Das fängt bei der Kleidung an. Die Kleidung eines jakutischen Schamanen darf nicht aus einem Stück hergestellt sein. Sie wird aus mehreren kleineren Stücken gefertigt, die mit einer Rentiersehne zusammengenäht werden müssen. Der Schamane selbst muß dem Rentier die Sehnen herausziehen. Und das Rentier muß mit einem besprochenen Pfeil getötet worden sein. Auch darf man nicht vergessen, das Rentier um Verzeihung zu bitten, wenn man es getötet hat, denn sonst werden seine Sehnen nicht halten. Und kein einziges Fellstück dieses Rentiers wird für die Schamanenkleidung verwendet: Aus dem Fell werden Winterwindeln für Neugeborene gefertigt.

Im Inneren des Iwolginsker Datsan, dem Zentrum des Buddhismus

Während der Gebete und Rituale im Haupthaus des Datsan

Werden diese Regeln zur Vorbereitung der Prophezeiung nicht eingehalten, kann der Schamane die Zukunft nicht sehen, sondern nur Wunden heilen.
Zurück nach Burjatien. Der Schamane, dem ich vorgestellt wurde, war der Dorfschmied, übrigens ein sehr guter Schmied. Es heißt, daß gerade die burjatischen Schamanen die Geheimnisse des „unbändigen Metalls" kennen und ihren Nachkommen vermitteln.
Die burjatischen Schamanen sind aber auch sehr bewandert in der Heilkunst. Die Behandlungsverfahren im Orient und Okzident unterscheiden sich stark voneinander. Ich will trotzdem versuchen, sie Ihnen zu erklären. Nehmen wir an, Sie haben Schmerzen in der linken Schulter. Im Westen wird der Arzt sagen: Ziehen Sie Hemd und Hose aus. Dann wird der Rücken geröntgt, man nimmt Ihnen Blut ab und verschreibt Ihnen eine Menge schmerzstillender

Medikamente. Vom Nacken bis zum Steißbein werden Sie massiert, und auch die verordnete Wärmebehandlung zielt auf den ganzen Rücken.
Wenn Sie mit Ihrer kranken Schulter zu einem Schamanen gehen, der die Kunst der Akupunktur beherrscht, müssen Sie den rechten Schuh ausziehen und an eine grüne Fichte vor blauem Himmel denken. Dann werden zwei Nadeln in Ihren Fuß gestochen.
Im Westen werden Ihnen also jede Menge Medikamente verschrieben, die den Schmerz allenfalls stillen. Massage hat noch nie geschadet. Das Röntgenbild bestätigt das allgemeine Wohlergehen und macht eine Gastritis im Anfangsstadium sichtbar. Mit der Blutanalyse in der Hand heißt es: Kein Gläschen mehr. Selbst wenn der Arzt ein Dummkopf und Scharlatan ist, werden durch das breite Spektrum an Behandlungsmethoden irgendwelche positiven Ergebnisse erzielt.
Der Schamane hingegen muß auf den Punkt genau arbeiten: nur ein halber Millimeter daneben – und die Nadel trifft nicht den richtigen Teil des Rückens. Ist der Druck mit der Nadel zu stark – schadet es womöglich dem gesunden Rückenteil.

Der einzige Bahnhof der Welt aus Marmor

Der einzige vollständig aus Marmor erbaute Bahnhof der Welt ist wahrscheinlich Sljudjanka I. Er wurde 1904 errichtet und war als Baudenkmal gedacht, das die grandiosen Leistungen der Erbauer der einzigartigen Baikalbahn würdigen und krönen sollte. Der Bahnhof ist bis heute praktisch in seiner Ursprungsform erhalten. Er befindet sich in der Nähe des Baikalufers bei Kilometerstein 5 311 der Transsib.

Mit der Nadel in der Hand ist der burjatische Schamane ein Spezialist allererster Güte. Er wird stets optimale Heilerfolge erzielen. Die Welt der europäischen Ärzte hingegen ist durch Mittelmäßigkeit, gepaart mit einem Übermaß an Behandlungen, gekennzeichnet.

In Ulan-Ude lebt der sehr talentierte burjatische Dichter Jessugej Syndujew, dessen Bücher mir die Geschichte Burjatiens näherbrachten. Das burjatische Volk, so erklärt er, ist Träger des Willens und der Kraft der Mongolen. Die reiche, grausame und zugleich schöne Geschichte der Mongolen, von denen die Burjaten ein Teil sind, hat viele für die Menschen nützliche Werke hervorgebracht.
Die Geschichte der Mongolen ist für die Welt auch heute noch eine „Terra incognita". Dschingis Khan wird als Mensch des Millenniums bezeichnet. Niemand aber weiß, was dieser Herrscher wollte und wohin sein Weg führte. Er suchte das Meer. Alle großen Reiche streben einen Zugang zum Meer an, sie machen sich auf, besetzen die Küsten und überziehen sie mit Blut. Dschingis Khan war abgeschottet in der Steppe und zwischen Bergen. Er strebte dem Ozean zu. Die Mongolen bestiegen aber keine Schiffe. Dschingis Khan strebte nach dem Meer, um am Meer die Stimme des Schicksals zu hören.

Ein kleiner Stamm der Vorfahren der Burjaten hat vollbracht, wovon ihr Herrscher träumte. Sie gelangten zu ihrem Meer. Zum Baikal. Der Spiegel des Wassers hat dort eine schreckliche, eine unbekannte Kraft. Die Wissenschaft sagt heute, daß das Wasser ein Gedächtnis besitzt. Der Baikal bewahrt tatsächlich alles im Gedächtnis. Der reinste Binnensee der Welt ist auch Quelle der geistigen Reinheit, die – davon bin ich zutiefst überzeugt – den Bur-

Es gibt bei den Burjaten weiße und schwarze Schamanen

Die schwarzen Schamanen wenden sich an die untere Welt – die Hölle

jaten vermittelt wurde. Sie müssen diese Kraft anderen Völkern weitergeben, indem sie diese in ihrem künstlerischen Schaffen, in Beispielen des moralischen Reichtums, im Buch konzentrieren.

Als ich einmal aus Wladiwostok nach Moskau zurückkehrte, stieg irgendwo bei Ulan-Ude ein Herr mittleren Alters in mein Abteil zu. Er stellte sofort eine Flasche Wodka und alle möglichen Sakuski auf den Tisch, lud mich zum Essen und Trinken ein. Ich schlug die Einladung mit der Begründung aus, daß ich müde sei und schlafen müsse. Und nahm die obere Liegestätte. Mitten in der Nacht weckte mich eine laute Stimme. Ich beugte mich vor und verstand sogleich, daß mein Reisebegleiter laut mit sich selbst beziehungsweise mit einem unsichtbaren Gesprächspartner stritt. Dieser regte ihn offensichtlich mächtig auf, denn er beendete die Diskussion schließlich mit den Worten: „Genug jetzt. Hör auf zu quatschen. Laß uns schlafen!" Und er begann, sorgfältig sein Bett zu richten. Als er fertig war, stutzte er, wandte sich dann an seinen unsichtbaren Gesprächspartner: „Also einverstanden. Nimm du das Bett, ich werde schon irgendwie zurechtkommen." Und er machte es sich auf dem Boden zwischen den Bänken bequem – und schlief sofort ein. Ich lag wach in meinem Bett und dachte noch lange über den russischen Charakter nach. Der Muschik hatte – ungeachtet des heftigen Streits – seinem „Freund" den besten Platz überlassen. Was für ein Charakter.

Tschita. Kilometer 6 204

Mit Tschita ist eine der lustigsten Geschichten meines Lebens verbunden. Ich hatte eine Freundin, die Geographie unterrichtete. Wir lebten in den 70er Jahren gemeinsam in der Stadt Lensk in Jakutien. Unsere Hobbies waren Reisen und Singen. „Natürlich mußt du reisen, du bist doch Geographin", sagte ich ihr. Sie lachte und erzählte mir eine Episode aus dem Buch von Saint-Exupéry, in der der Kleine Prinz den Geographen besucht:
„Ich bin Geograph", antwortete der Greis auf die Frage des Kleinen Prinzen.
„Und was ist ein Geograph?"
„Das ist ein Gelehrter, der weiß, wo sich die Meere, die Flüsse, die Berge und Wüsten befinden."
„Ihr Planet ist sehr schön", sagte der Kleine Prinz. „Haben Sie hier Ozeane?"
„Das weiß ich nicht", sagte der Geograph.

Die burjatischen Schamanen sind sehr bewandert in der Heilkunst.

„Oh!" sagte gedehnt der Kleine Prinz. „Und haben Sie Berge?"
„Das weiß ich nicht", wiederholte der Geograph.
„Und Städte, Flüsse, Wüsten?"
„Das weiß ich auch nicht."
„Aber Sie sind doch Geograph."
„Eben", sagte der Alte. „Ich bin Geograph, aber kein Forschungsreisender. Es mangelt schrecklich an Reisenden. Nicht die Geographen zählen die Städte, Flüsse, Berge, Ozeane, Meere und Wüsten. Der Geograph ist eine zu wichtige Person und hat keine Zeit zum Spaziergehen. Er verläßt sein Arbeitszimmer nie. Er empfängt jedoch Reisende und schreibt ihre Erzählungen auf. Erzählt einer von ihnen etwas Interessantes, holt der Geograph Auskünfte ein und prüft, ob der Reisende ein anständiger Mensch ist ..."

Im Vergleich zum Geographen der Geschichte war meine Freundin eine noch viel wichtigere Person. Sie war nämlich Geographin und Reisende, zudem noch Sängerin in unserem Laienensemble, das aus sechs jungen Frauen bestand.
Einmal wurden wir eingeladen, uns am Programm zum Jahrestag der Oktoberrevolution zu beteiligen. Das Hauptkonzert der zusammengewürfelten Gruppen aus ganz Sibirien – etwa sechzig Personen – sollte in Tschita gegeben werden. Man beorderte uns jedoch zunächst in die Stadt Petrowsk-Sabaikalski, wo wir vorab einige Konzerte geben sollten, um das Konzert in Tschita ordentlich vorzubereiten. In Petrowsk-Sabaikalski wurde unser besonderer „Musikwaggon" dann an einen Personenzug angehängt. Wir stiegen also alle ein und warteten auf die Abfahrt nach Tschita. Meine Freundin (sie war zudem eine Art Kassiererin in unserer Gruppe, da sie stets Geld für Geburtstage und Geschenke sammelte) sagte: „Tatjana, laß uns in den Speisewagen gehen und etwas zu essen und zu trinken kaufen." Wir liefen also durch den ganzen Zug bis in den Speisewagen, kauften zwei Flaschen georgischen Rotwein und belegte Brote für alle und kehrten mit der wertvollen Last zurück. Wir gelangten zum letzten Waggon – aber unser „Musikwaggon" war nicht mehr da. Wo war der Waggon? Niemand wußte es. „Na, was denn Mädels, habt ihr etwa zuviel getrunken?" die ältere Zugbegleiterin schielte unfreundlich auf die Flaschen in unseren Armen. Mühsam klärten wir, daß der Zug erst in einigen Stunden wieder halten würde – ach, unermeßlich sind die sibirischen Weiten. Wir saßen niedergeschlagen in einem freien Abteil. Dann forderte meine Freundin mich auf: „Trinken wir wenigstens einen Schluck Wein und essen wir ein Brot. Sonst erfrieren wir noch." Wir machten gerade die Flasche auf, da tauchte die Zugbegleiterin auf. „Bit-

te, Fahrscheine, Dokumente. Was erzählen Sie mir da von einem ‚Musikwaggon'! Sie steigen an der nächsten Haltestelle sofort aus!"
Wir waren, ehrlich gesagt, erschrocken. Was tun? Da sahen wir, daß der Zug an einer Station mit dem Namen Chochotui („chochotat" heißt „lachen") vorbei sauste. Und wir brachen in Lachen aus. Mein Gott, wie lachten wir! Wir lachten bis Uljotka, wo wir aussteigen mußten. „Abgeflogen sind wir in Uljotka" („Uljotka" stammt vom „uletat", das heißt „wegfliegen"), lachten wir über den Namen. Unsere Lage war allerdings kritisch, denn Ende Oktober war es dort kalt, und wir hatten weder Mäntel noch Mützen. So warteten wir auf unseren „Musikwaggon" nach Tschita auf dem Bahnhof Uljotka im Holzhäuschen des Eisenbahners. Dieser hatte nämlich Mitleid mit uns, telefonierte mit dem Bahnhof Petrowsk-Sabaikalski und fand für uns heraus, daß unser Waggon aufgrund eines Schadens wieder vom Zug abgehängt worden war und erst mit dem nächsten Zug kommen würde. Wir tranken mit dem bescheidenen Eisenbahner der Transsib unsere letzte Flasche Rotwein und sangen ihm unser ganzes Repertoire vor – von „Keine Schwermut, keinen Ruf, keine Träne" (Text von Jessenin) bis „Mein Lagerfeuer flackert im Nebel". Der alte Eisenbahner war so gerührt, daß er uns immer wieder bat, die Jessenin-Vertonung zu singen. Diese Romanze habe etwas, was ihn an sein eigenes Schicksal erinnere. Die Melodie sei der letzte Atemzug der Nachkriegsgeneration, der die Hälfte ihres Lebens genommen worden wäre. Und sie werfe einen Lichtstrahl auf die verhärmte russische Seele, indem durch den Wirbel der traurigen, tragischen Laute die Erinnerung an etwas weit Zurückliegendes und zweifellos Teures lacht.
Wo sie jetzt wohl ist, meine Freundin? Unsere Ohren waren so an die Wortverbindung „lichte Zukunft" gewöhnt, daß wir der Propaganda für diese Zukunft tatsächlich glaubten. Und Chruschtschow versprach uns ein Leben im Kommunismus. Heute sagen die Soziologen: „Diese Generation hat keine Zukunft. Zwei bis drei Generationen wird es dauern, bis die Menschen die Ausprägungen des Sowjetsystems überwunden haben werden." Wieso denn? Also statt der „lichten Zukunft" wieder finstere Aussicht aufs Jenseits? Wir, meine Generation, lernen schon, heute und jetzt zu leben. Zu leben, zu arbeiten und jeden gelebten Augenblick zu genießen, wobei der Eintritt des Zeitalters der kulturellen Renaissance beschleunigt wird ...

Was aber ist dieses Tschita, in dem wir dann irgendwann trotzdem angekommen sind?
Die Stadt liegt in Transbaikalien, an der Mündung der Tschita in die Igoda. Eine Kosakeneinheit errichtete dort 1653 ein Winterlager. Die Siedlung selbst entstand im Jahre 1675. Schauen wir uns das 1859 vom Zaren bestätigte Stadtwappen an: „Im goldenen Feld ist eine achtbrettrige Palisade, gerötet,

mit etwas Grün, oben findet sich ein geröteter Büffelkopf mit Silberaugen und Silberzunge. Der Schild ist mit der alten Zarenkrone versehen und von goldenen Eichenblättern umgeben, die durch das Alexanderband verbunden sind."

Die Stadt ist auf ihre Art schön und liegt wie ein Amphitheater an den Ausläufern der Tscherskibergkette. Die Straßen des zu den Bergen hin liegenden Stadtteils ziehen sich durch natürlichen Tannenwald. Unter den Baudenkmälern ist nur die Holzkirche des Erzengels Michail erwähnenswert, die 1771 erbaut wurde und „Dekabristenkirche" genannt wird.

Tschita ist jedoch in zweierlei Hinsicht interessant. Erstens wurde hier 1916 Oleg Lundtström, Begründer des russischen Jazz, Komponist, Geiger, Pianist und Dirigent, Volkskünstler Rußlands sowie Professor der internationalen Musikakademie in San Marino, geboren. Er ist Absolvent der Musikfachschule (1935, im Fach Violine), des Höheren Technischen Zentrums Shanghai (Lehrgang Architektur, 1944) und des Kasaner Konservatoriums (1948 bis 1953). Er gründete seine erste Big Band 1934 in Charbin, siedelte dann mit ihr nach Shanghai über, wo er die erstaunten Chinesen mit der unruhigen Musik der amerikanischen Schwarzen bekannt machte. 1947 verließ er das revolutionäre China, kehrte zurück in die Sowjetunion, in Kasan begründete er den Jazz. Die Verfolgungen und Repressalien brachen den mannhaften Jazzer nicht. Zur Zeit des Tauwetters, im Jahre 1956, wurde er künstlerischer Leiter und Chefdirigent des Estradenorchesters von Roskonzert, das heute den Namen „Konzertorchester für Jazzmusik" führt und weltweit als Lundtström-Orchester bekannt ist.

Schauen Sie also, daß Sie vor der Abfahrt noch eine CD mit russischer Jazzmusik bekommen. Das wird eine schöne Erinnerung an Tschita sein.

Die steilsten Steigungen

Die steilste Steigung der Transsib liegt zwischen Sljudjanka II und Andrianowskaja und erstreckt sich vom Ufer des Baikalsees bis zum Andrianow-Paß. Auf dreißig Kilometern überwindet die Transsib mehr als 400 Höhenmeter, und auf mehreren Abschnitten, so beispielsweise der Medljanka- und der Angassolka-Kurve, erreicht die Neigung siebzehn Prozent. Dieser Abschnitt wurde ab 1947 gebaut und bereits im Jahre 1949 übergeben. Andere nennenswerte Steigungen sind die Ostrampe des Jablonow-Passes, die Ostrampe der Ob-Jenissej-Wasserscheide westlich von Krasnojarsk, die Steigung am Schtschebentschicha-Paß südlich der Station Wjasemskaja sowie die Überwindung der Ausläufer des Kleinen Hingan-Gebirges östlich von Oblutschje.

Zweitens lebt in Tschita die Künstlerin Ludmilla Wychodzewa, eine legendäre Person. Für ihre Kollegen ist sie eine unverbesserliche Romantikerin mit wahnwitzigen Ideen. Ist es denn vorstellbar,

daß jemand den Mut aufbringt, eine Einzelausstellung ohne irgendwelche Hilfe und zudem in einer fremden Stadt zu organisieren? Männer sind in der Regel stärker, aber kaum einer würde diese Idee auch nur ins Auge fassen, wenn er keinen Sponsoren hat. Vorbereitung und Durchführung einer Ausstellung sind nämlich mit vielen Kosten und vielen Sorgen verbunden!
Ludmilla Iwanowna aber ist überaus reiselustig. Sie legte Geld von ihrer Rente und dem mehr als bescheidenen Lehrerinnengehalt der Kinderkunstschule (in Tschita werden nur dreißig Prozent der Verdienste ausbezahlt) zurück, nahm Briefkontakt zu einem Museum auf und machte sich auf den Weg. Im

Tschita ist auf seine Art schön und liegt wie ein Amphitheater ...

an den Ausläufern der Tscherskibergkette

letzten Jahr schloß sie eine Vereinbarung mit der Muchina-Schule, die sie vor einem Vierteljahrhundert absolviert hatte, und reiste nach Sankt-Petersburg, Wyborg und Moskau, um dort ihre persönlichen Ausstellungen zu zeigen. Ihre Freunde in Tschita waren erstaunt: Sie hatte die Metropolen bezwungen! Aber sie hatte Recht: Ein Künstler kann in der elenden und müden Provinz nur mit solchen Kulturschlachten überleben.
Sie können in der Kunstgalerie von Tschita Monotypien, Aquarelle oder Batikarbeiten der Künstlerin kaufen. Ihre Arbeiten strahlen eine ganz besondere Energie aus! Für ihre Serien „Bäume", „Blumen", „Schmetterlinge", „Katzen" und andere wurde sie vor kurzem mit dem Preis „Tschita-Triumph" ausgezeichnet. Allgemein kann man sagen, daß die Preise in den Kunstsalons heute sehr unterschiedlich sind. Man zahlt von umgerechnet 50 Euro bis hin zu Zehntausenden Euro.

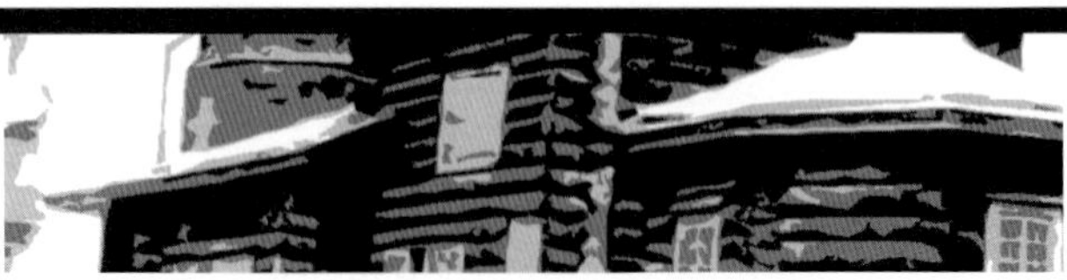

Der Zug „Moskau-Wladiwostok" nähert sich nun dem Fernen Osten. Der Ural, Westsibirien, der Baikal liegen schon hinter uns. Endlich kommen wir zur ersten Station im Fernen Osten. Sie trägt den ungewöhnlichen Namen „Jerofej Pawlowitsch" – Vor- und Vatersname des russischen Reisenden Chabarow, der im 17. Jahrhundert Sibirien durchquerte und am Amur die ersten russischen Siedlungen gründete. Zu Ehren von Jerofej Pawlowitsch Chabarow wurde eine der fernöstlichen Großstädte Chabarowsk genannt.
Lassen Sie mich hier eine alte fernöstliche Sage erzählen: Einmal kamen zwei Vögel in den Fernen Osten. Der eine kam aus dem Norden und brachte in

Denkmal für die Dekabristen in Tschita

seinem Schnabel Samen von nördlichen Pflanzen. Der andere flog aus dem Süden zu und brachte entsprechend Samen von südlichen Pflanzen mit. Die Vögel prallten zufällig zusammen, und die Samen fielen zu Boden. Seitdem wachsen in der fernöstlichen Taiga Zedern und Tannen – nördliche Bäume – neben Samt- und Walnußbaum – südlichen Bäumen.
Der Ferne Osten erstreckt sich vom Norden nach Süden über mehr als 4 000 Kilometer. Der nördliche Teil dieses erstaunlichen Gebiets liegt im Polarkreis, wo die Meere auch im Sommer mit Eis bedeckt sind. Der südliche Teil liegt auf der Höhe Italiens. Im Norden ziehen Eisbären über die Schollen des Eismeeres. Im Süden schleichen ussurische Tiger durch grünes Dickicht.

Mogotscha. Kilometer 6 914

Aus meinem Tagebuch „Transsibirischer Expreß": Am Samstag erblickten wir vom Fenster aus zum ersten Mal einen echten Schürfbagger, der an einem kleinen Fluß nach Gold baggerte. Derlei Bagger sahen wir dann häufiger. Wir passierten Mogotscha, Ussurisk, das Jüdische Autonome Gebiet. Ich erinnere mich vor allem an ein junges Mädchen, das im Jüdischen Autonomen Gebiet zugestiegen war. Es war eine Schülerin aus Birobidschan. Einer von uns fragte sie, wieviele jüdische Kinder es in ihrer Klasse gebe. „Nicht eines", war die Antwort. „Juden gibt es in unserem Jüdischen Gebiet gar nicht", fügte sie nach kurzer Pause naiv hinzu.

Eine Reihe meiner deutschen Freunde ist überrascht, wenn ich ihnen erzähle, daß in unseren Pässen früher unbedingt auch die Nationalität eingetragen war. „Steht im Paß dann tatsächlich ‚Jude'", fragte zweifelnd eine Bekannte. „Ja", bestätigte ich. Die Nationalität wird heute jedoch nur auf ausdrücklichen Wunsch des Inhabers in den Paß eingetragen.

Mogotscha ist ein ewenkisches Wort und bedeutet „Golderde" oder „Goldtal". Die Stadt liegt 790 Kilometer von Tschita entfernt und entstand im Jahre 1910 im Zuge des Baus der Transsibirischen Eisenbahn. Die Kleinstadt mit ihren 15 600 Einwohnern liegt an der Mündung der Mogotscha in die Amasar – ein Nebenfluß des Amur.

Die längsten Brücken

Die längste Brücke der Transsib wurde in den Jahren 1913 bis 1916 über den Amur geschlagen. Die 2 568 Meter lange Brücke hatte achtzehn Bögen zu je 127 Metern sowie eine 200 Meter lange Auffahrt am linken Ufer. 1999, nachdem die neue 2 612 Meter lange kombinierte Straßen- und Eisenbahnbrücke für den Verkehr freigegeben worden war, wurde mit der Demontage der alten Brücke begonnen. Auf einer Internetseite können Sie Aufnahmen beider Brücken sowie von der Demontage der sogenannten Zarenbrücke anschauen. Weitere gewaltige Brücken führen über die Seja (1102 Meter), die Kama (945 Meter), den Jenissej (934 Meter), den Ob (820 Meter) und den Irtysch (734 Meter).

1977 kam in Rußland der Abenteuerfilm „Transsibirischer Expreß" in die Kinos, der irgendwo zwischen Mogotscha und Chabarowsk spielt. Er wurde sofort zum Kultfilm. Die Abenteuer des Tschekisten und der ausländischen Spionin im Jahr 1927, ein Mord und die Jagd auf den Mörder fesselten das Publikum. Viele Mädchen gingen ins Kino, um die schöne russische Mata Hari, sie wurde von der Schauspielerin N. Terentjewa gespielt, zu sehen. Viele träumten davon, auch einmal in den romantischen, geheimnisvollen und rätselhaften Zug einzusteigen, der aus dem Osten Richtung Moskau raste.
Natürlich, das ist ein Film. Aber das reale Leben auf und an der Transsib weist ebenfalls viele abenteuerliche und dramatische Episoden auf. Im November 1919 reiste der zaristische Admiral Koltschak, nachdem er den Titel „Oberster Regent Rußlands" niedergelegt hatte, mit der Transsib in den Fernen

Osten, um auf dem Seeweg nach Europa zurückzukehren. Seinem Zug folgte der sogenannte Goldzug mit den Goldreserven des russischen Staates. In 29 Waggons waren 1 678 Säcke und 5 143 Kisten mit Goldbarren und Münzen und in sieben weiteren Waggons Behältnisse mit Platin, Silber und anderen Kostbarkeiten verstaut. Es war Bürgerkrieg. Von überall tauchten Partisanen auf und schossen auf den Zug, doch der Expreß raste mit unverminderter Geschwindigkeit auf sein Ziel zu.
Am Bahnhof Sima vor Irkutsk wäre der Zug beinahe von den Bolschewiken beschlagnahmt worden, doch der Plan wurde vereitelt. Erst in Tscheremchowo konnte der Koltschak- und der „Goldzug" abgefangen werden, und in Irkutsk wurde der Admiral, der sich dem Schutz der Alliierten unterstellt hatte, von einem „Politischen Zentrum" aller Diktaturgegner verhaftet. Nimmt man Einsicht in die offiziellen Dokumente, empfindet man die ganze Dramatik dieser Situation. Hier einige Auszüge aus den Memoiren von A. Nesterow, der beauftragt war, Koltschak zu verhaften: „Koltschak saß auf dem Sofa neben Anna Timerowa. Ringsumher standen Offiziere. ‚Herr Admiral, bereiten Sie Ihre Sachen vor. Wir werden Sie den örtlichen Behörden übergeben', sagte der tschechische Offizier mit starkem Akzent."
Für Koltschak kam diese Wendung nach Ansicht Nesterows völlig unerwartet, er sprang auf und wollte seinen Ohren nicht trauen:
„‚Wie? Haben mich denn die Verbündeten verraten? Wo sind denn die Garantien von General Janin?' Anna Timerowa war eine Frau mit starkem Cha-

Die Menschen in den Dörfern halten zusammen

rakter: Sie nahm die zitternden Hände des Admirals und beruhigte ihn. Schließlich erlangte Koltschak seine Selbstbeherrschung wieder und ging zur Tür. Pepelajew wurde ebenfalls gebeten, den Zug zu verlassen. Timerowa wurde nicht verhaftet, doch äußerte sie selbst den Wunsch, das Schicksal des Admirals zu teilen, und folgte ihm. Im Waggon von Koltschak befanden sich der Mechaniker des Telegraphs, ein Verschlüsselungsoffizier, ein Maschineningenieur, der Chef der Autogarage, Post- und Telegraphenbeamte, der Oberst des Generalstabs, der Direktor der Kanzlei des ‚Reichsverwesers', Leutnants, Jessaulen (Kosakenoffiziere), Chorunschis (Angehörige der Kosakentruppen) und sogar ein Journalist sowie Sachbearbeiter – insgesamt 39 Personen. Im Bahnhof fragte Nesterow Koltschak, ob er Waffen trage. Der Admiral holte schweigend eine Pistole aus der Tasche und reichte sie dem Assistenten des Bahnhofskommandanten Poldjajew, der sie dem Vertreter des Stabs der Arbeiter- und Bauernfreundschaften I. Bursak übergab."

In der Nacht zum 7. Februar 1920 wurden Koltschak und der ehemalige Vorsitzende des Ministerrates Pepelajew am Ufer der Angara ohne Gerichtsverfahren von erwähntem „Politischen Zentrum", einer nichtbolschewistischen Organisation, erschossen. Der Boden war gefroren und so konnte man keine Grube mit dem Spaten ausheben. Die Leichen wurden durch ein Eisloch in die Angara herabgelassen. In dieser Zeit rückten Teile der Roten Armee kämpfend auf der Sibirischen Eisenbahn vor. Es gab Kämpfe mit den Japanern und den weißgardistischen Einheiten, die nach Transbaikalien flüchteten. Gekämpft wurde in den transbaikalischen Steppen, in der Waldtundra, zwischen den Hügeln im Fernen Osten. Die Kräfte waren ungleich verteilt. Das Schicksal Sibiriens war entschieden: Rote Fahnen wurden in den Städten gehißt. Und Mogotscha zählte zu den ersten dieser Städte.

Chabarowsk. Kilometer 8 531

Chabarowsk trägt den Namen des russischen Reisenden Jerofej Chabarow und entstand 1858 als Militärposten. Die Beschreibung des alten Wappens liest sich wie folgt: „Im silbernen Feld erhebt sich ein himmelsblauer Pfeiler zwischen schwarzen Hügeln mit roten Flammen. Der Schild ist mit der Zarenkrone gekrönt und von goldenen Eichenblättern umrahmt, die durch das Alexanderband verbunden sind."

Wir waren Touristen. Der Besuch in einem Restaurant brachte für uns Erstaunliches zutage. Der Kellner servierte zarten, rosafarbenen Salm. „Woher kommt dieser Fisch?" fragten wir. „Das ist norwegischer Lachs", antwortete der Kellner stolz. „Probieren Sie auch die Krabben. Die kommen direkt aus Japan." Die Fischerei in Rußland ist hoch entwickelt. Krabben, Garnelen,

Lachs, Hering und Barsch werden doch auch bei uns gefangen. Warum also kaufen wir Fisch im Ausland?
Ein einheimischer Fischer erläuterte uns, daß die Fischer früher die Krabbenfangquoten nicht auf Auktionen kauften, sondern kostenlos erhielten. Daher war es vorteilhafter, die Ware auf dem Inlandsmarkt abzusetzen. Heute hingegen muß der Fang ins Ausland geliefert werden, sonst bringt das Geschäft Verluste. Also wird der Fang nach Japan oder Korea exportiert.

Kältepol und warme Gegenden

Der Kältepol der Transsibirischen Eisenbahn befindet sich auf dem Abschnitt Mogotscha – Skoworodino. Dies ist das Gebiet mit dem rauhesten Klima entlang der Strecke: die Temperaturen fallen im Winter auf minus 62 Grad Celsius. Hier durchquert die Bahn die Zone des Dauerfrostbodens. Am mildesten ist es im äußersten Osten, um Wladiwostok. Das Klima an den Ufern der Amurbucht ist maritim mit verhältnismäßig warmen Wintern. Praktisch die ganze Strecke der Transsib durchquert Regionen mit gemäßigtem bis rauhem Klima – subtropisches Klima wird dem Reisenden nicht geboten, obwohl Wladiwostok südlicher liegt als beispielsweise Nizza.

Im Frühjahr 2001 machte Chabarowsk mit der Kanonengeschichte landesweit Schlagzeilen. Die Geschichte wurde von einem zum anderen weiter erzählt, man ergänzte sie durch neue phantastische Einzelheiten und bauschte sie unglaublich auf. Ich mußte lange suchen, um die Quelle zu finden, wo sie erstmals veröffentlicht wurde. Der eine behauptete nämlich, sie in der einen Zeitung gelesen zu haben, der nächste nannte eine andere Zeitung. Und ein Dritter hatte von ihr im Rundfunk oder in den Fernsehnachrichten gehört. Veröffentlicht wurde die Geschichte in der „Komsomolskaja prawda" vom 5. April 2001 auf Seite 3: Ein Mann brachte ein Geschütz in eine der Stadtbezirksverwaltungen von Chabarowsk. Die Bevölkerung folgt dem Aufruf „Einladung zur Entwaffnung, Bürger!" und liefert ohnehin allerhand Wunderdinge ab. Die Maßnahme wird in Chabarowsk bereits seit einem Jahr durchgeführt. Wer seine Waffen freiwillig abgibt, erhält eine Belohnung, die vor kurzem sogar heraufgesetzt wurde. Für ein Gewehr bekommt man beispielsweise bis zu 700 Rubel, für hundert Gramm Sprengstoff 200 Rubel und für eine Granate 300 Rubel. Pro Patrone gibt es einen Rubel – 123 000 Rubel hat man bereits allein für Patronen ausbezahlt. Den Rekord hält aber der Mann, der ein Flugabwehrgeschütz abgab und dafür 2 000 Rubel erhielt.
Die Besitzer des gefährlichen Spielzeugs werden nicht zur Verantwortung gezogen. In diesem Falle kam aber doch die Frage: „Woher haben Sie das Geschütz?" Der Mann antwortete: „Bei einem Spaziergang habe ich es gefunden."

Später stellte sich heraus, daß es sich um einen Teil eines Doppel-Flugabwehrgeschützes, höchstwahrscheinlich von einer MiG-25, handelte.
Insgesamt wurden für abgegebene Waffen 204 175 Rubel an die Bevölkerung ausbezahlt. Aber die verantwortungsbewußten Bürger melden sich auch weiter. Man benötigt nur mehr Geld.
Nachdem ich Anfang der 80er Jahre die Moskauer Filmhochschule beendet hatte, verfaßte ich Drehbücher für Dokumentarfilme und machte Reportagen. Könnte ich heute einen Dokumentarfilm über Sibirien drehen, würde ich drei bis vier Menschen mit echt sibirischem Charakter wählen. Menschen, die man als Persönlichkeiten bezeichnen kann, lockten mich immer. In den siebzig Jahren des Totalitarismus wurde die Persönlichkeit zerstört, indem geschaffen wurde, was Tschingis Aitmatow „Mankurtismus" nannte. Erinnern Sie sich an sein Buch „Ein Tag länger als ein Leben"? Dort schreibt Aitmatow über die Mankurten, denen man das Gedächtnis und somit auch die Identität genommen hat.
Als Dokumentarfilmerin orientierte ich mich an den Überlegungen Nikolai Berdjajews, der jeder Tätigkeit das Schaffen zugrunde legte. Bei Berdjajew heißt es, daß derjenige eine Persönlichkeit ist, der mit seinem Schaffen das Schicksal von Millionen, ja, die Zukunft der Gesellschaft beeinflußt. Für mich ist es zudem wichtig, daß es eine Person ist, die russische Kulturtraditionen in sich trägt.

Das Kunstmuseum von Chabarowsk. Das Gebäude wurde 1887 erbaut

Mein imaginärer Film über die Sibirjaken, den sibirischen Charakter und die sibirische Mentalität hätte folgende Helden:
Die Ärztin und Bakteriologin Natalja Weschnina aus Mariinsk, Gebiet Kemerowo. Sie arbeitet im Gefängniskrankenhaus und war eine der ersten, die auf die katastrophale Ausbreitung von Tuberkulose in den Haftanstalten aufmerksam machte. Auf ihre Initiative hin wurden Anfang der 90er Jahre ausländische Wohlfahrtsorganisationen in die Behandlung tuberkulosekranker Häftlinge eingebunden. Nach fünf Jahren gab es das Tuberkuloseprogramm in allen Besserungsanstalten und Untersuchungsgefängnisse im Gebiet Kemerowo.
Jelena Rsajewa ist Lehrerin im Dorf Nowy Woksal, Rayon Kotschkowski, Gebiet Nowosibirsk. Für 42 Einwohner - zumeist ehemalige Häftlinge - ist sie die letzte Instanz, zu der man mit jeder Frage kommen kann. Im Dorf wird sie „Präsidentin" genannt.

Georgi Kolossow ist Direktor einer Schule in der Siedlung Kolesnikowo, Rayon Lesosibirsk, Region Krasnojarsk. Die Schule funktioniert nur aufgrund seiner unermeßlichen Energie und seiner grenzenlosen Liebe zu Kindern.
Jewgeni Furaschow ist Defektologe (so nennt man bei uns heute noch diejenigen, die mit geistig Behinderten arbeiten) und Direktor eines Kinderheims in der Siedlung Ferschampenaus, Rayon Nagajbakski, Gebiet Tscheljabinsk. Er versorgt 25 Waisen und tut alles, damit sie nicht als „verlorene Generation" aufwachsen.
Ja, es sind ganz normale Menschen, die sich Barmherzigkeit und Geisteskraft bewahrt haben, und deren Wirken sich auf die Gesellschaft auswirken wird.

Aus meinem Tagebuch: „Eine interessante Situation erlebte ich im Jahre 1990 auf der Fahrt mit der Transsibirischen Eisenbahn. Ich teilte das Abteil mit einer wortkargen, strengen älteren Dame. Gegen Abend fragte ich sie: „Entschuldigen Sie, schnarchen Sie?" „Ja, leider!" antwortete sie. „Dann legen Sie sich auf die Seite, falten Sie die Hände so und die Beine ebenso – und ich hoffe, daß Sie nicht schnarchen werden!" Die Dame seufzte und meinte: „Die Hoffnung ist die einzige Besonderheit des Menschen, die man ihm nicht rauben kann."
Ich legte mich hin. Die Dame saß wach und schaute immer noch aus dem Fenster. Unbemerkt glitt ich in den Schlaf. Als ich aufwachte, schien bereits die Sonne. Meine Reisegefährtin trank Tee. Ich fragte sie: „Nun, wie haben Sie geschlafen?" „Ich bin nicht einmal ins Bett gegangen! Sie haben so laut geschnarcht, daß mir der ganze Schlaf verging!"

Wladiwostok. Kilometer 9 288

Wir fahren durch Primorje. In dieser Region, genauer in der ussurischen Taiga, ist ein seltenes Tier – der Amurtiger – beheimatet. Unvermittelt kann er zwischen Zedern oder Tannenbäumen auftauchen.

In Rußland ist der Amurtiger vom Süden Primorjes bis zum nördlichen Sichote-Alin anzutreffen. Die meisten Tiger gibt es in den Reservaten Lasowski und Sichote-Alinski: hier kommen fünf bis sieben Raubkatzen auf tausend Quadratkilometer. Es ist nicht ganz einfach, aber möglich, einen Tiger in der ussurischen Taiga zu treffen. Der Direktor des Reservats Lasowski sagt, daß jemand, der jahrelang in Primorje lebt, den Tiger vielleicht nur vom Hören-

Obelisk für die gefallenen Matrosen an der Stadtgrenze von Wladiwostok

sagen kennt. Während ein Besucher, der gerade mal für eine Woche kommt, vielleicht das Glück hat, ihn mit der Videokamera aufzeichnen zu können. Die Mitarbeiter des Reservats können Ihnen helfen, einen Tiger in freier Wildbahn zu beobachten. Die Amurtiger wandern nämlich stets auf den gleichen Pfaden, so daß ihr Auftauchen mehr oder weniger vorhersagbar ist. Komplizierter wird es allerdings, wenn der Tiger selbst die Bekanntschaft mit Ihnen sucht. In der Regel geht der Tiger dem Menschen zwar aus dem Weg,

sollten Sie aber trotzdem einmal einer dieser großen Raubkatzen auf einem schmalen Pfad gegenüberstehen, wenden Sie ihm nicht den Rücken zu, schauen Sie ihm nicht in die Augen und fangen Sie vor allem nicht an zu schreien - all das ärgert den Tiger. Gehen Sie langsam rückwärts und lassen Sie auf dem Pfad Ihre Jacke liegen. Tiger sind wie alle Katzen neugierig und werden erst einmal die Jacke beschnuppern.
Im Rahmen der wissenschaftlich-praktischen Konferenz „Der Amurtiger in Nordost-Asien: Probleme seines Erhalts im 21. Jahrhundert" im März 2009 wurde eine Strategie zur Bewahrung des Amurtigers in der Russischen Föderation angenommen, die von einer Arbeitsgruppe im Ministerium für Umwelt und Natur vorbereitet worden war. In bestimmten Abständen wurden

Das Bahnhofsgebäude wurde Anfang des 20. Jahrhunderts erbaut

Die Transsibirische Eisenbahn hat ihr Ziel am achten Tagen erreicht

an den von den Amurtigern genutzten Pfaden Kameras installiert. Die Kameras sind so ausgerichtet, daß sie jedes Tier gleichzeitig von zwei Seiten fotografieren. Das ist wichtig für die Identifizierung, denn jeder Tiger weist eine besondere Fellzeichnung auf, so wie der Daumenabdruck des Menschen einmalig ist. Dann wurden die Tiere mittels einer besonderen Schlinge gefangen – angelockt wurden sie mit Baldrian. Sobald ein Tiger in der gut getarnten Schlinge gefangen ist, wird ein Signal gesendet. Dann legen die Wissenschaftler dem Tiger ein Halsband mit Peilsendern um, so daß er mit GPS über die Sender Sirtack, Lotes, Telonics und das russische GLONASS zu verfolgen ist. Alle Informationen über den Aufenthaltsort werden in Echtzeit auf den Bildschirmen der Wissenschaftler abgebildet. Die Tiger gewöhnen sich schnell an das Halsband. Die Batterien reichen rund ein halbes Jahr, da-

nach springt das Halsband automatisch auf. Bis heute wurden viele Tiger erfaßt. Aufgebaut wurde eine Datenbank, in die die Aufzeichnungen der Kameras zur fotografischen Identifizierung sowie die Ergebnisse der molekular-genetischen und hormonellen Analyse einfließen.
Vom 9. bis 12. September 2010 fand ein Internationales Forum zu den Problemen des Erhalts der Tiger statt. Es war das erste Forum auf der Ebene von Regierungschefs zur Rettung der Tigerpopulationen der Welt. Der Tiger ist vom Aussterben bedroht. Rußland ist das einzige Land, in dem die Zahl der

Ehrenmal für die Gefallenen des Bürgerkrieges

Das Gebäude wurde um 1910 im russischen Jugendstil erbaut

Tiger im letzten halben Jahrhundert gestiegen und in den letzten zehn Jahren stabil geblieben ist. Insgesamt 450 Amurtiger – elf Prozent der gesamten Tigerpopulation der Welt – leben im Fernen Osten.
Das Wappen von Wladiwostok greift den Tiger übrigens auf: „Im grünen Feld ist ein goldener Tiger mit roten Augen und roter Zunge, der auf einen silbernen Felsen klettert. Links ist das Wappen des Gebiets Primorje abgebildet. Der Schild ist mit einer goldenen dreizackigen Turmkrone gekrönt; hinter dem Schild bilden zwei goldene Anker ein Kreuz, um das sich das Alexanderband rankt.

Doch werfen wir einen kurzen Blick auf die Geschichte Wladiwostoks. Das Gebiet Wladiwostok wurde von russischen Seefahrern in den 50er Jahren des 19. Jahrhunderts erforscht. 1860 legte die Besatzung des russischen Segelschiffs „Manschtschur" an der Küste der tief ins Land geschnittenen, windgeschützten Bucht Goldenes Horn einen Militärposten an, den sie „Wladiwostok" („Beherrsche den Osten") nannte. Seit 1862 wird Wladiwostok offiziell Hafen genannt, übrigens ist er einer der wichtigsten Häfen am Pazifik. 1888 wurde die Stadt zum Verwaltungszentrum der Region Primorje.

Im Gebiet Primorje wachsen auf bewaldeten Hügel Tannenbäume und Samtbäume nebeneinander. Nur dort können Sie die seltene Eibe und den Reliktbaum Dimorphant mit seinen spitzen Nadeln sehen. Und wenn die Waldgeister (besser gesagt die Mitarbeiter des Reservats) Ihnen ihre Gunst erweisen, können Sie auch die „Lebenswurzel" – Ginseng – entdecken. In Primorje ranken sich um diese Wildwurzel zahlreiche Sagen, vor allem chinesischen Ursprungs. In alten Zeiten suchten Tausende nach der Ginseng-Wurzel. Es hieß, daß sie sich nur demjenigen zeigt, dessen Gedanken rein sind und der keine Habgier kennt. Die Hoffnung auf die Gunst der Geister war den Sammlern wichtiger als der eigene Schutz. Daher nahmen sie keine Waffen mit. Junge Wurzeln ließ man stehen, damit sie wachsen und gedeihen konnten. Um die Stelle wiederzufinden, wurden besondere Markierungen angebracht. Übrigens kann ein erfahrenes Auge die Markierungen auch heute noch erkennen.

Der Endpunkt der Transsib in Wladiwostok

Waren Sie einmal in der ussurischen Taiga? Reisende, die bereits die halbe Welt bereist haben und kaum noch über irgend etwas staunen können, lassen sich von der Erhabenheit und der Pracht der Natur begeistern. Die ussurische Taiga erinnert an einen über mehrere Ebenen angelegten Tropenwald. Am höchsten ragt mit ihren breiten Zweigen die mächtige Zeder empor. Weniger hoch wachsen die jahrhundertealte Eiche, die Sajaner Blautanne und die sibirische Lärche, darunter finden sich der Samtbaum mit seiner Korkrinde, die Linde sowie wilde Apfel- und Birnbäume. Zwischen den Bäumen steht dich-

tes, häufig unpassierbares Unterholz. In der Taiga wachsen wilder Wein und wilder Pfeffer. Dieser Wald ist mit bis zu zwanzig Zentimeter dicken Lianen umrankt. Ein üppiger vielfarbiger Grasteppich ist auf dem Waldboden ausgerollt. An den offenen südlichen Abhängen wachsen riesige Lilien und Päonien. An dunkleren, feuchten Stellen ragen zwei Meter hohe Farne und Schachtelhalme empor. Und an den entlegensten und verstecktesten Orten wächst Ginseng mit seinen magischen Heileigenschaften.
In der wilden Taiga des Naturreservats treffen wir auf Tiere aus den Nadelwäldern – Hirsch, Hermelin, Zobel – und Gäste aus der Mandschurei – Leopard und Amurtiger. Durch die Taiga ziehen zudem Himalayabären. Besonders stolz ist das Reservat auf seine Herden wilder Hirsche und Antilopen.
In der ussurischen Taiga drehte der japanische Regisseur Akira Kurosawa mit russischen Schauspielern und in Zusammenarbeit mit „Mosfilm" den Film „Dersu Usala". Der Film entstand nach der gleichnamigen Novelle des russischen Erforschers des Fernen Ostens Wladimir Arsenjew, der 1872 bis 1930 lebte und sich dem Studium der Region verschrieben hatte. „Dersu Usala" wurde 1976 mit einem Oscar ausgezeichnet. Die Expeditionsgeschichte in die ussurische Taiga hinterließ tiefe Eindrücke bei Juroren und Publikum.

Der niedrigste Punkt

Auf einer Länge von 39 Kilometern verläuft die Transsib vor Wladiwostok am Ufer der Amurbucht des Japanischen Meeres, wobei sie sich immer wieder für kurze Abschnitte von der Bucht entfernt. Der niedrigste Punkt – etwa vier Meter über dem Meeresspiegel – befindet sich dort, wo die Eisenbahn von Ussurisk kommend zwischen den Stationen Amurski Saliw (Amurbucht) und Ugolnaja bei Kilometer 9252 bis 9253 die Küste erreicht.

Aus meinem Tagebuch: „Am Sonntag, dem 8. Reisetag, erreichten wir endlich Wladiwostok. ‚Wir haben hier zwölf Stunden Aufenthalt, dann geht es zurück nach Moskau', verabschiedete sich unsere Zugbegleiterin Walja, mit der ich mich in der einen Woche angefreundet hatte.
Die Bahnlinie endet in Wladiwostok, dieser Stadt am äußersten Rand des Imperiums, direkt am Meer. Eine Fußgängerbrücke verbindet den 1910 gebauten Bahnhof mit dem Hafen. Jeder, der in diese malerisch an der Bucht des Goldenen Horns gelegene Stadt kommt, verliebt sich in sie, und Wladiwostok erwidert diese Liebe und schenkt jedem seine Uferpromenaden, seine Gassen und Hügel, den Geruch des Meeres und kreative Inspiration. Wladiwostok ist eine Oase der Romantik, auch wenn sie in den siebzig Jahren, die sie zusammen mit dem ganzen Land in der Hölle verbrachte, schwarze Tage kennengelernt hat. Doch nun gibt sich die Stadt jünger und schöner.
Damit ist meine transsibirische Reise zu Ende.
Ich habe begriffen: Eine solche Reise bedeutet vor allem, sich in den unterschiedlichsten, mitunter ganz phantastischen Kulissen aufzuhalten. Je mehr

Lebensweisen man kennenlernt, desto besser, desto tiefer versteht man die eigene Lebenswelt. Wie bei einem pointillistischen Bild: Je mehr Punkte, desto präziser und vollendeter ist das Bild.
Die Transsib, das ist der Kontakt mit vielen fremden und ungewöhnlichen Leben. Mit diesem Gefühl verläßt man den Zug, nachdem man im „Presto"-Tempo die 9 300 Kilometer von Moskau bis Wladiwostok zurückgelegt hat. Es hat etwas Irrationales, daß einem fortan kein Wort verlockender und verheißungsvoller klingt als „Transsib". Und nach einiger Zeit zieht es einen wieder auf diese Reise Richtung Osten, die 143 Stunden dauert.

Zurück nach Moskau

Hat man beim Rückflug nach Moskau Glück, das heißt klares Wetter, so kann man mit dem Auge erfassen, was am Boden nicht zu erkennen ist – 99 Naturschutzgebiete und 35 Nationalparks liegen am Weg. Jeder von ihnen ist einmalig in seiner Art und birgt die Geheimnisse der Natur und der russischen Geschichte. Ich will ganz kurz über die Reservate berichten, über die uns unser Flug Wladiwostok-Moskau bringt.
Zunächst streift das Flugzeug das Fernöstliche Meeresschutzgebiet, das einzige seiner Art in Rußland. In diesem Teil des Japanischen Meeres sind Robben, Krabben, Weichtiere, Seesterne und etwa hundert Fischarten beheimatet. Ich selbst konnte bei einem Besuch einmal exotische Gäste – Hammerhai und Schwertfisch – beobachten.
Dann führt uns der Flug weiter über das Laso-Naturschutzgebiet. Hätten die Inspekteure die Grenzen dieses und anderer Naturschutzgebiete nicht mit den Waffen in den Händen geschützt, wären wahrscheinlich viele Tiere ausgerottet worden. „Mediziner" aus dem Orient kaufen auf illegalen Märkten und fragen nach Bärengalle, Saigakhörnern, den Krallen und Schnurrbarthaaren von Tigern.
Wir fliegen nun über das nationale Baikalschutzgebiet. Die Schönheit und die Kraft des Sees sind aus der Höhe gut zu erkennen. Hier gibt es 1 800 einmalige Pflanzen- und Tierarten, von denen zwei Drittel nirgendwo sonst in der Welt anzutreffen sind. Dazu zählt auch der Omul (am Baikal müssen Sie diesen Fisch unbedingt probieren!).
„Der goldene Altai" – so bezeichnet die UNESCO das riesige Territorium im südlichen Sibirien, auf dem sich zwei Naturschutzgebiete und der Nationalpark Belucha befinden. Nur dort ist der Schneeleopard beheimatet, der ins Rote Buch der bedrohten Tierarten Rußlands eingetragen ist. Vor allem dort-

hin führten Nikolai Roerich seine Reisen. Dort befindet sich auch das sagenhafte Schambala – das Land des Glücks und der Ruhe, aus dem es keine Wiederkehr gibt. Der Deutsche F. Schillinger, der Rußland sein Herz und seine Seele geschenkt hat, gründete dieses Naturschutzgebiet. Auch er starb in den Stalinschen Lagern.
Das nächste Reservat, das wir vom Flugzeug aus entdecken können, ist Schulgan-Tasch im Tal der Belaja. Bekannt ist Schulgan-Tasch vor allem wegen der riesigen Kapowaja-Höhle (der Eingang zur Höhle ist so groß wie die Einfahrt in einen großen Eisenbahntunnel). In dieser sich über mehrere Ebenen erstreckenden Höhle strömt unterirdisch der Fluß Schulgan. Archäologen aus der ganzen Welt ist diese Höhle aufgrund der 20 000 Jahre alten Felsmalereien ein Begriff.

Auf dem Weg zurück überfliegt man zahlreich Naturschutzgebiete

Ein Lotosfeld im Mündungsdelta der Wolga bei Astrachan

Beim Anflug auf Moskau sehen wir die alten Wälder des russischen Nordens im europäischen Landesteil. Es ist das Naturreservat Petschero-Ilytschki. Auf dem europäischen Kontinent sind solche Wälder (man nennt sie Urwälder, da sie unberührt vom Menschen blieben) nur in Rußland anzutreffen - entlang des Ural, in der Republik Komi, in Archangelsk und in Karelien.
Und wenn wir dann noch ein bißchen mehr Glück haben, werden wir eine gute Sicht auf die endlosen russischen Steppen haben – eine klassische russische Landschaft, die Tschechow in seiner Erzählung „Die Steppe" beschrieben hat und die in zahlreichen russischen Volksliedern besungen wird. Das ist schon das Reservat der Zentralen Schwarzerdezone. Selbst vom Flugzeug aus ist das riesige Meer von Federgras sichtbar, in dem der Wind Wellen schlägt. Ich schreibe über die Steppe und erinnere mich an die Worte Andy Warhols, der einmal sagte, daß jeder Mensch auf Erden das Recht auf fünfzehn Minuten Ruhm hat. Meine Viertelstunde Ruhm ist gerade mit der Steppe verbunden. Meine Eltern leben nämlich im Steppengebiet. Mein Vater brachte mir bei, das Piepsen von Mäusen zu imitieren, die es in der Steppe in unendlicher Zahl gibt. Man muß die Luft durch die fest zusammengepreßten Lippen blasen – dann entsteht ein Laut, der dem Knistern und Piepsen der Mäuse täuschend ähnelt. Einmal – ich lief piepsend durch die Steppe – wur-

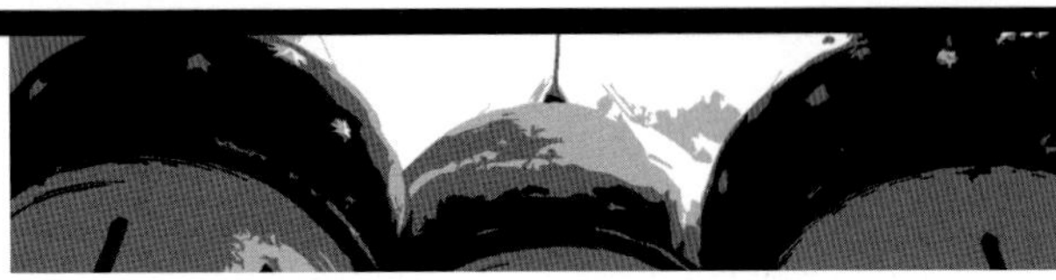

de von diesem Laut ein junger Uhu angelockt. Er flog über mir und dachte vermutlich: Was ist das bloß, gibt es denn so große Mäuse? Ich lachte, blieb stehen und piepste weiter.
Nun aber zu meinem Ruhm. Gerade erst waren Videokameras bei uns modern geworden. Ich war mit einem Bekannten und begeisterten Amateurfilmer in der Steppe. Ach, wie enttäuscht er war: „Wie schade, daß der junge Uhu so weit entfernt ist! Es ist schwierig, ihn zu filmen." Ich sagte unsicher: „Ich will versuchen, ihn anzulocken!" „Was?" mein Bekannter schaute mich zweifelnd an. Ich preßte die Lippen zusammen, blies die Luft hindurch und produzierte so mein Mäusepiepsen. Und der Uhu kam tatsächlich geflogen! Mein Bekannter sah mich mit ganz neuen Augen an – als sei ich eine Zauberin. Das waren meine fünfzehn Minuten Ruhm.

Sie werden vom Flugzeug aus vielleicht sogar die Lotosfelder an der Wolga sehen können. Das 200 Kilometer lange Wolgadelta ist ein wahrhaft einmaliger Ort. Endlos scheinen die traumhaft schönen Lotosfelder, die sich über tausend Hektar erstrecken. Die rosafarbenen Flamingos über den Feldern sind ein phantastischer Anblick. Was sie vom Flugzeug aus erblicken, ist das Astrachaner Naturschutzgebiet.

Das ist alles. Nun fliegen wir Moskau an. Nach einer kleinen Verschnaufpause reisen wir noch nach alter russischer Sitte nach Sergijew Possad (Sagorsk, wie es zu Sowjetzeit hieß), einer Kleinstadt bei Moskau, die zu den hundert Weltwundern zählt. Das Dreifaltigkeitskloster, das der Heilige Sergius gegründet hat, nimmt einen wichtigen Platz in der Geschichte Rußlands ein. Es ist Pilgerort für ganz Rußland.

Sergijew Possad

Dort schlägt der Puls der russischen Geschichte spürbarer als anderswo. Dort sind die feinsten Nerven des Gefühls- und Bewegungsapparats konzentriert. Dort wird Rußland als Ganzheit aufgefaßt.

Pawel Florenski

Die Stadt Sergijew Possad entstand um die Troize-Sergijewa-Lawra, das heilige Sergius-Dreifaltigkeitskloster, das noch heute Wallfahrtsort und Anziehungspunkt für Touristen ist. Dort befinden sich die Residenz des Patriarchen von Mos-

kau und der ganzen Rus, die Moskauer Geistliche Akademie, ein Priesterseminar und ein Museum. Das Museum hat Zehntausende Exponate in seinem Besitz. Grundlage der Sammlung sind die Schätze des Dreifaltigkeitsklosters selbst.
Die Geschichte des Klosters beginnt im 14. Jahrhundert, etwa 1345. Die Brüder Bartholomäus und Stefan waren just zu Mönchen geweiht worden und suchten nun nach einem geeigneten Siedlungsort. Mehrere Dutzend Werst wanderten sie durch dichten Wald unweit der Stadt Radonesch bei Moskau. Endlich fanden die Brüder, was ihnen vorschwebte: Einen großen bewaldeten Hügel, an dessen Fuß ein Bach floß. Eifrig fällten sie einige Bäume, entrindeten sie und bauten daraus ein kleines Holzhäuschen. Neben dem kleinen

Das Dreifaltigkeitskloster wurde im 14. Jahrhundert gegründet

Haus (die Mönche nennen es „Zelle") errichteten sie eine kleine Kapelle, in der zu bestimmten Stunden Gebete und Psalmen gelesen wurden.
Doch bald darauf blieb Bartholomäus allein zurück: Seinen Bruder Stefan zog es nach Moskau. Bartholomäus lebte bescheiden und in Würde: Er betete, ernährte sich von Wurzeln, Nüssen und Fischen. Schnell verbreitete sich das Gerücht über den Einsiedler in den umliegenden Städten und Dörfern. Die Menschen besuchten Bartholomäus. Einige ließen sich in seiner Nähe nieder. Gemeinsam errichteten sie die kleine Dreifaltigkeitskirche, um die herum dann das Dreifaltigkeitskloster entstand. Es bildete sich eine Mönchsgemeinde, der Sergius (so der Name von Bartholomäus als Mönch) vorstand.
Der Metropolit von Moskau verlieh Sergius im Jahre 1357 den Rang eines Klostervorstehers. Die alten russischen Klöster waren damals in der Regel zugleich auch Festungen. Das Dreifaltigkeitskloster hob sich früh unter den Klöstern des Moskauer Reiches hervor. Nach und nach wurden die Holz-

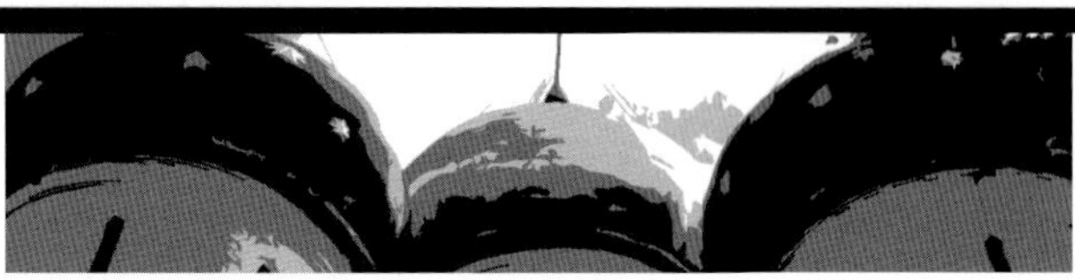

mauern und -türme der Festung durch Steinmauern ersetzt. Sergius verstand die Notwendigkeit, die Kräfte gegen die Mongolotataren zu vereinen, und unterstützte das Vereinigungsstreben der Moskauer Fürsten.
Um das Kloster herum entstanden Dörfer und Siedlungen, deren Bauern und Handwerker dem großen Kloster dienten.
Nach dem Tod des Sergius wurde der unternehmenslustige und tatkräftige Nikon zum Abt berufen. Unter seiner Führung wurde dem Kloster erstmals Boden zugeteilt und flossen die ersten Spenden. Das Kloster hatte schon bald mehrere Hundert Dörfer, zahlreiche Viehherden, Fischfang- und Biberjagdreviere in seinem Besitz. Es trieb Handel mit Weliki Nowgorod. Seine Handelswege führten zum Weißen Meer und an die Wolga. Die leibeigenen Bauern des Klosters schufen Werte, die dem Einkommen des Großfürsten vergleichbar waren. 1408 wurde das Kloster bei einem Einfall der Goldenen Horde niedergebrannt. Auch die Dreifaltigkeitskirche, in der Sergius bestattet worden war, fiel den Flammen zum Opfer, doch die heiligen Reliquien und Kostbarkeiten, darunter auch persönliche Dinge des Klostergründers, konnten gerettet werden. Einige dieser Sachen befinden sich heute noch im Dreifaltigkeitskloster, darunter ein Weihrauchfäßchen mit der Inschrift des Spenders. Es hat die Form der Steinkirche, die Nikon über dem Sarg des Sergius erbauen ließ.
Bald nach dem Einfall wurde das Dreifaltigkeitskloster mit Unterstützung der Moskauer Fürsten langsam wieder aufgebaut. Es spielte immer eine wichtige Rol-

Dreifaltigkeits-Kathedrale in Dreifaltigkeitskloster in Sergijew Possad

le im politischen Leben des russischen Staates. Von besonderer Relevanz ist jedoch seine Rolle als kulturelles Zentrum. Im Kloster wurden wertvolle Schätze – alte Manuskripte und Werke der angewandten Kunst, wie Gefäße, gold-, perlen- und silberbestickte Vorhänge, Überzüge und Weihrauchfäßchen, die die Mönche geschaffen oder Großfürsten und Bojaren gespendet hatten, – aufbewahrt. In den Klosterwerkstätten arbeiteten Maler, Holz- und Elfenbeinschnitzer und natürlich Juweliere. Auf vielen Kunstwerken, die heute im Museum zu bewundern sind, sind ihre Namen eingraviert.
Das erste Steingebäude auf dem Gelände des Klosters war die Dreifaltigkeitskirche, die 1422 bis 1423 an der Stelle der 1408 niedergebrannten Kirche „zum Ruhm" der herausragenden Verdienste des Sergius von Radonesch für den Staat errichtet wurde. Laut den Chroniken fanden sich zur festlichen Grundsteinlegung viele Fürsten und namhaften Würdenträger ein.
Nikon bestellte Ikonenmaler ins Kloster ein, die unter Anleitung von Andrej Rubljow und seines damals ebenfalls berühmten Kollegen Daniil Gorny die Wände gestalteten und Heiligenbilder malten. Für die Dreifaltigkeitskirche schuf Rubljow sein wie ich meine schönstes und vollendetstes Werk – die Ikone „Dreifaltigkeit". Diese befand sich bis 1929 in der Dreifaltigkeitskirche und wird heute in der Tretjakow-Galerie in Moskau ausgestellt. In die Ikonostase des Klosters wurde eine ausgezeichnete Kopie eingesetzt, die der Künstler und Restaurator N. Baranow gemalt hat.
In der Dreifaltigkeitskirche ruhen heute noch die Reliquien des Sergius. Der silberne Sarg über dem Grab wurde im Auftrag von Zar Iwan IV. gefertigt. Neben dem Altar ist eine weitere Rubljow-Arbeit zu sehen.
Im Zentrum des Museumskomplexes erhebt sich die Uspenski-Kirche, die die Formen der Uspenski-Kathedrale des Kreml wiederholt. Die Bauarbeiten wurden 1559 auf Anregung von Zar Iwan Grosny in die Wege geleitet, der bei der Grundsteinlegung selbst anwesend war. Aufgrund des Geldmangels gingen die Bauarbeiten nur langsam voran. Nach der Tragödie mit seinem Sohn Iwan im Jahre 1581 spendete der Zar eine bedeutende Summe „für das Gebet für die Seele" des Verstorbenen. Mit diesem Geld konnte die Kirche schließlich vollendet werden. Doch wurde die Kirche erst nach dem Tod des „schrecklichen Zaren" eingeweiht – nämlich 1585. Die Kirche stand jedoch noch hundert Jahre „nackt", das heißt, sie war nicht ausgemalt. Diese Arbeiten wurden erst ab 1684 von örtlichen Meistern und landesweit bekannten Freskenmalern aus Jaroslawl ausgeführt.
Im Jahre 1782 wurde die Stadt Sergijew Possad gegründet, die sich einen Namen durch ihre Spielzeugproduktion, die Holzschnitzerei, die Goldstickerei und anderes Volkskunstgewerbe machte. Was die Stickereierzeugnisse betrifft kennt die Sammlung des Dreifaltigkeitsmuseum keine Analogie. Lassen Sie sich von den Überzügen mit Ornamenten und Sujets aus der Heili-

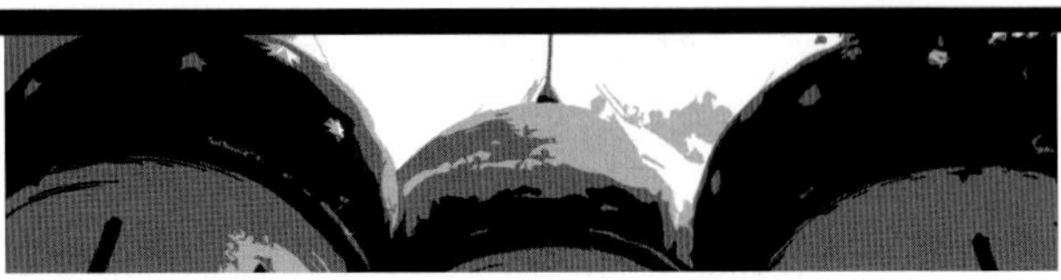

gen Schrift bezaubern. Im Museum „Russisches Volkskunstgewerbe" ist dem Schaffen der einheimischen Volkskünstler eine ganze Abteilung gewidmet.

Eine völlig unerwartete Frage wurde mir einmal in Deutschland bei einem meiner Dokumentarfilmabende gestellt. Ich zeigte meinen Film über Vater Pawel, einen Geistlichen aus dem Dorf Belaja: „Was verdienen die Popen eigentlich?" Ein Pope in Moskau bezieht ein Gehalt von 2 000 Rubel – das ist ebenso viel wie ein Zimmermann, ein Schatzmeister und jeder andere, der in der Kirche beschäftigt ist, verdient (diese Angabe bezieht sich auf Februar 2000). Ein Geistlicher in einer russischen Kleinstadt erhält 400 Rubel. Vater Pawel, der Held meines Films, bezieht überhaupt kein Salär: Seine Kirche erzielt keine Einkünfte, sie wird mit Spendengeldern wiederhergestellt, und man lebt auf Basis der Naturalwirtschaft mit einer Kuh, Schafen und Ziegen.

Die höchsten Bahndämme

Rekordhalter ist mit einer Höhe von 34 Metern der Bahndamm bei Balai hundert Kilometer östlich von Krasnojarsk. Zu nennen sind zudem die Dämme im Tal des Chilok, die über zwanzig Meter hoch sind, sowie der Damm im Tal der Bolschaja Glubokaja östlich von Irkutsk.

Wie sieht nun der Tagesablauf eines Geistlichen aus: Die Geistlichen beginnen den Tag mit einem Gebet, bis zum Mittag dürfen sie nicht essen, auch wenn sie keinen Gottesdienst verrichten. Der Arbeitstag eines Geistlichen, unabhängig ob er in Moskau oder in der Provinz tätig ist, beginnt um 6.00 Uhr morgens. Vater Pawel trägt die unermeßliche Bürde der Landarbeit, um die Kirche wiederherzustellen. Bei den Dreharbeiten konnten wir immer wieder feststellen, wie schwer ihm diese physisch anstrengende Arbeit fiel: Schweißtropfen, dick wie Hagelkörner, rannen ihm den Nacken hinunter. Wie mitreißend erzählte er aber über Wunder, über die Liturgie, über die Schönheit der Welt Gottes und über die Möglichkeiten, der Kirche zu dienen. Er berichtete über die vielen, immer noch zerstörten Kirchen, über die Fresken, die unvermittelt an verrußten Wänden zum Vorschein kommen. Was mir an ihm gefallen hat, war, daß er sich stets durch den wichtigsten Sinn des Priesterlebens leiten ließ: immer ging es ihm um die Menschen.

Das Schwierigste ist, an Gott zu glauben. Der Weg zum Glauben ist mit Splittern der Verirrungen gepflastert. Vielleicht deshalb hat eine Pilgerfahrt nach Sergijew Possad für uns Russen eine so große Bedeutung. Sie lehrt uns, wie die Frohe Botschaft den Menschen wieder vermittelt werden kann. Wir befinden uns gegenwärtig in einer bewußten Phase der Orthodoxie. Unser Leben weist viel Trauriges auf, das aber durch die Möglichkeit, zu Gott zu gelangen, überlagert wird. Apostel Paulus schreibt in seinem Brief an die Römer: „... wir wissen, daß Bedrängnis zu Geduld führt, Geduld aber zu Bewährung, Bewährung aber zu Hoffnung, Hoffnung aber läßt nicht zuschanden werden" (Römer 5, 3-5).

Die Reise mit der Transsibirischen Eisenbahn gehört zu den letzten großen wahren Reiseabenteuern. Dies werden Ihnen nicht nur Millionen Russen, sondern auch Tausende Ausländer bestätigen. Ich habe in diesem Buch Allgemeines und Privates zusammengebracht, habe mich einigen „delikaten" Fragen des russischen Lebens und der russischen Geschichte gewidmet. Ich wollte ein Bild der Städte an der Transsibirischen Eisenbahn entstehen lassen (ich habe nachgerechnet, daß ich über die Jahre 65 Städte und Siedlungen ent-

Bis Mitte der 90er Jahre war der offizielle Amtssitz des Patriarchen von Moskau ...

und der ganzen Rus das Dreifaltigkeitskloster in Sergijew Possad

lang der Transsib besuchte) und eine ganz private menschliche Dimension vermitteln. Den Ausdruck „Der Mensch, den die Transsib rief" hörte ich einmal von Marlies Ritter, einer deutschen Bekannten aus München. Sie unternahm gemeinsam mit ihrer Schwester eine Reise auf der Transsibirischen Eisenbahn. Diejenigen, die auf der Transsibirischen Eisenbahn reisen, sind Menschen, die die Transsib gerufen hat. Der russische Geist ist etwas, was sich nicht in der Faust festhalten und sich kaum mit Worten beschreiben läßt. Wenn ihm jedoch Freiheit gewährt wird, dann findet er dich selbst, auch in einem anderen Land. Er findet dich und ruft dich nach Rußland. Und Sie werden fühlen, daß die Russen andere Dimensionen, andere Weltanschauungen haben. Diese Breite und Offenheit werden für Sie Zeichen einer echten Humanität sein.

Rainer Maria Rilke schrieb in einem seiner Briefe: „Das Entscheidende war Rußland: weil es mir, in den Jahren 1899 und 1900, nicht allein eine mit nichts zu vergleichende Welt, eine Welt unerhörter Dimensionen, eröffnete, sondern auch, durch seine humanen Gegebenheiten, mir gewährte, mich

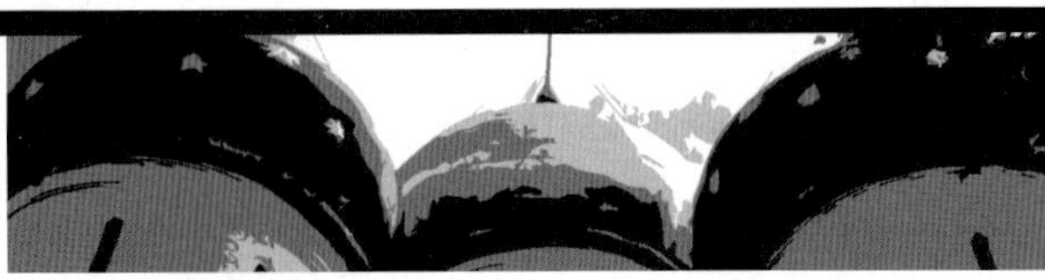

unter Menschen brüderlich eingelassen zu fühlen (eine unerläßliche Erfahrung, auf die ich indessen, als einziges Kind meiner Eltern und fast ohne wirklichen Verkehr bis dahin, in keiner Weise vorbereitet war). Rußland wurde, in gewissem Sinne, die Grundlage meines Erlebens und Empfangens, ebenso wie, vom Jahre 1902 ab, Paris – das unvergleichliche – zur Basis für mein Gestaltenwollen geworden ist."

Rußland ist ein Land mit einem einmaligen und widersprüchlichen Schicksal, immensen Reichtümern und vielfältigen schönen Landschaften, einer reichen Tier- und Pflanzenwelt. Es ist in eine neue Phase seiner Geschichte eingetreten. Die Reise nach Rußland ist eine Reise in ein Land, das die Touristen nur wenig kennen. Der Transsibirische Expreß erinnert mich an ein phantastisches Schiff, das man besteigt und das einen von der bekannten irdischen Realität in ein anderes Leben bringt. Es ist sich selbst genügend. Ich könnte ein ganzes Jahr in diesem Zug verbringen und würde vom russischen Leben mehr erfahren, als die Journalisten, die draußen herumhasten. Der Transsibirische Expreß wird Ihnen wie ein Führer durch das russische Leben dienen, die Reise ist eine kontinuierliche Entdeckung des Neuen – von großen Ereignissen bis hin zu alltäglichen Details. Ich begrüße den Transsibirischen Expreß immer wie einen Menschen, wenn ich rein zufällig an irgendeinem Bahnhof die Waggons des „Rossija" sehe. Dann überkommt mich der Wunsch, einfach einen Fahrschein für die Transsib zu lösen. Und wieder zu Hause zu sein.

Blick auf das Dreifaltigkeitskloster mit seinen Kathedralen